中国省域和城市绿色发展报告（2013—2016）

Green Development Report in China at Province and City Level (2013—2016)

俞 海 王 勇 李海英 著

中国环境出版集团 · 北京

图书在版编目（CIP）数据

中国省域和城市绿色发展报告：2013—2016／俞海，王勇，李海英著. —北京：中国环境出版集团，2019.6
ISBN 978-7-5111-3976-4

Ⅰ. ①中… Ⅱ. ①俞…②王…③李… Ⅲ. ①省—区域经济发展—研究报告—中国—2013-2016②城市经济—绿色经济—经济发展—研究报告—中国—2013-2016 Ⅳ. ①F127②F299.21

中国版本图书馆 CIP 数据核字（2019）第 084225 号

审图号：GS（2019）2073 号

出 版 人 武德凯
责任编辑 宾银平
责任校对 任 丽
封面设计 彭 杉

出版发行 中国环境出版集团
（100062 北京市东城区广渠门内大街 16 号）
网 址：http://www.cesp.com.cn
电子邮箱：bjgl@cesp.com.cn
联系电话：010-67112765（编辑管理部）
010-67113412（第二分社）
发行热线：010-67125803，010-67113405（传真）
印 刷 北京中科印刷有限公司
经 销 各地新华书店
版 次 2019 年 6 月第 1 版
印 次 2019 年 6 月第 1 次印刷
开 本 787×1092 1/16
印 张 16
字 数 310 千字
定 价 128.00 元

前言

党的十八届五中全会将绿色发展确定为我国五大发展理念之一，绿色发展上升至国家战略层面，成为“十三五”乃至更长时期我国经济社会发展的重要理念。党的十九大报告进一步提出，加快生态文明体制改革，建设美丽中国，同时对推进绿色发展进行专门部署。

2016 年 12 月，中共中央办公厅、国务院办公厅印发了《生态文明建设目标评价考核办法》（以下简称《办法》）。根据《办法》的要求，国家发展和改革委员会、国家统计局、环境保护部、中央组织部四部委制定并印发了《绿色发展指标体系》[1]和《生态文明建设考核目标体系》，作为生态文明建设评价考核的依据。其中，《绿色发展指标体系》主要用于绿色发展的年度评价。在此基础上，2017 年 12 月，国家统计局公布的《2016 年生态文明建设年度评价结果公报》，初步计算了各省（区、市）2016 年的绿色发展状况。该结果主要集中在省级层面，仅反映了 2016 年的情况，是一种静态的结果，无法观察到绿色发展的动态进展和成效。因此，对绿色发展现实状况、空间格局及其发展趋势进行动态考察尤为必要。

基于数据可得性等方面的考虑，本报告[2]在《绿色发展指标体系》的基础

---

① 本报告所提的《绿色发展指标体系》均指由国家发展和改革委员会、国家统计局、环境保护部、中央组织部四部委联合制定的指标体系。

② 本报告为国家社科基金项目“空间异质视角下我国绿色发展的可行路径与配套政策研究”（批准号：18BJL061）的阶段性成果。

上进行了适当调整，分别从省级和城市层面对2013年以来我国绿色发展水平的变动趋势和空间格局进行了深入的分析。希望该报告能够为各地区的绿色发展提供客观的判断依据，为更好地探索和实践绿色发展提供决策参考，使绿色发展理念更加深入人心。

目录

执行摘要

本报告基于 2016 年国家发展和改革委员会、国家统计局、环境保护部、中央组织部制定的《绿色发展指标体系》，经过适当调整，对 2013—2016 年我国 30 个省（区、市）[①]的绿色发展状况进行了评估，特别是在省级和城市层面对我国绿色发展水平的变动趋势和空间格局进行了深入考察分析，主要评估结果和相关结论如下：

一、省际绿色发展指数评估结果

从 2013—2016 年各省（区、市）绿色发展综合指数均值来看，福建、浙江、广东、云南等省的绿色发展综合指数较高，排名较为靠前；新疆、山西、天津、青海等省（区、市）的绿色发展综合指数较低（见表 2-1）。

2017 年 12 月，国家统计局公布的《2016 年生态文明建设年度评价结果公报》，首次公布了 2016 年度各省（区、市）绿色发展指数。由表 2-9 可以看出，除北京、广东、重庆、云南、黑龙江 5 个省（市）外，2016 年本报告的省（区、市）绿色发展综合指数及其排名位置与国家统计局结果基本一致。

为了更清晰地呈现各省（区、市）绿色发展综合水平的空间格局变化，分别绘制 2013 年和 2016 年各省（区、市）绿色发展水平的空间地理分布图（见图 2-2、图 2-3）。排在第 1～10 名的省（区、市）以深绿色显示，排在第 11～20 名的省（区、市）以浅绿色显示，排在第 21～30 名的省（区、市）以淡绿色显示。总体来看，南方省（区、市）和东部省（区、市）的绿色发展水平相对较高，华北和西北省（区、市）的绿色发展水平相对较低。

二、省际绿色发展水平总体判断

基于 2013—2016 年 30 个省（区、市）绿色发展指数的测算和分析，可以得出如下基本结论。

---

① 由于数据可得性，本报告暂未统计西藏、香港、澳门和台湾。

1. 绿色发展总体进展较为明显

从全国平均水平来看，绿色发展综合指数由2013年的81.17上升到2016年的81.58。其中东部地区的绿色发展指数由81.77上升到82.29，中部地区由80.95上升到81.42，西部地区由80.74上升到81.00。从时间段来看，2014年，绿色发展出现暂时性下降，但是2014—2016年，绿色发展指数呈现大幅上升趋势，绿色发展成效较为明显。

2. 东部地区的绿色发展水平整体领先于中西部地区

分区域来看，东中西部地区的绿色发展指数存在一定差异，地域分化特征明显，且相互间的差距拉大。从绿色发展的一级指数来看，这种差距主要体现在经济增长质量指数和资源利用提升速率指数上。2016年东部地区的资源利用提升速率指数均值为24.54，分别比中部和西部地区高 0.7%和 0.1%。2016 年东部地区的经济增长质量指数均值为7.67，分别比中部和西部地区高8.0%和12.6%。但是中西部地区在环境质量改善和生态保护水平上相对于东部地区具有一定的优势。

3. 省际的绿色发展水平呈现分化趋势

从30个省（区、市）绿色发展综合指数变化的趋势来看，省际的差异逐步拉大。在省（区、市）发展动态上，大部分省（区、市）的发展指数得到明显提升的同时，依然有个别省（区、市）的绿色发展出现退化。这种绿色发展的整体变化突出表现在环境治理提升速率、经济增长质量两方面。在环境治理提升速率指数上，最低值由2013年的11.22上升到2016年的12.25，最高值则由2013年的13.91上升到2016年的15.26。在经济增长质量指数上，最低值由2013年的6.38下降到2016年的6.30，最高值则由2013年的8.29上升到2016年的8.53。最低值和最高值持续拉大，反映了省际绿色发展水平的分化趋势。

4. 绿色发展各个维度的进展存在不平衡特征

除了上述分析呈现的地区间和省际绿色发展存在的较大差异，不同省（区、市）在不同的绿色发展维度上也存在比较明显的差别，反映出绿色发展的不平衡特征。从绿色发展各个一级指标来看，不同领域的进展差别明显。2013—2016年，各地区在环境治理提升速率和绿色生活水平领域的进展明显。环境质量改善、经济增长质量和生态保护水平方面的进展虽然存在进展，但是相对而言并不突出。而各地区在资源利用提升速率方面的进展甚至出现退化。此外，每个省（区、市）都在本报告测度的资源利用提升速率、环境治理提升速率、环境质量改善、生态保护水平、经济增长质量和绿色生活水平方面或多或少地存在短板。这种各维度变化趋势的较大差异，反映了绿色发展进程的不平衡特征。

5. 环境治理提升对环境质量的改善效应显现

通过环境质量改善指数与环境治理提升速率指数关系的分析发现，当前我国基本上形成了针对环境质量高低不同的差异有序的环境治理格局，即环境质量改善不足的地区，环境治理提升速率越快，且已不存在环境质量改善较差但环境治理提升速率缓慢的情况。环境治理提升速率指数和环境质量改善指数年度变化的正向关系，说明随着环境治理提升速率力度的逐步加大，其对环境质量改善的促进作用也日益显现。

6. 环境与增长的协调在挑战中前进

实现环境与经济的双赢是绿色发展的基本要求。基于经济增长质量指数和环境质量改善指数的关系，我们发现，仅有个别省（区、市）在实现经济增长质量提升的同时保持环境质量改善。大部分省（区、市）要么存在环境质量改善短板，要么存在经济增长质量短板，同时还有几个省（区、市）存在环境质量改善和经济增长质量提升的双重短板。这表明我国大部分省（区、市）仍然处于经济增长和环境质量改善的相持阶段，环境质量改善和经济增长质量提升还未在全局层面实现相互促进的良性互动。与此同时，部分省（区、市）已经实现经济增长质量与环境质量改善的协调，这也说明了生态环境保护与经济增长能够在协调中前进。从经济增长质量与环境质量改善年度变化的相关关系来看，环境质量改善指数变化与经济增长质量指数变化呈现正相关关系，这在某种程度上能够反映出经济增长与环境质量改善的协同推进。

三、城市绿色发展指数评估结果

根据城市层面的绿色发展指标体系，考虑统计数据的完善性，本报告计算了全国248个[①]城市的绿色发展指数及其一级指数。表5-1汇报了2013—2015年绿色发展综合指数排在前20名和后20名的城市。其中，一些城市的排名相对稳定，如黄山市、丽水市、三明市、萍乡市等的绿色发展指数一直排在前20名，而吕梁市、保定市、临汾市、廊坊市、开封市、濮阳市等的绿色发展指数一直排在后20名。总体来看，排在前20名的城市主要分布在安徽省、广东省、福建省、浙江省、江西省、云南省、广西壮族自治区等；排在后20名的城市主要分布在河南省、河北省、辽宁省、吉林省等。

从城市层面绿色发展指数的空间分布来看（见图5-2、图5-3），排名靠前的城市多集中在生态环境基础相对较好且经济发展水平相对较高的地区。2013—2015年，绿色发展的空间格局略有变动，东南和西南地区的绿色发展水平得到提升，而华北和东北地区一些城市的绿色发展指数排名出现退化。这种城市绿色发展的空间分布格局变动与省（区、市）层面的绿色发展空间分布格局变动是比较一致的。

① 由于很多城市都存在指标数据的缺失，通过删减最后留下统计数据相对完善的248个城市样本。

四、城市绿色发展水平总体判断

本报告从绿色发展的区域差异、城市间差异以及绿色发展的具体结构 3 个层面对我国绿色发展的整体特征进行了深层分析，明确了绿色发展的变动趋势、存在的短板领域以及城市发展形态等，主要形成了以下结论。

1. 绿色发展整体呈现提升趋势，但地域和城市间的差别较大

各城市的绿色发展综合指数均值由 2013 年的 79.16 上升到 2015 年的 79.43，但是地域间的绿色发展存在着较大的不平衡性，华南和西南地区的城市绿色发展综合指数上升趋势最为明显，华中和东北地区的城市绿色发展综合指数则呈现出了下降趋势，这反映了地域间绿色发展趋势的差异。从城市间的比较来看，领先型城市（基期绿色发展水平相对较好，且保持向好趋势）和发展型城市（基期绿色发展水平相对较差，但呈现向好趋势）的比重较高，反映了绿色发展的整体向好态势，这些城市主要分布在东南、西南、华北和辽东半岛地区。同时，仍然有一部分城市呈现出退步型（基期绿色发展水平相对较好，但并未呈现向好趋势）和滞后型（基期绿色发展水平相对较差，且未呈现向好趋势）特征，反映了城市间的绿色发展分化趋势。

2. 绿色发展各维度不均衡性突出，环境治理是助推绿色发展的主要动力

第一，绿色发展各一级指数的变化趋势存在较大的差别，其中，各区域的环境治理提升速率指数均呈现出大幅的上升趋势，而各区域在生态环境质量、经济增长质量、绿色生活水平等方面的进展并不明显，环境治理是推动绿色发展向好的核心层面。另外，一些区域在资源利用方面反而出现了退步的趋势，如东北、西北和华北地区。第二，通过城市间比较，在环境治理提升速率、生态环境质量及经济增长质量方面，领先型城市（基期绿色发展水平相对较好，且保持向好趋势）和发展型城市（基期绿色发展水平相对较差，但呈现向好趋势）两种类型数量在样本中分别占 62.50%、78.63%和 63.71%。而其他维度中，退步型和滞后型城市的比重相对更高，反映了绿色发展各维度进展的不平衡性。第三，在各城市绿色发展综合指数的构成上，相对于排名靠后的城市，排名靠前城市的优势主要表现在生态环境质量层面，其他方面的差别不大，反映了绿色发展在这些层面的进展并不明显。

3. 各城市资源利用提升速率的差别较大，领先型城市在用水和用地方面的优势明显，但是在用能方面依然存在较大的提升空间

资源利用提升速率的相关指标主要体现为对能源、水资源和土地资源要素的利用上，为此，进一步观察各城市在资源利用相关指标上的差别。通过比较来看，资源利用趋势较好的城市在水资源和土地资源利用方面的优势明显，但是各城市在能源利用方面的差

别较大，说明各城市在能源利用方面依然存在较大的提升潜力，资源利用尚未成为推动绿色发展的重点领域。

4. 在环境治理提升速率和生态环境质量方面，大气环境质量改善的贡献较大，水环境质量改善和环境基础设施建设是滞后型城市的主要短板

环境治理提升速率和生态环境质量是构成绿色发展综合指数的核心层面，其中，环境治理包括水、大气污染物总量控制和环境基础设施3个方面，环境质量也涵盖了大气、水和耕地污染3个方面。比较来看，排名靠前城市的优势主要体现在水污染物减排和大气环境质量上，排名靠后城市的短板主要体现为环境基础设施不完善以及水环境污染严重两个方面。

五、城市绿色发展水平特征簇分析

基于以上城市绿色发展指数的测度，依据城市划分的不同标准，本报告就城市绿色发展水平进行了不同的特征簇分析，主要结论如下：

1. 城市规模

通过对不同规模城市的比较分析，可以初步得出城市规模越大，绿色发展面临的挑战越大的结论。不同规模城市绿色发展的优势和劣势比较清晰，大城市在资源利用提升速率、环境治理提升速率和经济增长质量层面的优势明显，但是大城市在生态环境质量、绿色生活水平方面的短板比较突出。在绿色发展变动趋势上，2013—2015年，小城市的绿色发展取得了明显的进展，相比较而言，大城市的绿色发展进展稍为缓慢。小城市的进展主要体现在环境治理提升速率和生态环境质量改善上，较大城市的进展缓慢则主要体现在资源利用提升速率和绿色生活水平上。

2. 城市行政级别

相对于其他行政级别的城市，省会城市和计划单列市的整体经济发展水平较高，且其绿色发展水平相对较高。2015年，省会城市和计划单列市的绿色发展水平均值为79.64，而所有样本城市的绿色发展水平均值为79.43。在副省级省会城市、非副省级省会城市和计划单列市这3类城市中，计划单列市的绿色发展水平处于领先位置，其在生态环境质量和经济增长质量方面的优势比较明显；非副省级省会城市的绿色发展水平相对较低，其在资源利用提升速率、环境治理提升速率和经济增长质量方面都相对滞后。

3. 经济发展水平

第一，经济发展水平较高城市和经济发展水平相对较低城市的绿色发展水平呈现稳定的上升特征，但是经济发展水平中等的城市绿色发展水平进展并不明显，这反映了不同经济发展阶段城市绿色发展水平的差别。第二，高经济发展水平城市的短板领域主要

体现在生态环境质量，而低经济发展水平城市的短板主要体现在环境治理提升速率和经济增长质量上，这反映了不同经济发展阶段城市在绿色发展各维度的不平衡。第三，引领型绿色发展城市的比重不高，基础薄弱和滞后型绿色发展城市的数量较多，且地理分布相对集中。

从地理空间上来看，引领型的绿色发展城市分布相对分散，主要分布在几个经济发达区域，包括长三角、海峡西岸、珠三角等地区。而短板型绿色发展城市主要聚集在领先型绿色发展城市周围，呈现出经济发展水平较高，但是绿色发展水平较低的特征。而基础薄弱型和滞后型绿色发展城市的比重较高，且分布的地理特征比较集中，基础薄弱型城市主要集中在南方的生态环境条件较好、经济发展水平相对滞后的地区，而滞后型绿色发展城市主要集中在华北地区和华中地区。

4. 城市群

第一，各城市群的绿色发展存在明显的梯度差距，这种差距甚至比经济增长差距更为突出。在四大全国性城市群中，珠三角的绿色发展水平处于明显的领先位置，而京津冀的绿色发展水平较为落后，与珠三角、长三角和成渝城市群的差距较大。对于海峡西岸、长江中游、山东半岛和中原城市群来说，更是呈现明显的阶梯性差异，并且这种差距持续存在。与经济增长差距相比，城市群的绿色发展差距较大，尤其是在四大区域性城市群表现得更为显著。

第二，各城市群的绿色发展趋势呈现分化特征，部分趋势向好，部分停滞不前。在绿色发展指数上，京津冀、长三角、珠三角和长江中游城市群的上升趋势明显，海峡西岸、成渝、山东半岛和中原城市群的绿色发展相对变动不大。在生态环境质量方面，各城市群的变化趋势与绿色发展综合指数基本一致。在经济增长质量方面，京津冀、长三角、长江中游和成渝城市群的优化趋势明显，而其他城市群的变化相对不大。

第三，区域性中心城市是各城市群经济增长质量提升的领先者，但是其对城市群绿色发展的引领作用有待增强。各城市群的发展都有 1～2 个引领型的中心城市，如京津冀城市群的北京、天津；长三角城市群的上海、杭州；珠三角城市群的广州、深圳；等等。在经济增长质量排名中，这些城市均处于所在城市群的前列。但是这些城市在其他领域的优势并不突出，在绿色发展的诸多方面有待提升。

5. 长江经济带

整体而言，长江经济带省（市）的绿色发展水平相对好于其他地区。通过将长江经济带省（市）的绿色发展水平与其他省（区、市）的绿色发展进行对比发现，不管是在发展水平上，还是在发展趋势上，长江经济带的绿色发展相对较好。另外，长江上游和下游绿色发展的进展相对好于中游地区。在长江经济带各个省（市）的比较中，浙江、江苏、云南、贵州 4 省的绿色发展较好，安徽、江西 2 省的绿色发展水平较低，长江中游省（市）的绿色发展提升空间较大。

6. “一带一路”沿线省（区、市）

从总体上看，海上丝绸之路沿线省（区、市）的绿色发展水平优于陆上丝绸之路沿线省（区、市）。随着“一带一路”的推进，陆上丝绸之路沿线省（区、市）面临的生态风险和环境压力较大，经济发展与生态保护之间矛盾突出。同时，“一带一路”沿线重点省（区、市）绿色发展进程的不平衡性突出。从各省（区、市）绿色发展一级指数的变动可以看出，个别省（区、市）在环境治理提升速率、生态环境质量方面的进展较大，但是大多省（区、市）的变动态势并不明显，推动绿色发展的挑战较大。

第一章
绿色发展评估体系与方法

绿色发展涉及经济增长、资源利用、生态环境等各个领域，通常采用加权的方法将各指标进行加总，最后形成综合性的绿色发展指数来进行评估。在对现有研究进行评述的基础上，介绍《绿色发展指标体系》的基本框架内容和本报告的调整和测度方法，进一步阐明本报告的创新性特点。

一、文献回顾

尽管国内外对绿色发展的定义和理解各有侧重，但在本质上均体现了资源环境与经济发展之间的协调关系，要求在追求经济增长的同时，减少对资源环境的影响。近年来，国内外围绕绿色发展评价指标体系的研究不断涌现出新的成果，主要围绕三条路径展开：绿色国民经济核算、绿色发展多指标测度体系和绿色发展综合指数[1]。基于要采用的评价方法，本报告主要从后两个方面对现有研究进行简要介绍。

（一）绿色发展多指标测度体系

绿色发展多指标测度体系是指通过一系列核心指标从各角度反映绿色发展进步情况，不需要进行指标加权。这类指标体系能够直观地显示绿色发展的促进和制约因素，但无法类似综合指数，从总体上评估绿色发展。

1. 经济合作与发展组织（OECD）绿色增长监测指标体系[2]

在 2009 年 OECD 部长级理事会上，来自 34 个国家的部长授意 OECD 制定绿色增长战略，并为各国拟定一个集经济、环境、社会、技术和发展于一体的综合框架。OECD 绿色增长衡量框架和指标体系涵盖了各成员国生态、经济、结构和体制特征等方面的大部分信息，指标设计相对比较灵活，广泛应用在荷兰、韩国、捷克、墨西哥等国。

2. 联合国环境规划署绿色经济测度指标体系[3]

联合国环境规划署绿色经济衡量框架主要涵盖 3 个方面的内容，即经济转型、资源效率、社会进步和人类福祉。其中，经济转型是迈向绿色经济的核心。当前投资大多集中于高污染、高排放、高消耗产业，而绿色经济的目标则是将这些投资转移至低碳、清洁、资源节约的产业；经济转型成功的显著标志之一就是资源利用效率的提高；社会进步和人类福祉是发展绿色经济的最主要目标。

（二）绿色发展综合指数

绿色发展综合指数的目的主要是进行排名，通过排名来反映一个国家或地区某一时期内的绿色发展水平在全球或者全国所处的位置，同时通过纵向比较，也可以反映其历史总体水平的动态变化趋势。

1. 耶鲁大学：环境绩效指数（EPI）[4]

EPI 主要围绕两个基本的环境保护目标展开：减少环境对人类健康造成的压力；提升生态系统活力和推动对自然资源的良好管理。其指标框架主要包括两个部分，即环境健康和生态系统活力，构建了共包括 22 项能够反映当前社会环境挑战焦点问题的具体环境指标。虽然 EPI 为各国对环境领域进行更为广泛的严谨分析提供了一个框架，但这个框架并不能对各国的绩效变化进行跟踪。因此，EPI 从 2010 年开始尝试从时间序列上来监测核心指标，以找出全球哪些环境问题绩效得到了提高或恶化，哪些国家环境绩效在进步或落后。对于指标权重的确定，EPI 目前也尚没有一个统一的赋权方法，一般主要通过混合运用主成分分析法、等权法、搜索已有文献并咨询专家意见等方法来确定不同指标之间的权重，并且各指标权重每年都在不断调整变化。2009 年，中国环境保护部与美国耶鲁大学合作将 EPI 应用于中国省级层面，构建一套既能与国际研究思路接轨，又符合中国国情的省级环境绩效评估技术体系。该指标体系涵盖了包括空气污染、气候变化、生物多样性、农业、林业在内的 33 个具体指标和 12 个环保政策类别。

2. 中国科学院：资源环境绩效指数（REPI）[5]

2006年，中国科学院可持续发展战略研究组提出了资源环境综合绩效指数（REPI），对国家和各个地区的资源消耗和污染排放绩效进行监测和综合评价，认为一个地区的资源环境绩效指数越低，则资源环境绩效水平越高或者节约程度越高，反之亦然。在国家层面，该指数系统选取了能源消耗强度等 4 个资源消耗强度指标，单位 GDP 化学需氧量、排放量等 3 个污染物排放强度指标，并通过等权赋值的方法，对中国各省（区、市）2000—2009 年的资源环境绩效进行综合评估，以反映各省（区、市）之间资源利用技术水平的相对高低和经济发展对资源环境产生压力的相对大小。

3. 北京师范大学绿色发展指数[6]

北京师范大学提出的中国绿色发展指数特别注重绿色与发展的结合，突出了政府绿色管理的引导作用，加强了绿色生产的重要性。实际上，它是一种广义的多指标绿色发展测度体系，涵盖范围十分广泛，主要从经济增长绿色度、资源环境承载潜力、政府政策支持度3个方向出发构建指标体系，共遴选了9个二级指标、55个基础指标。庞大的指标体系涉及如何将各指标进行综合，这就需要考虑对各指标进行赋权。在指标赋权方面，北京师范大学征求了经济、资源、环境能源、统计等研究领域的专家的意见，并对其反馈的意见反复斟酌、分析讨论，最后确定每个指标的权重。经过这样的处理，该指标体系在一定程度上能够反映中国绿色发展水平的大致趋势。

4. 北京工商大学绿色经济指数[7]

北京工商大学等研究机构则从资源环境效率出发来构建绿色经济指数，将北京作为绿色经济指数的基准城市，以北京的资源环境效率为基准来计算其他城市的绿色经济发展水平，实际上这是一种简化了的生态效率评估指标体系。也正是因为简化，其具有较强的可操作性，能够对全国273个城市以及31个省（区、市）的资源环境效率以及绿色经济指数进行评估。

二、《绿色发展指标体系》介绍

2016年12月，根据中共中央办公厅、国务院办公厅印发的《生态文明建设目标评价考核办法》，国家发展和改革委员会、国家统计局、环境保护部、中央组织部制定了《绿色发展指标体系》。该指标体系包含资源利用、环境治理、环境质量、生态保护、增长质量和绿色生活六大类55个客观指标。此外，该指标体系还包括公众对生态环境质量满意程度这一主观调查指标，该指标不参与总指数的计算，只进行单独评价和分析，但其分值纳入5年一次的生态文明建设考核目标体系[8]。

《绿色发展指标体系》主要来源于《国民经济和社会发展第十三个五年规划纲要》确定的资源环境约束性指标；《国民经济和社会发展第十三个五年规划纲要》和《中共中央　国务院关于加快推进生态文明建设的意见》等提出的主要监测评价指标；其他绿色发展重要监测评价指标。根据指标的重要程度，基于100%的总权数，三类指标的权数之比按3∶2∶1计算。

根据“十三五”规划，绿色发展的重要内容主要包括以下几个方面：一是国土空间开发保护，体现为通过加快建设主体功能区、调整优化空间结构以及通过实施山水林田湖草生态保护和修复工程，筑牢生态屏障；二是推动低碳循环发展，包括推进传统制造业绿色改造，推动建立绿色低碳循环发展产业体系，以及推进绿色消费；三是全面节约和高效利用资源，主要体现为实行能源和水资源消耗、建设用地等总量和强度双控行动；四是提高环境质量，体现为实行最严格的环境保护制度，推进大气、水和土壤污染防治。从《绿色发展指标体系》的设计来看，该指标体系集中体现了“十三五”规划明确的绿色发展的4个层面。

通过与已有相关指标体系的比较来看，该《绿色发展指标体系》具有如下突出特点：第一，对绿色发展的考察更为全面，集中体现了绿色发展的各个重点领域。该指标体系基本上覆盖了“十三五”规划明确的绿色发展的主要任务，更能够体现各地区绿色发展的整体状况。第二，对生态环境保护的考察更为突出。现有的一些研究，虽然考虑了环境保护层面，但是对生态保护的体现较为薄弱，该指标体系的生态保护权重达到 16.5%，且同时考虑了森林、湿地、草地、海洋、土地等各个生态要素。第三，明确了能源资源总量和强度控制以及污染物排放总量和环境质量控制的双重目标。已有的研究多集中于考虑能源资源利用的强度指标，对于总量指标的关注甚少。环境保护也集中于讨论几类污染物排放的总量控制，对于环境质量指标的考察也比较少。第四，同时考虑了过程性指标和结果性指标，如环境治理和环境质量，以及资源利用与资源产出等。《绿色发展指标体系》的基本框架如图 1-1 所示。

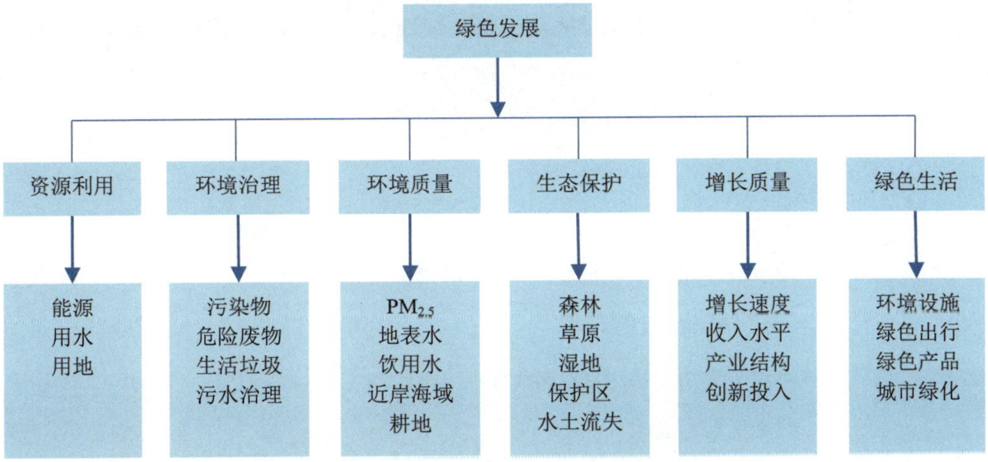

图 1-1　《绿色发展指标体系》的基本框架

三、本报告的调整方法

由于相关指标的可获得性等问题，本报告需要对《绿色发展指标体系》进行一定的调整，以保证能够获得公开且具有连续性的统计数据，对省（区、市）和城市层面的绿色发展水平差异和变动趋势进行综合反映。在调整过程中，主要遵从以下几个方面的原则：

第一，保留所有约束性指标。本报告保留了全部权重最大的约束性指标，能够保证其他指标的替代不会对评价结果产生太大的影响。

第二，保证指标体系的原始性和权威性。即在调整过程中尽量遵从原始的指标体系，找到类似的替代指标，同时保证一级指标类别权重的不变。例如，采用六大高载能行业产值占工业总产值比重作为逆向指标替代战略性新兴产业增加值比重，以人均生活用水和生活用电替代绿色生活相关指标。

第三，保证数据的公开可获得性。原指标体系主要针对“十三五”时期绿色发展的综合评价考核，有些指标从“十三五”时期才开始统计，有些指标从公开的统计资料中无法获得，或仅能获得部分省（区、市）的数据，在调整的过程中则舍弃这些指标，但将这些指标的权重平摊到同一级指标下的其他一级指标。

调整后的省级层面的指标体系由原指标体系的 55 个指标缩减为 45 个指标（表 1-1），其中原有指标和相近替代指标为 42 个，占原有指标总数的 76%，权重则占 93%。

表 1-1　调整后的省级层面的绿色发展指标体系

一级指标	序号	本报告指标	单位	指标权重	指标类型
一、资源利用提升速率（权数=29.3%）	1	能源消费总量增长率	%	2.17	逆向
	2	单位 GDP 能源消耗降低	%	3.26	正向
	3	单位 GDP 二氧化碳排放降低	%	3.26	正向
	4	非化石能源占一次能源消费比重	%	3.26	正向
	5	用水总量增长率	%	2.17	逆向
	6	万元 GDP 用水量下降	%	3.26	正向
	7	单位工业增加值用水量降低率	%	2.17	正向
	8	耕地面积增长率	%	3.26	正向
	9	人均新增建设用地面积	hm^2/万人	3.26	逆向
	10	单位 GDP 建设用地面积降低率	%	2.17	正向
	11	一般工业固体废物综合利用率	%	1.09	正向
二、环境治理提升速率（权数=16.5%）	12	化学需氧量排放量降低率	%	2.75	正向
	13	氨氮排放量降低率	%	2.75	正向
	14	二氧化硫排放量降低率	%	2.75	正向
	15	氮氧化物排放量降低率	%	2.75	正向
	16	危险废物处置利用率	%	0.92	正向
	17	生活垃圾无害化处理率	%	1.83	正向
	18	污水集中处理率	%	1.83	正向
	19	环境污染治理投资占 GDP 比重	%	0.92	正向

一级指标	序号	本报告指标	单位	指标权重	指标类型
三、环境质量改善（权数=19.3%）	20	地级及以上城市空气质量优良天数比率	%	3.22	正向
	21	地级及以上城市可吸入颗粒物（PM_{10}）浓度下降	%	3.22	正向
	22	地表水达到或好于III类水体比例	%	3.22	正向
	23	地表水劣V类水体比例	%	3.22	逆向
	24	地级及以上城市集中式饮用水水源水质达到或优于III类比例	%	2.14	正向
	25	近岸海域水质优良（一、二类）比例	%	2.14	正向
	26	单位耕地面积化肥使用量	kg/hm^2	1.08	逆向
	27	单位耕地面积农药使用量	kg/hm^2	1.08	逆向
四、生态保护水平（权数=16.5%）	28	森林覆盖率	%	4.13	正向
	29	单位土地面积的森林蓄积量	亿 m^3/km^2	4.13	正向
	30	草原面积占行政区域面积的比重	%	2.75	正向
	31	湿地面积占行政区域面积的比重	%	2.75	正向
	32	陆域自然保护区面积比重	%	1.38	正向
	33	新增水土流失治理面积	万 hm^2	1.38	正向
五、经济增长质量（权数=9.2%）	34	人均 GDP 增长率	%	1.83	正向
	35	居民人均可支配收入	万元/人	1.83	正向
	36	第三产业增加值占 GDP 比重	%	1.83	正向
	37	六大高载能行业产值占工业总产值比重	%	1.83	正向
	38	研究与试验发展经费支出占 GDP 比重	%	1.83	正向
六、绿色生活水平（权数=9.2%）	39	人均日生活用水量	m^3/人	1.31	逆向
	40	人均生活用电量	10^3 kW·h/人	1.31	逆向
	41	人均绿地面积	hm^2/万人	1.31	正向
	42	绿色出行（城镇每万人口公共交通客运量）	万人次/万人	1.31	正向
	43	城市建成区绿地率	%	1.31	正向
	44	农村自来水普及率	%	1.31	正向
	45	农村卫生厕所普及率	%	1.31	正向

图 1-1 中的资源利用、环境治理和环境质量相关指标更多反映的是一个地区年度资源利用提升、环境治理力度和环境质量改善的进展，是相对变化程度，而生态保护、增

长质量和绿色生活相关指标侧重反映的是该领域的水平状况。为了更好地反映这一点，本报告指标体系将一级指标的名称分别更改为“资源利用提升速率”“环境治理提升速率”“环境质量改善”“生态保护水平”“经济增长质量”“绿色生活水平”。参照国家统计局绿色发展统计指标的处理方法，本报告对部分绿色发展指标进行如下处理：

一是将绝对量指标转化为相对量指标，如将能源、用水、耕地面积、新增建设用地规模4个指标采取与国家统计局相同的相对化处理方式，将森林蓄积量、草原综合植被覆盖度、湿地保护率、陆域自然保护区面积4个指标分别转化为单位土地面积的森林蓄积量、草原面积占行政区面积的比重、湿地面积占行政区面积的比重、陆域自然保护区面积占行政区面积的比重，以使省（区、市）间可比。

二是对于暂无公开数据的指标，予以剔除或采用其他相关指标替代。将细颗粒物（$PM_{2.5}$）未达标地级及以上城市浓度下降、战略性新兴产业增加值占GDP比重2个指标分别用地级及以上城市可吸入颗粒物（PM_{10}）浓度下降①、六大高载能行业产值占工业总产值比重替代。将农田灌溉水有效利用系数、资源产出率、农作物秸秆综合利用率、重要江河湖泊水功能区水质达标率、海洋保护区面积、自然岸线保有率、受污染耕地安全利用率、可治理沙化土地治理率、新增矿山恢复治理面积、城镇绿色建筑占新建筑比重10个指标予以剔除，其权重则按比例分摊至该指标所属一级指标内的其他指标。将绿色生活水平中的公共机构人均能耗降低、绿色产品市场占有率（高效节能产品市场占有率）、新能源汽车保有量增长率3个指标予以剔除，分别补充人均日生活用水量、人均生活用电量、人均绿地面积等更能反映绿色生活状况的指标。

三是关于海域水质指标，由于部分省（区、市）并不临海，本报告则将仅在有海岸线的省（区、市）囊括在内，其他内陆省（区、市）则将该指标的权重按比例分配到同一级指标内的其他指标上进行加权计算。

关于城市层面的绿色发展指标体系，由于数据的不完善和缺失，本报告在省级层面指标体系的基础上进行了适当的删减与替换。调整后的指标体系包括34个指标（表1-2），参照与省级指标体系的处理方法，本报告对各个具体指标的权重进行调整。其中，由于生态保护水平一级指标内的个体统计指标的数据可得性较弱且个体指标较少，本报告将环境质量改善和生态保护水平两个一级指标合并为生态环境质量指标，各个体指标在保持原指标权数的基础上均摊删除指标的权重。此外，本报告对氮氧化物排放总量减少、湿地面积占行政区域面积比重、草原面积占行政区域面积比重、新增水土流失治理面积4个指标的个体指数赋最低值，参与绿色发展综合指数计算。

---

① 由于2015年之前很多城市还未监测$PM_{2.5}$浓度，为了使数据在2013—2016年可比，采用PM_{10}浓度下降进行替代。

表 1-2 城市层面的绿色发展指标体系

一级指标	序号	二级指标	单位	指标权数	指标属性
一、资源利用提升速率（权数= 29.3%）	1	单位 GDP 电力消耗降低	%	4.19	正向
	2	单位工业产值电力消耗降低	%	2.79	正向
	3	用水总量增长率	%	2.79	逆向
	4	万元 GDP 用水量下降	%	4.19	正向
	5	单位工业增加值用水量降低	%	2.79	正向
	6	耕地面积增长率	%	4.19	正向
	7	人均新增建设用地面积	hm^2/万人	4.19	逆向
	8	单位 GDP 建设用地面积降低率	%	2.79	正向
	9	一般工业固体废物综合利用率	%	1.4	正向
二、环境治理提升速率（权数=16.5%）	10	化学需氧量排放总量减少	%	3.10	正向
	11	氨氮排放总量减少	%	3.10	正向
	12	二氧化硫排放总量减少	%	3.10	正向
	13	氮氧化物排放总量减少	%	3.10	正向
	14	生活垃圾无害化处理率	%	2.06	正向
	15	污水集中处理率	%	2.06	正向
三、生态环境质量（权数= 35.8%）	16	地级及以上城市空气质量优良天数比率	%	4.88	正向
	17	地级及以上城市可吸入颗粒物（PM_{10}）浓度下降	%	4.88	正向
	18	地表水达到或好于III类水体比例	%	4.88	正向
	19	地表水劣Ⅴ类水体比例	%	4.88	逆向
	20	单位耕地面积化肥使用量	kg/hm^2	1.63	逆向
	21	单位耕地面积农药使用量	kg/hm^2	1.63	逆向
	22	森林覆盖率	%	4.88	正向
	23	湿地面积占行政区域面积比重	%	3.25	正向
	24	草原面积占行政区域面积的比重	%	3.25	正向
	25	新增水土流失治理面积	万 hm^2	1.63	正向
四、经济增长质量（权数=9.2%）	26	人均 GDP 增长率	%	2.3	正向
	27	人均 GDP	元/人	2.3	正向
	28	第三产业增加值占 GDP 比重	%	2.3	正向
	29	科学技术支出占财政支出比重	%	2.3	正向

一级指标	序号	二级指标	单位	指标权数	指标属性
五、绿色生活水平（权数=9.2%）	30	人均日生活用水量	m^3/人	1.84	逆向
	31	人均生活用电量	10^3 kW·h/人	1.84	逆向
	32	绿色出行（城镇每万人口公共交通客运量）	万人次/万人	1.84	正向
	33	城市建成区绿化覆盖率	%	1.84	正向
	34	人均绿地面积	hm^2/万人	1.84	正向

与已有相关指标体系相比，该指标体系的创新点主要体现在以下几个方面：其一，更具全面性和权威性。该指标体系用于对各地区绿色发展进行的年度评价，能够反映出各具体领域的进展，以及各省（区、市）和城市的综合性绿色发展趋势。其二，更侧重于生态环境保护。相对于已有的指标体系，生态环境领域的权重比例大幅增加，既包括环境质量部分，也包括生态保护部分。其三，更能反映国家生态环境保护的主要任务。该指标体系在一定程度上反映了“十三五”时期我国生态环境保护的主要领域以及重点任务，能够在一定程度上反映各地区实现绿色发展的努力程度。

四、数据来源和处理方法

各指标的数据主要来源于中国统计年鉴、中国能源统计年鉴、中国工业统计年鉴、中国城市统计年鉴、中国环境年鉴、中国卫生年鉴、各省统计年鉴、各省环境状况公报、各省水土保持公报、各地级市国民经济与社会发展公报以及各地级市环境状况公报等。关于各指标的数据来源和计算方法见附录一和附录二。

参照国家统计局绿色发展指数计算方法，本报告对 2013—2016 年各省（区、市）绿色发展指数进行计算。

首先，对于各个统计指标值进行标准化处理，采用极值法计算个体指数，每个统计指标采用百分制计算分值，计算公式为

正向型指标：
$$Y_i=\frac{\lfloor X_i-\min(X_i)\rfloor}{\left[\max(X_i)-\min(X_i)\right]}\times 40+60$$

逆向型指标：
$$Y_i=\frac{\lfloor \max(X_i)-X_i\rfloor}{\left[\max(X_i)-\min(X_i)\right]}\times 40+60$$

式中：Y_i—— 第 i 个指标的个体指数；

X_i—— 第 i 个指标的统计值；

min（X_i）—— 第 i 个指标的统计值的最小值；

max（X_i）—— 第 i 个指标的统计值的最大值。

其次，对个体指数进行加权，计算 6 个一级指标指数。计算公式为

$$F_j=\frac{\sum_{i=m_j}^{n_j}W_iY_i}{\sum_{i=m_j}^{n_j}W_i}$$

式中：F_j—— 第 j 个一级指标指数；

W_i—— 第 i 个指标的权数；

Y_i—— 第 i 个指标的个体指数；

m_j—— 第 j 个一级指标中第一个评价指标在整个评价体系中的序号；

n_j—— 第 j 个一级指标中最后一个评价指标在整个评价体系中的序号。

最后，根据各一级指标及其赋予的权重，采用综合指数法计算出各省（区、市）的绿色发展综合指数。即

$$\mathrm{Z}=\sum_{j=1}^{n}W_jF_j$$

式中：Z—— 绿色发展指数，反映一个省（区、市）绿色发展的整体水平；

F_j—— 第 j 个一级指标指数；

W_j—— 各一级指标的权重；

n—— 一级指标的个数。

各城市绿色发展指数计算方法同省（区、市）绿色发展指数计算方法。

第二章
省际绿色发展评估结果

基于上述指标体系和计算方法，分别计算了 2013—2016 年除西藏、香港、澳门和台湾外的 30 个省（区、市）的绿色发展综合指数。同时也列出了各个一级指标的计算结果，以便能够对各省（区、市）的绿色发展状况进行深入的观察。

一、绿色发展综合指数

从 2013—2016 年各省（区、市）绿色发展综合指数来看，福建、浙江、广东、云南等省的绿色发展综合指数较高，排名较为靠前；新疆、山西、天津、青海等省（区、市）的绿色发展综合指数较低（表 2-1）。

表 2-1　2013—2016 年各省（区、市）绿色发展综合指数及排名

省（区、市）	2013 年		2014 年		2015 年		2016 年		2013—2016 年均值	排名变动
	指数值	排名	指数值	排名	指数值	排名	指数值	排名		
北　京	82.36	10	81.59	12	83.33	6	83.11	6	82.6	4
天　津	78.82	26	78.77	28	77.76	30	79.57	27	78.73	−1
河　北	77.95	27	78.91	26	79.74	22	80.54	22	79.28	5
山　西	77.52	29	78.06	29	78.78	28	78.01	30	78.09	−1
内蒙古	81.29	17	81.2	17	80.94	18	80.8	21	81.06	−4
辽　宁	81.09	18	79.88	24	80.07	21	78.23	28	79.82	−10
吉　林	82.4	8	81.41	15	82.08	12	82.59	10	82.12	−2
黑龙江	81.62	16	80.86	20	81.42	17	81.95	15	81.46	1
上　海	80.61	21	84.05	1	82.48	11	82.81	7	82.49	14
江　苏	81.8	14	81.79	10	82.68	8	82.4	11	82.16	3
浙　江	82.93	6	83.57	2	84.51	2	84.59	2	83.9	4

省（区、市）	2013 年		2014 年		2015 年		2016 年		2013—2016 年均值	排名变动
	指数值	排名	指数值	排名	指数值	排名	指数值	排名		
安　徽	80.53	22	81.02	18	80.19	20	81.02	19	80.69	3
福　建	84.73	1	83.36	3	85.42	1	85.66	1	84.79	0
江　西	81.03	19	81.93	9	81.6	14	82.14	14	81.67	5
山　东	81.84	13	80.71	21	80.49	19	81.8	16	81.21	−3
河　南	79.38	25	79.97	23	78.81	27	80.26	24	79.6	1
湖　北	83.13	4	81.26	16	82.52	10	82.77	8	82.42	−4
湖　南	81.97	12	82.07	8	81.78	13	82.62	9	82.11	3
广　东	84.38	2	83.2	4	83.85	4	83.29	4	83.68	−2
广　西	82.37	9	82.24	6	83.63	5	82.31	12	82.64	−3
海　南	82.95	5	82.15	7	81.46	15	83.18	5	82.44	0
重　庆	83.38	3	81.59	13	82.6	9	82.24	13	82.45	−10
四　川	81.71	15	81.72	11	81.44	16	81.49	18	81.59	−3
贵　州	82.1	11	81.54	14	83.18	7	81.66	17	82.12	−6
云　南	82.85	7	82.56	5	84.18	3	83.35	3	83.23	4
陕　西	80.86	20	80.33	22	79.36	24	80.37	23	80.23	−3
甘　肃	79.46	24	79.22	25	79.26	26	80.9	20	79.71	4
青　海	77.66	28	78.84	27	79.34	25	80.25	25	79.02	3
宁　夏	80.09	23	80.92	19	79.7	23	79.58	26	80.07	−3
新　疆	76.38	30	77.37	30	78.27	29	78.02	29	77.51	1

具体来看：

（1）上海、浙江、云南、北京、江苏、湖南、江西、黑龙江、安徽、甘肃、河南、河北、青海、新疆的绿色发展综合指数绝对值和排名均呈现上升趋势。

上海 2016 年环境质量改善领域的空气质量优良天数比例、PM_{10}浓度下降、地表水达到或好于Ⅲ类水体比例、劣Ⅴ类水体比例等指标相较于 2013 年都有了大幅的好转，经济增长质量指数也一直处于领先位置，对绿色发展综合指数的上升贡献较大。

浙江和云南绿色发展综合指数的上升主要源于环境质量改善领域的进展，2013—2016 年其空气质量优良天数比例、地表水达到或好于Ⅲ类水体比例大幅上升，同时劣Ⅴ类水体比例大幅下降。

北京在环境治理力度和经济增长质量领域的进展较大，具体而言环境治理领域的氮氧化物排放量降低、二氧化硫排放量降低两个指标的表现较好，经济增长质量领域的产业结构指标表现较好。此外，北京市在空气质量优良天数比例、PM_{10}浓度下降两个指标方面的好转对其绿色发展综合指数提升贡献也比较大。

江苏绿色发展综合指数上升主要源于环境质量改善领域的进展，尤其是空气质量优良天数比例、地表水达到或好于Ⅲ类水体比例两个指标的贡献较大。

湖南在环境治理力度和绿色生活水平两个方面的进展较大，环境治理领域氮氧化物排放量降低的表现较好，绿色生活领域的人均生活用电量指标上的表现较好。

江西在环境质量改善和经济增长质量领域有所进展，尤其是在单位耕地面积农药使用量、第三产业增加值占 GDP 比重、六大高载能行业产值占工业总产值比重等指标上的进展表现较好。

黑龙江主要是在氮氧化物排放量降低和自然保护区方面的进展较好，反映出其在环境治理力度和生态保护领域的较大进展。

安徽在绿色生活领域的进展相对较大，主要是在农村自来水普及率和农村卫生厕所普及率两个指标上的进展较大。

甘肃在环境治理和环境质量领域的进展较大，其中空气质量优良天数比例、PM_{10}浓度下降、生活垃圾无害化处理率、污水集中处理率等指标上的进展较大。

河南在环境治理力度领域的进展较大，主要表现在氮氧化物和二氧化硫排放减少上。

河北在环境治理力度和环境质量改善领域的进展较大，主要表现在氮氧化物排放减少、空气质量优良天数比例、PM_{10}浓度降低指标上的表现较好。

青海和新疆在环境治理力度和资源利用提升领域的进展较大，其中环境治理力度进展主要体现在生活垃圾无害化处理率和污水集中处理率上，而资源利用提升领域的进展主要表现在能源消费总量增长率、单位 GDP 能耗降低指标上。

（2）辽宁、重庆、贵州、内蒙古、湖北、广东、广西、四川、山东、陕西、宁夏的绿色发展综合指数绝对值和排名均出现下降。

辽宁在资源利用提升和经济增长质量领域的下降较为明显，尤其是在能源消费总量增长率、单位 GDP 能耗较低、经济增长质量下降等指标上的表现欠佳。

重庆、贵州、湖北、四川和山东的资源利用提升指数均有所下降，区别在于：重庆主要由其能源消费总量和耕地保有量指标的约束不足导致；贵州和湖北在能源消费总量约束、用水总量约束和单位 GDP 用水量下降指标上表现欠佳；四川主要源于其在能源消费总量约束、单位工业增加值用水量降低等指标上的进展不足；山东在资源利用提升领域，如能源总量约束、一般工业固体废物利用率等指标上的表现欠佳。

陕西绿色发展综合指数下降主要源于其在新增水土流失治理面积和 PM_{10} 浓度降低

幅度等指标上。

宁夏绿色发展综合指数下降主要源于其在水环境质量改善方面的进展相对缓慢，地表水达到或好于Ⅲ类水体比例较 2013 年都有所下降，劣Ⅴ类水体比重较 2013 年有所上升。

内蒙古绿色发展综合指数下降主要源于其劣Ⅴ类水体比重、单位耕地化肥和农药的使用量有所上升。

广东绿色发展综合指数下降主要源于其在耕地保有量约束、新增建设用地、单位 GDP 建设用地面积降低等指标上的进展有待加强，以及在近岸海域水质优良比例和单位耕地面积化肥和农药使用量等指标进展的不足。

广西绿色发展综合指数下降主要源于其在经济增长质量方面的进展相对缓慢，GDP 增长速度和研发投入都有所下降。

（3）吉林、天津、山西的排名虽然有所下降，但是其绿色发展综合指数的绝对值则呈现上升趋势。

吉林在绿色生活水平、环境治理提升速率指数和生态保护水平 3 个领域的指数值上升明显。

山西在环境质量改善和绿色生活水平两个领域指数值上升明显。

天津在环境质量改善、环境治理提升速率指数和绿色生活水平两个领域指数值上升明显，尤其是环境质量改善指数值上升显著。

（4）福建、海南的排名保持稳定，且其绿色发展综合指数绝对值呈现上升。

福建和海南主要源于资源利用提升速率和环境治理提升速率两个领域指数值的明显上升。

从图 2-1 可以看出，在 2013—2016 年各省（区、市）中，绿色发展指数排名前 5 的省（区）依次是福建、浙江、广东、云南、广西；排名第 26～30 的省（区、市）依次是河北、青海、天津、山西和新疆。

为了更清晰地呈现各省（区、市）绿色发展综合水平的空间格局变化，分别绘制 2013 年和 2016 年各省（区、市）绿色发展水平的空间地理分布图（图 2-2、图 2-3）。排在第 1～10 名的省（区、市）以深绿色显示，排在第 11～20 名的省（区、市）以浅绿色显示，排在第 21～30 名的省（区、市）以淡绿色显示。总体来看，南方省（区、市）和东部省（区、市）的绿色发展水平相对较高，华北和西北省（区、市）的绿色发展水平相对较低。

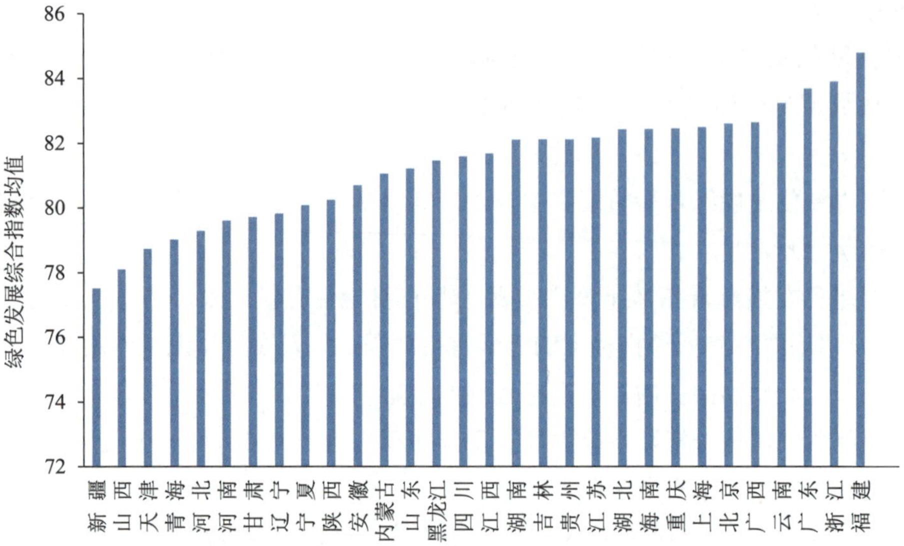

图 2-1　2013—2016 年各省（区、市）绿色发展综合指数均值

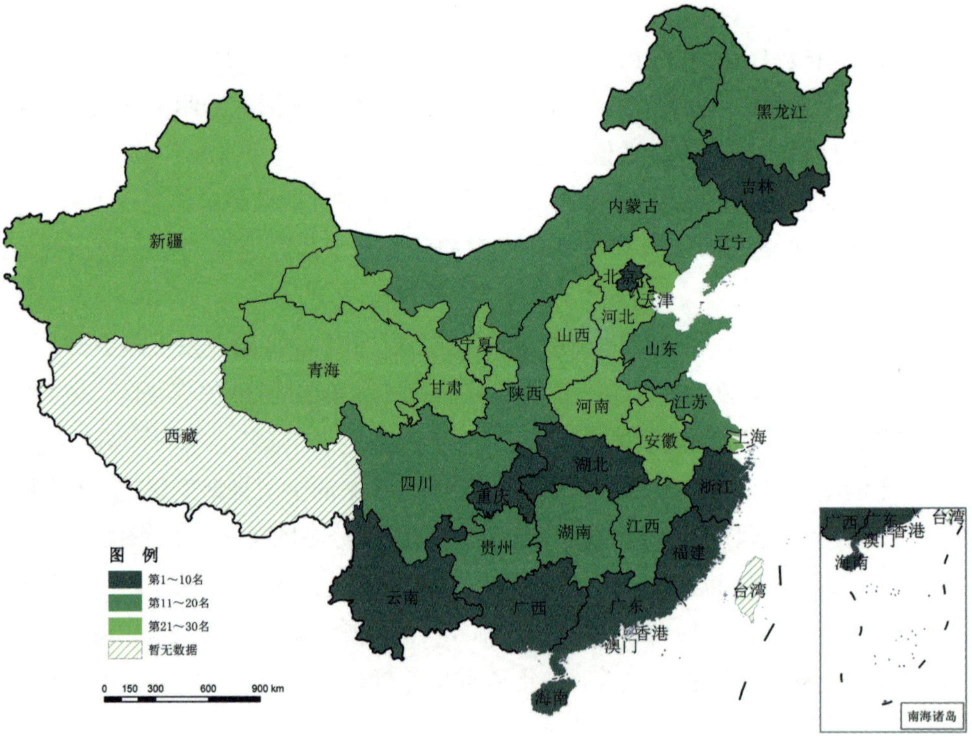

图 2-2　2013 年各省（区、市）绿色发展综合水平的地理分布

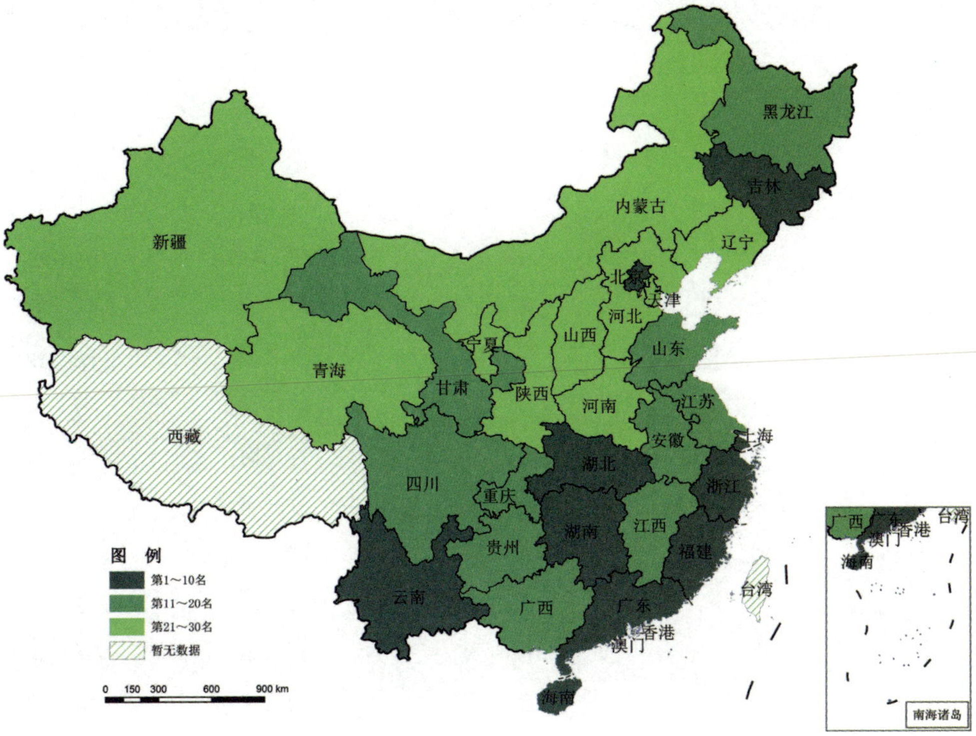

图 2-3 2016 年各省（区、市）绿色发展综合水平的地理分布

进一步，表 2-2 展示的是 2013—2016 年排在前 10 名和排在后 10 名的省（区、市）。可以看出，排在前 10 名的省（区、市）和后 10 名的省（区、市）的分布格局相对稳定，但是也有些省（区、市）的排名发生了大幅的变动，如相较于 2013 年，2016 年重庆、广西排名下降到前 10 名之外，上海排名大幅上升到前 10 名，安徽、甘肃上升至前 20 名，内蒙古、陕西下降到后 10 名。

表 2-2 2013—2016 年绿色发展综合指数排在前 10 名和后 10 名的省（区、市）

排名	2013 年	2014 年	2015 年	2016 年
1	福 建	上 海	福 建	福 建
2	广 东	浙 江	浙 江	浙 江
3	重 庆	福 建	云 南	云 南
4	湖 北	广 东	广 东	广 东
5	海 南	云 南	广 西	海 南
6	浙 江	广 西	北 京	北 京
7	云 南	海 南	贵 州	上 海

排名	2013 年	2014 年	2015 年	2016 年
8	吉 林	湖 南	江 苏	湖 北
9	广 西	江 西	重 庆	湖 南
10	北 京	江 苏	湖 北	吉 林
…	……	……	……	……
21	上 海	山 东	辽 宁	内蒙古
22	安 徽	陕 西	河 北	河 北
23	宁 夏	河 南	宁 夏	陕 西
24	甘 肃	辽 宁	陕 西	河 南
25	河 南	甘 肃	青 海	青 海
26	天 津	河 北	甘 肃	宁 夏
27	河 北	青 海	河 南	天 津
28	青 海	天 津	山 西	辽 宁
29	山 西	山 西	新 疆	新 疆
30	新 疆	新 疆	天 津	山 西

二、资源利用提升速率指数

资源利用提升速率指数反映一个地区能源资源的节约集约利用情况，包括能源资源利用的总量约束和能源资源利用的强度两方面。在本报告的指标体系中考虑了能源、水资源、土地资源的利用情况以及工业固体废物的利用情况。综合来讲，2013—2016 年，多数省（区、市）2016 年的指数值较 2013 年下降了（表 2-3）。从评估结果 4 年均值来看，贵州、上海、湖北的资源利用提升速率指数较高，新疆、山西、辽宁的资源利用提升速率指数较低，青海、重庆、上海、宁夏、北京等省（区、市）的资源利用速率指数排名波动较大。这种波动较大的变化特征主要是由指标体系本身的特征导致，即资源能源消耗总量增长率及资源能源利用强度变化的年际变动较大。

表 2-3　2013—2016 年各省（区、市）资源利用提升速率指数及排名

省（区、市）	2013 年		2014 年		2015 年		2016 年		2013—2016 年均值	排名变动
	指数值	排名	指数值	排名	指数值	排名	指数值	排名		
北 京	25.5	5	24.11	23	25.31	1	24.27	21	24.80	−16

省（区、市）	2013 年		2014 年		2015 年		2016 年		2013—2016 年均值	排名变动
	指数值	排名	指数值	排名	指数值	排名	指数值	排名		
天　津	24.7	18	24.5	12	23.51	23	24.35	20	24.27	−2
河　北	24.45	22	24.11	24	23.75	18	24.39	19	24.18	3
山　西	23.53	29	23.35	30	23.35	26	23.49	29	23.43	0
内蒙古	24.93	13	24.14	21	23.43	25	24.12	24	24.16	−11
辽　宁	24.57	21	23.88	28	23.56	22	21.76	30	23.44	−9
吉　林	24.93	12	24.23	18	24.25	13	24.43	17	24.46	−5
黑龙江	24.33	23	23.93	27	23.2	27	23.68	28	23.79	−5
上　海	24.27	24	26.39	1	24.89	8	25.11	4	25.17	20
江　苏	24.8	14	24.96	4	25.2	3	24.91	10	24.97	4
浙　江	25.05	9	25.11	3	25.2	2	25.1	5	25.12	4
安　徽	24.65	19	24.78	8	23.93	16	24.59	13	24.49	6
福　建	25.04	10	24.48	13	25	6	25.54	1	25.02	9
江　西	23.71	28	23.97	25	23.72	19	24.15	23	23.89	5
山　东	25.48	7	24.14	20	23.92	17	24.42	18	24.49	−11
河　南	24.95	11	25.27	2	24.08	14	25.04	6	24.84	5
湖　北	26.28	1	24.37	16	24.93	7	24.96	9	25.14	−8
湖　南	25.22	8	24.66	9	24.4	11	24.48	16	24.69	−8
广　东	25.69	3	24.83	7	24.64	9	24.98	8	25.04	−5
广　西	24.76	16	24.28	17	24.62	10	24.59	14	24.56	2
海　南	24.7	17	24.48	14	22.6	29	25.14	3	24.23	14
重　庆	25.65	4	24.14	22	24.07	15	24.08	25	24.49	−21
四　川	24.62	20	24.47	15	23.48	24	23.99	26	24.14	−6
贵　州	26.25	2	24.9	5	25.09	4	24.56	15	25.20	−13
云　南	25.49	6	24.58	11	25.06	5	24.8	12	24.98	−6
陕　西	24.23	25	23.96	26	22.3	30	24.23	22	23.68	3
甘　肃	24.78	15	24.23	19	23.65	21	24.82	11	24.37	4
青　海	23.93	27	24.85	6	24.36	12	25.36	2	24.63	25
宁　夏	23.94	26	24.63	10	23.71	20	25	7	24.32	19
新　疆	22.77	30	23.45	29	23.04	28	23.94	27	23.30	3

具体来看，青海进展显著的原因在于能源、水资源、土地资源利用效率的提升，尤其在能源消费总量增长率和人均新增建设用地面积两个指标上表现较好。上海进展显著的原因在于水资源和土地资源利用效率的提升，在耕地面积保有量约束、人均新增建设用地面积减少、单位 GDP 建设用地面积大幅降低等指标上表现较好。宁夏进展显著的原因在于用水总量的减少、万元 GDP 用水量的明显下降和土地资源利用效率的明显提升。重庆进展缓慢的原因在于能源消费总量的大幅增加、耕地保有量的下降以及一般工业固体废物利用率进展滞后。北京进展缓慢的原因在于能源消费总量的增加和耕地面积的减少。贵州进展缓慢的主要原因在于用水效率的下降，包括用水总量的增加、万元 GDP 用水量降低和单位工业增加值用水量降低速度的减缓。辽宁进展缓慢的主要原因在于万元 GDP 用水量、单位工业增加值用水量、单位 GDP 建设用地面积以及单位 GDP 能耗等指标下降速度的减缓。湖北进展缓慢的主要原因在于单位 GDP 二氧化碳排放降低速度的减缓、能源消费总量增加以及一般工业固体废物综合利用率的下降。

从图 2-4 来看，2013—2016 年，在 30 个省（区、市）中，排在第 1～5 名的省（区、市）依次是贵州、上海、湖北、浙江、广东；排在第 26～30 名的省（区、市）依次是黑龙江、陕西、辽宁、山西、新疆。各省（区、市）间的资源利用水平存在较明显差距。

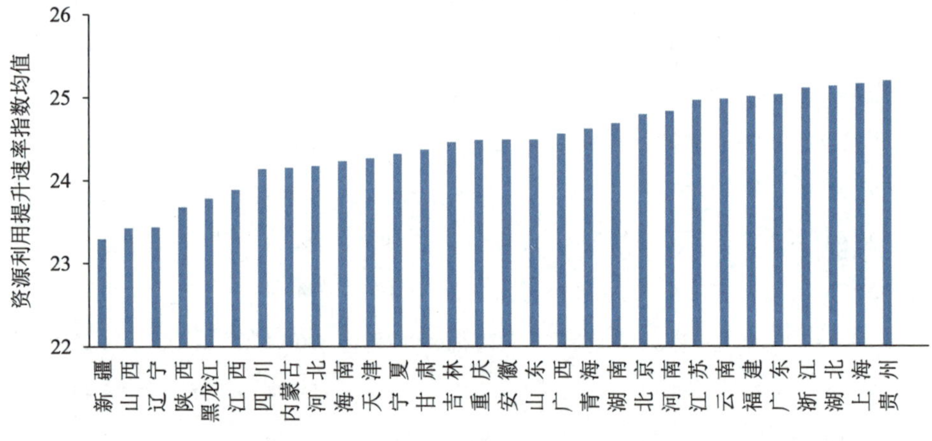

图 2-4　2013—2016 年各省（区、市）资源利用提升速率指数均值

从地理分布来看，各省（区、市）资源利用提升速率指数空间分布格局的变化较大。2013 年，东部沿海省（市）的资源利用提升速率相对高于中西部省（区、市）（图 2-5）；2016 年，资源利用提升速率指数的分布发生了比较大的变化（图 2-6）。整体来看，一些中西部省（区、市）的资源利用提升速率指数得到大幅提升，如青海、宁夏、河南等。与此同时，一些省（区、市）的资源利用提升速率指数提升相对较慢，如江西、安徽、山西、陕西等。

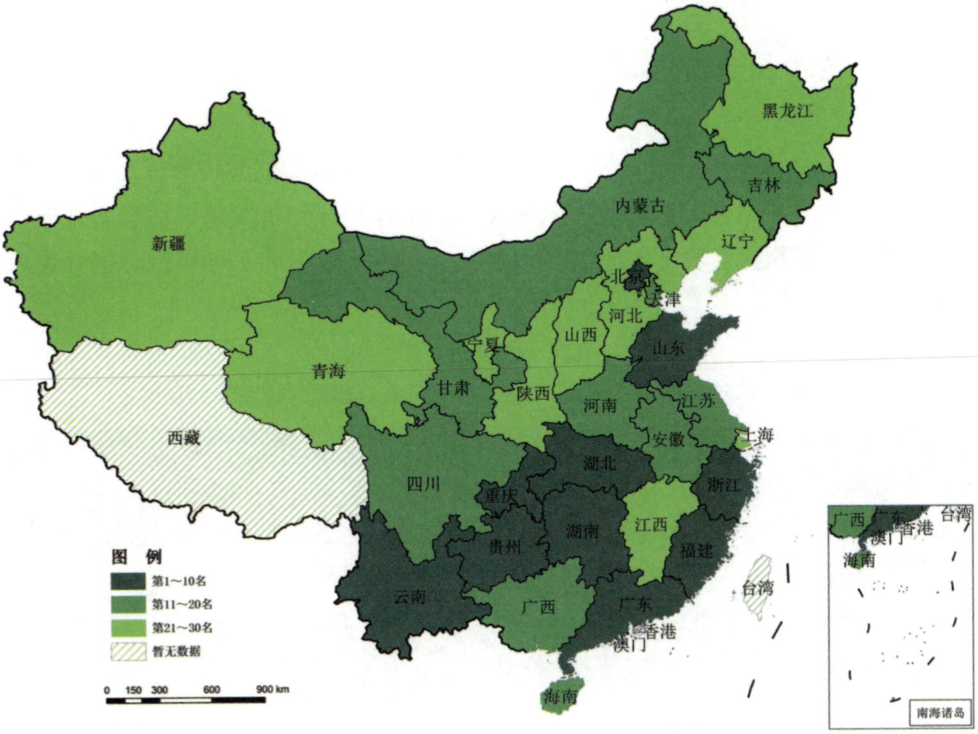

图 2-5　2013 年各省（区、市）资源利用提升速率指数的地理分布

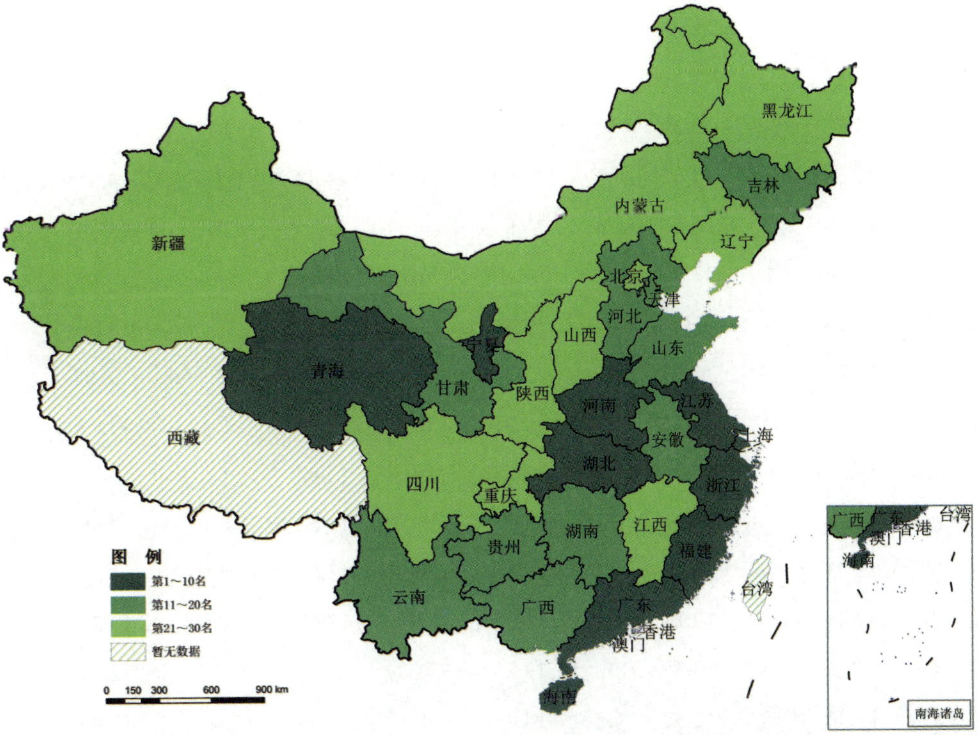

图 2-6　2016 年各省（区、市）资源利用提升速率指数的地理分布

三、环境治理提升速率指数

环境治理提升速率指数用于反映一个地区加强环境治理的努力程度，包括主要污染物（化学需氧量、氨氮、二氧化硫和氮氧化物）减排、废物、垃圾、污水的处理以及用于环境污染治理的投入。表 2-4 是 2013—2016 年各省（区、市）环境治理提升速率指数及排名。

表 2-4　2013—2016 年各省（区、市）环境治理提升速率指数及排名

省（区、市）	2013 年		2014 年		2015 年		2016 年		2013—2016 年均值	排名变动
	指数值	排名	指数值	排名	指数值	排名	指数值	排名		
北　京	13.89	2	14.36	2	14.65	2	15.26	1	14.54	1
天　津	13.59	7	13.61	8	13.31	25	13.83	6	13.59	1
河　北	13.5	11	13.91	3	14.31	5	14.31	3	14.01	8
山　西	13.59	8	13.73	5	14.48	3	13.58	12	13.85	−4
内蒙古	13.17	16	13.59	10	13.99	8	13.42	16	13.54	0
辽　宁	13.66	5	13.34	15	13.75	12	13.64	11	13.60	−6
吉　林	12.84	23	12.59	26	13.3	26	12.99	23	12.93	0
黑龙江	12.92	20	12.59	25	13.4	23	13.23	18	13.04	2
上　海	13.58	9	14.45	1	14.94	1	14.42	2	14.35	7
江　苏	13.78	3	13.66	6	13.94	9	13.65	10	13.76	−7
浙　江	13.76	4	13.73	4	14.1	6	13.93	4	13.88	0
安　徽	13.66	6	13.5	11	13.46	22	13.47	15	13.52	−9
福　建	13.25	14	13.03	23	13.75	13	13.71	7	13.44	7
江　西	12.83	25	13.25	17	12.97	27	13.06	22	13.03	3
山　东	13.91	1	13.66	7	13.55	19	13.92	5	13.76	−4
河　南	13.13	17	13.61	9	13.52	21	13.56	13	13.46	4
湖　北	12.93	19	13.09	20	13.69	16	13.66	9	13.34	10
湖　南	12.88	22	13.22	19	13.32	24	13.69	8	13.28	14
广　东	13.3	13	13.35	14	13.85	11	13.12	21	13.41	−8
广　西	13.06	18	13.38	13	14.41	4	12.99	24	13.46	−6
海　南	12.88	21	12.35	27	13.52	20	13.14	20	12.97	1

省（区、市）	2013 年		2014 年		2015 年		2016 年		2013—2016 年均值	排名变动
	指数值	排名	指数值	排名	指数值	排名	指数值	排名		
重　庆	13.53	10	13.23	18	13.74	14	13.5	14	13.50	−4
四　川	13.18	15	12.95	24	13.73	15	12.91	26	13.19	−11
贵　州	12.8	26	13.33	16	14.07	7	13.21	19	13.35	7
云　南	12.41	27	13.03	22	13.67	18	12.87	28	13.00	−1
陕　西	13.4	12	13.41	12	13.85	10	13.29	17	13.49	−5
甘　肃	12.28	28	12.3	28	12.67	29	12.94	25	12.55	3
青　海	11.22	30	11.38	30	12.31	30	12.25	30	11.79	0
宁　夏	12.83	24	13.08	21	13.68	17	12.91	27	13.13	−3
新　疆	11.48	29	12.11	29	12.97	28	12.42	29	12.25	0

湖南、湖北、河北等省（区、市）2016 年的排名明显上升，其中湖南主要源于化学需氧量和二氧化硫排放量的减少和环境污染治理投资的增加，湖北主要源于二氧化硫和氮氧化物排放量的减少以及危险废物处置利用率的提高，河北主要源于主要污染物排放量的大幅减少以及生活垃圾无害化处理率的上升。四川、安徽、广东等省（区、市）的排名则出现明显下降，其中四川主要源于其在化学需氧量、二氧化硫和氮氧化物排放量减少幅度的放缓，安徽主要源于氮氧化物排放量减少速度的放缓和危险废物处置利用率的下降，广东主要源于主要污染物排放量减少速度的放缓。整体来看，北京、天津、河北、上海、浙江、江苏等省（区、市）的环境治理提升速率指数相对较高，青海、新疆、甘肃、宁夏、海南等省（区、市）的环境治理提升速率指数相对较低。

从图 2-7 来看，各省（区、市）的环境治理力度存在较大的差异，北京（环境治理提升速率指数为 14.54）远高于青海（环境治理提升速率指数为 11.79）。2013—2016 年，在 30 个省（区、市）中，环境治理提升速率指数排在前 5 名的省（区、市）依次是北京、上海、河北、浙江、山西；排在第 26～30 名的省（区、市）依次是海南、吉林、甘肃、新疆、青海。

从各省（区、市）环境治理提升速率指数的空间分布格局来看，2013 年、2016 年的空间分布格局类似（图 2-8、图 2-9），基本上呈现出高污染地区的环境治理提升速率指数相对更高的分布特征。具体而言，东北地区、西北地区以及西南地区环境污染程度相对较低，对应的环境治理提升速率指数也就相对较低；一些重点区域如京津冀、长三角地区是环境治理力度持续提升的主要区域，尤其京津冀地区，环境治理力度得到大幅提升。

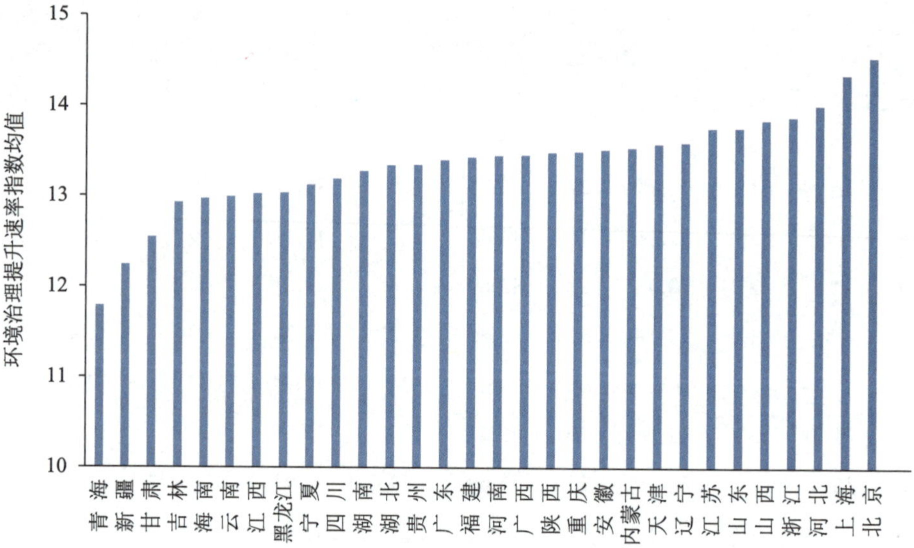

图 2-7　2013—2016 年各省（区、市）环境治理提升速率指数均值

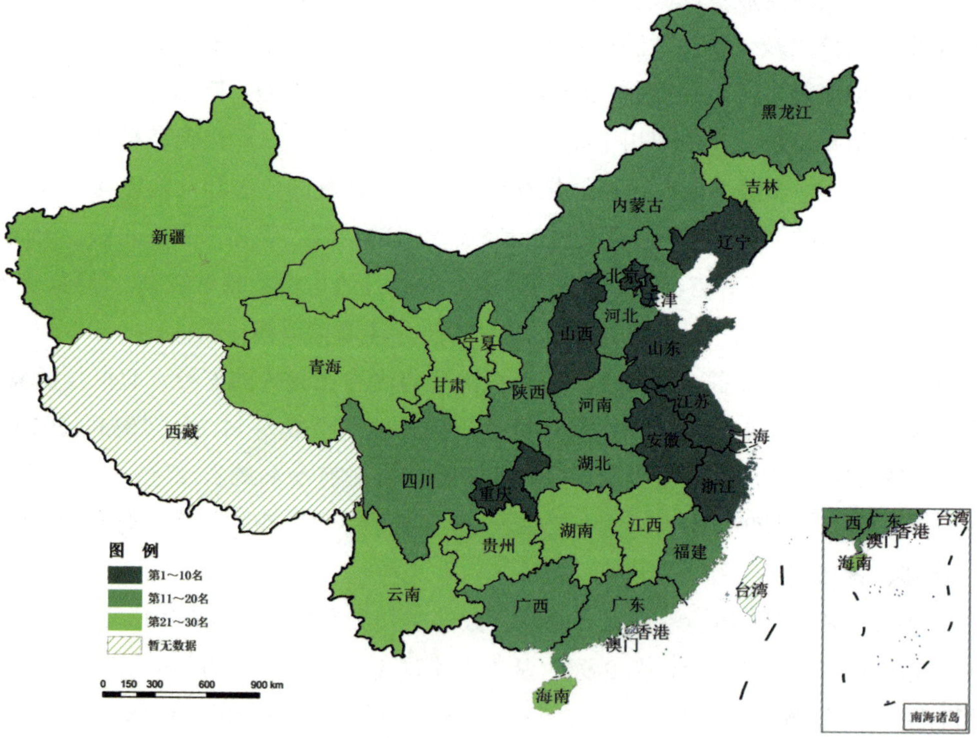

图 2-8　2013 年各省（区、市）环境治理提升速率指数的地理分布

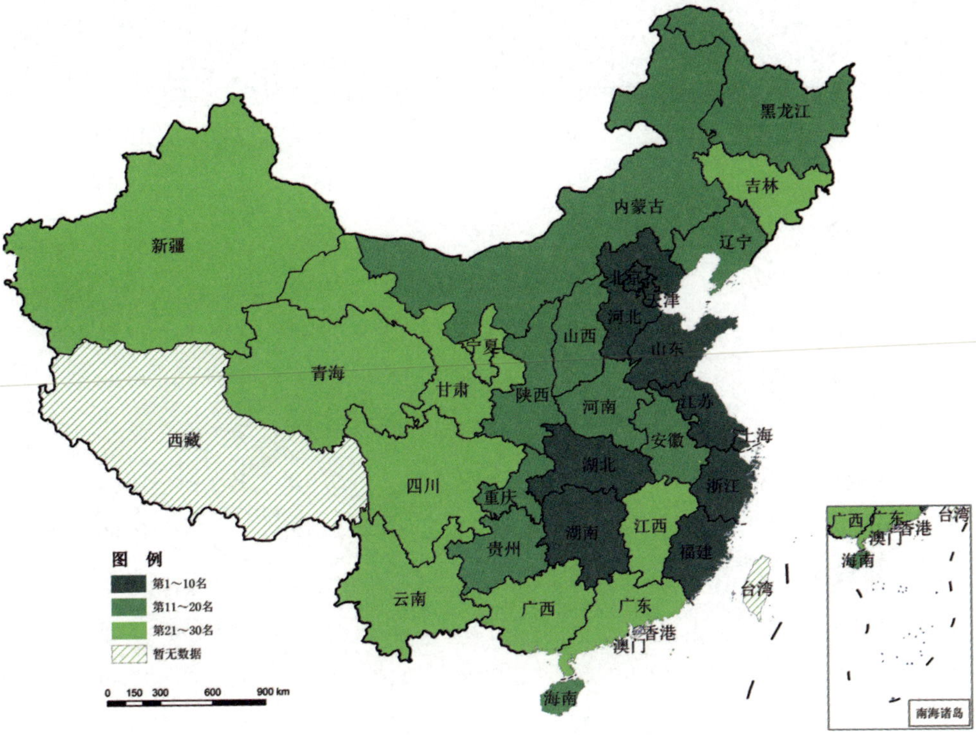

图 2-9　2016 年各省（区、市）环境治理提升速率指数的地理分布

四、环境质量改善指数

环境质量改善指数反映的是一个地区空气、水、土壤的综合状况。表 2-5 是 2013—2016 年各省（区、市）环境质量改善指数及排名。从 4 年均值来看，环境质量改善指数较高的有青海、贵州、云南、广西、海南、甘肃等，多分布于西北和西南地区；环境质量改善指数较低的省（区、市）有天津、上海、北京、河南、河北、山西等，多分布于华北地区和华东地区。

表 2-5　2013—2016 年各省（区、市）环境质量改善指数及排名

省（区、市）	2013 年		2014 年		2015 年		2016 年		2013—2016 年均值	排名变动
	指数值	排名	指数值	排名	指数值	排名	指数值	排名		
北　京	15.42	27	15.36	28	15.57	28	15.85	28	15.55	−1
天　津	14.42	30	14.66	30	14.76	29	15.11	30	14.74	0

省（区、市）	2013 年		2014 年		2015 年		2016 年		2013—2016 年均值	排名变动
	指数值	排名	指数值	排名	指数值	排名	指数值	排名		
河　北	14.77	29	15.69	26	16.33	24	16.4	24	15.80	5
山　西	15.5	26	16.23	24	16.12	26	15.9	27	15.94	−1
内蒙古	17.42	11	17.62	9	17.41	14	16.9	21	17.34	−10
辽　宁	16.11	22	16.11	25	16.25	25	16.61	23	16.27	−1
吉　林	17.33	14	17.17	19	16.98	18	17.42	13	17.23	1
黑龙江	17.35	12	17.39	13	17.71	9	17.5	12	17.49	0
上　海	15.01	28	15.3	29	14.62	30	15.48	29	15.10	−1
江　苏	16.71	20	16.67	22	16.89	21	17.12	17	16.85	3
浙　江	15.95	24	16.54	23	16.77	22	17.15	15	16.60	9
安　徽	16.69	21	17.22	16	17.06	17	17.07	18	17.01	3
福　建	17.66	6	17.22	17	17.9	6	17.72	7	17.63	−1
江　西	17.26	16	17.52	10	17.59	11	17.6	10	17.49	6
山　东	16.07	23	16.67	21	16.62	23	16.99	19	16.59	4
河　南	15.89	25	15.57	27	15.63	27	16.04	26	15.78	−1
湖　北	17.2	17	17.19	18	17.14	16	17.6	11	17.28	6
湖　南	17.71	5	17.83	6	17.57	12	17.67	9	17.70	−4
广　东	17.57	9	17.39	12	17.48	13	17.31	14	17.44	−5
广　西	17.88	3	17.8	7	17.95	5	17.95	5	17.90	−2
海　南	17.76	4	17.9	4	17.96	4	17.92	6	17.89	−2
重　庆	17.32	15	17.33	14	17.84	8	17.71	8	17.55	7
四　川	17	19	17.52	11	17.18	15	17.14	16	17.21	3
贵　州	17.61	7	18.18	2	18.58	1	18.22	1	18.15	6
云　南	17.56	10	17.84	5	18.16	3	18.13	3	17.92	7
陕　西	17.11	18	16.9	20	16.96	20	16.65	22	16.91	−4
甘　肃	17.34	13	17.79	8	17.88	7	18.05	4	17.77	9
青　海	18.19	1	18.34	1	18.4	2	18.15	2	18.27	−1
宁　夏	18.01	2	18.01	3	16.97	19	16.22	25	17.30	−23
新　疆	17.58	8	17.26	15	17.59	10	16.98	20	17.35	−12

2013—2016 年，环境质量改善指数排名上升的省（区、市）有甘肃、浙江、云南、重庆、湖北、江西、贵州、河北、山东、江苏、安徽、四川、吉林，其中以甘肃（从 2013 年的第 13 名上升至 2016 年的第 4 名）和浙江（从 2013 年的第 24 名上升至 2016 年的第 15 名）的排名上升最大，其他省（区、市）的环境质量改善指数有不同程度的提升。排名下降的省（区、市）有宁夏、新疆、内蒙古、湖南、陕西、广西、海南、北京、山西、辽宁、上海、福建、河南、青海，其中宁夏的下降的排名下降幅度最大，从 2013 年的第 2 名下降到 2016 年的第 25 名。甘肃、浙江的排名上升幅度较大，甘肃和浙江在优良天数比例和 PM_{10} 浓度下降两个指标改善幅度明显，而浙江的劣Ⅴ类水体比例下降也比较明显。宁夏和新疆的排名下降幅度较大，新疆主要源于在优良天数比例和 PM_{10} 浓度下降指标上表现不佳，宁夏地表水达到或好于Ⅲ类水体比例下降明显。

从 2013—2016 年均值来看，在 30 个省（区、市）中，环境质量改善指数排在前 5 名的省（区、市）依次是青海、贵州、云南、广西、海南；排在第 26～30 名的省（区、市）依次是河北、河南、北京、上海、天津，见图 2-10。

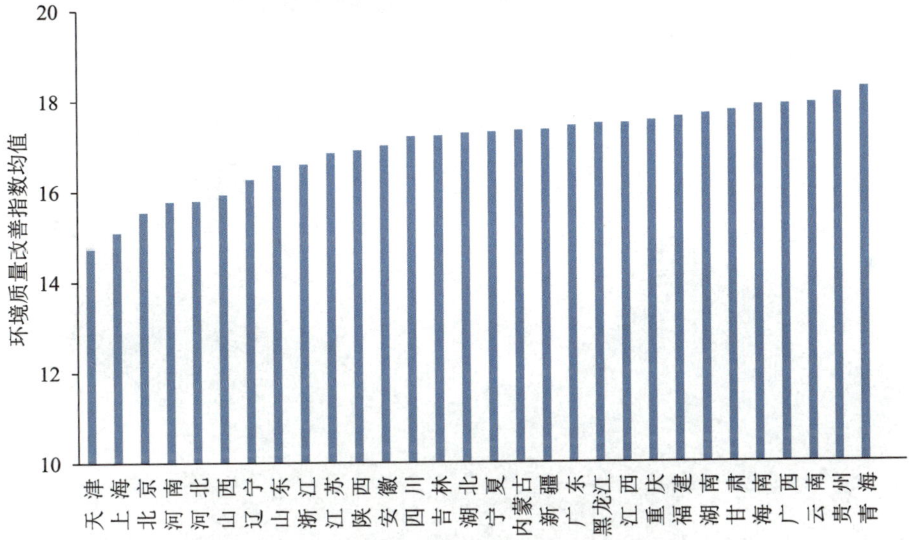

图 2-10　2013—2016 年各省（区、市）的环境质量改善指数均值

从图 2-11、图 2-12 可以看出，环境质量改善指数的空间分布格局相对稳定，西北、西南、华南地区的环境质量改善指数较高，环境质量较高。环境质量较差的省（区、市）主要集中在华北地区和长三角地区，呈现明显的集聚分布特征，且保持相对稳定。

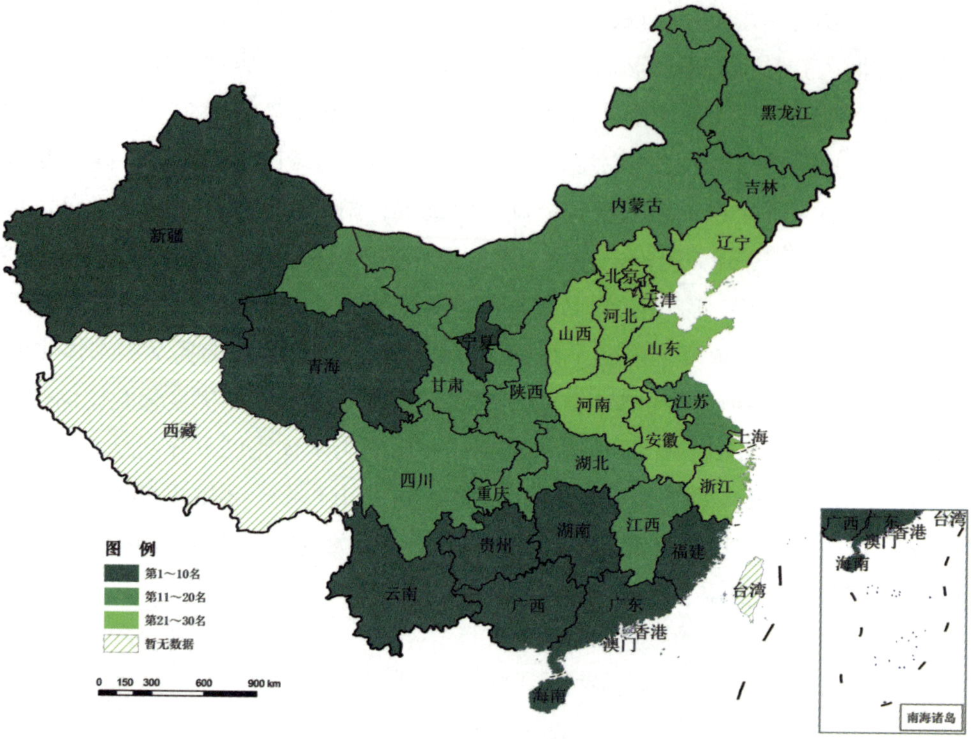

图 2-11 2013 年各省（区、市）的环境质量改善指数的地理分布

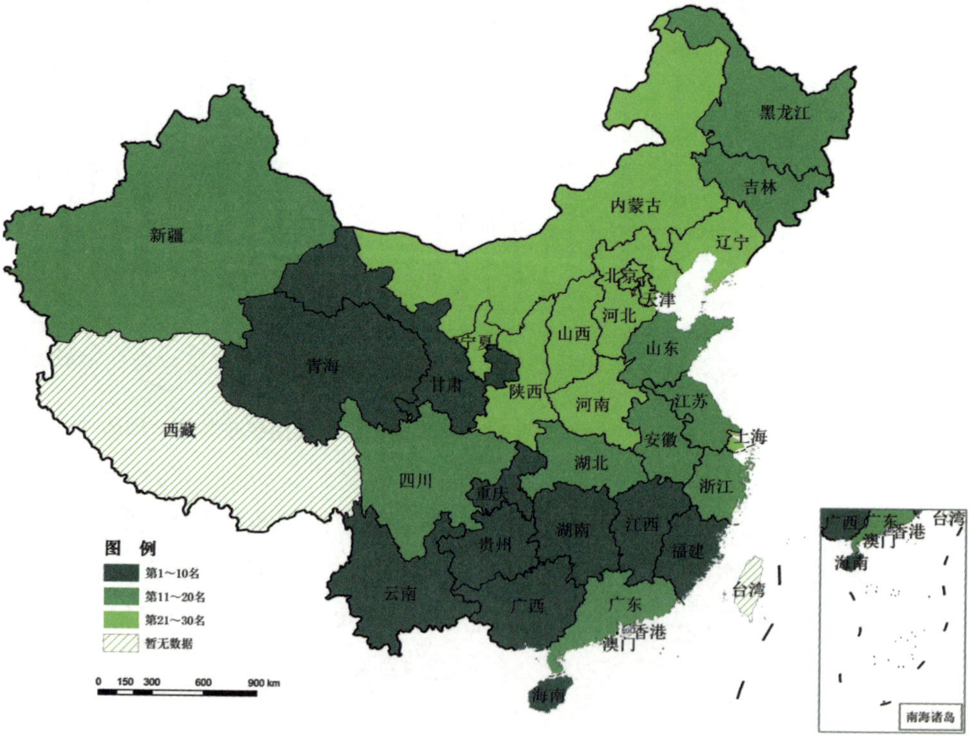

图 2-12 2016 年各省（区、市）的环境质量改善指数的地理分布

五、生态保护水平指数

生态保护水平指数的计算涵盖了生态系统的相关要素，包括森林、湿地、草原等，以及对于生态系统的保护情况，包括自然保护区、水土流失治理等，用以反映一个地区整体的生态禀赋状况和保护情况。表 2-6 是 2013—2016 年各省（区、市）生态保护水平指数及排名。从 4 年均值来看，生态保护水平指数较高的有福建、云南、吉林、海南、四川、江西、黑龙江等省（区、市），多分布于西南和东北地区；生态保护水平指数较低的有新疆、天津、山东、江苏、青海、宁夏等省（区、市），多分布于华北和西北地区。

表 2-6　2013—2016 年各省（区、市）生态保护水平指数及排名

省（区、市）	2013 年		2014 年		2015 年		2016 年		2013—2016 年均值	排名变动
	指数值	排名	指数值	排名	指数值	排名	指数值	排名		
北　京	11.47	18	11.48	19	11.47	19	11.48	18	11.48	0
天　津	10.70	29	10.70	29	10.70	29	10.73	29	10.71	0
河　北	11.22	24	11.24	23	11.23	24	11.22	24	11.23	0
山　西	11.22	25	11.22	25	11.22	25	11.25	20	11.23	5
内蒙古	12.36	11	12.37	11	12.36	11	12.48	10	12.39	1
辽　宁	12.14	15	12.11	15	12.12	15	12.05	15	12.11	0
吉　林	13.15	4	13.17	3	13.16	3	13.28	3	13.19	1
黑龙江	12.74	7	12.74	8	12.75	8	13.05	5	12.82	2
上　海	11.44	19	11.49	18	11.49	18	11.43	19	11.46	0
江　苏	10.89	28	10.90	27	10.89	28	10.86	27	10.88	1
浙　江	12.72	8	12.72	9	12.72	9	12.71	8	12.72	0
安　徽	11.28	22	11.23	24	11.25	22	11.24	22	11.25	0
福　建	13.63	1	13.65	1	13.64	1	13.70	1	13.66	0
江　西	12.87	6	12.87	6	12.87	6	12.79	7	12.85	−1
山　东	10.92	27	10.88	28	10.90	27	10.84	28	10.88	−1
河　南	11.30	21	11.35	21	11.32	21	11.24	21	11.3	0
湖　北	12.23	13	12.16	14	12.19	13	12.07	14	12.16	−1
湖　南	12.15	14	12.21	13	12.18	14	12.26	13	12.2	1
广　东	12.28	12	12.31	12	12.29	12	12.30	12	12.29	0

省（区、市）	2013 年		2014 年		2015 年		2016 年		2013—2016 年均值	排名变动
	指数值	排名	指数值	排名	指数值	排名	指数值	排名		
广　西	12.70	9	12.79	7	12.75	7	12.79	6	12.76	3
海　南	13.17	3	13.16	4	13.16	4	12.69	9	13.04	−6
重　庆	11.95	16	12.00	16	11.97	16	12.01	16	11.98	0
四　川	12.99	5	12.92	5	12.95	5	13.07	4	12.98	1
贵　州	11.94	17	11.91	17	11.92	17	11.93	17	11.93	0
云　南	13.52	2	13.52	2	13.52	2	13.65	2	13.55	0
陕　西	12.47	10	12.48	10	12.48	10	12.33	11	12.44	−1
甘　肃	11.36	20	11.35	20	11.37	20	11.20	25	11.32	−5
青　海	11.14	26	11.18	26	11.16	26	11.22	23	11.17	3
宁　夏	11.24	23	11.25	22	11.25	23	11.00	26	11.19	−3
新　疆	10.62	30	10.64	30	10.63	30	10.70	30	10.64	0

2013—2016 年，生态保护水平指数排名上升的省（区、市）有山西、青海、广西、黑龙江、内蒙古、吉林、江苏、湖南、四川，其中以山西的排名变化最大，从 2013 年的第 25 名上升至 2016 年的第 20 名；排名不变的省（区、市）有北京、天津、河北、辽宁、上海、浙江、安徽、福建、河南、广东、重庆、贵州、云南、新疆，排名下降的省（区、市）有海南、甘肃、宁夏、陕西、江西、山东、湖北，其中以海南的排名下降最为明显，从 2013 年的第 3 名下降至 2016 年的第 9 名。山西、广西、青海的排名上升明显，原因在于 3 省（区）均在新增水土流失治理面积上的增加。海南、甘肃、宁夏排名下降明显，海南排名下降的原因在于陆域自然保护区面积占行政区面积的比重有所下降，甘肃排名下降的原因在于新增水土流失治理面积和草原面积占行政区面积的比重两个指标值有所下降，宁夏在草原占行政区面积的比重这一指标上的表现欠佳。

从 2013—2016 年生态保护水平指数 4 年均值来看，在 30 个省（区、市）中，排在前 5 名的省（区、市）依次是福建、云南、吉林、海南、四川；排在第 26～30 名的省（区、市）依次是青海、山东、江苏、天津、新疆，见图 2-13。

从图 2-14、图 2-15 可以看出，2013 年、2016 年生态保护水平指数的空间分布格局并未呈现出大的变化。东北、西南和东南地区的生态保护水平指数整体相对较高，华北地区各省（区、市）的生态保护水平指数相对较低，呈现出稳定的集聚性空间特征。

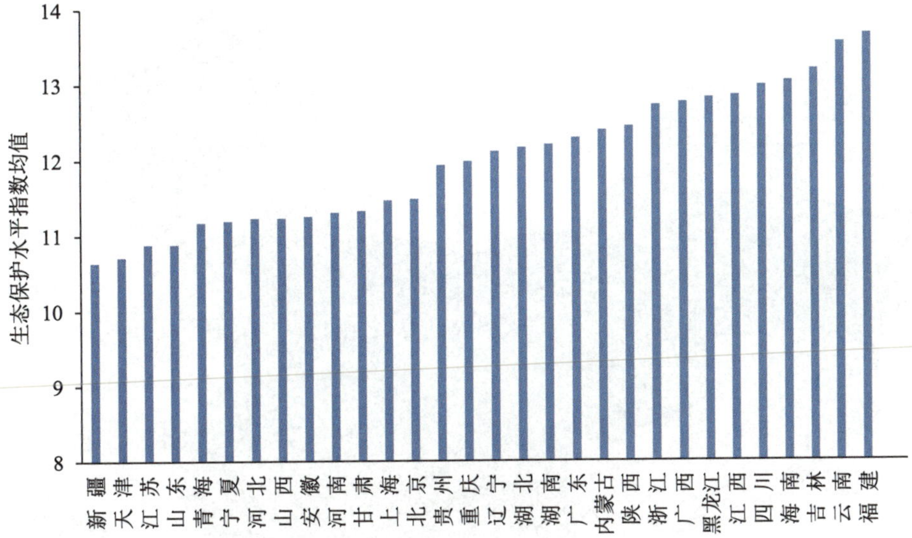

图 2-13　2013—2016 年各省（区、市）生态保护水平指数均值

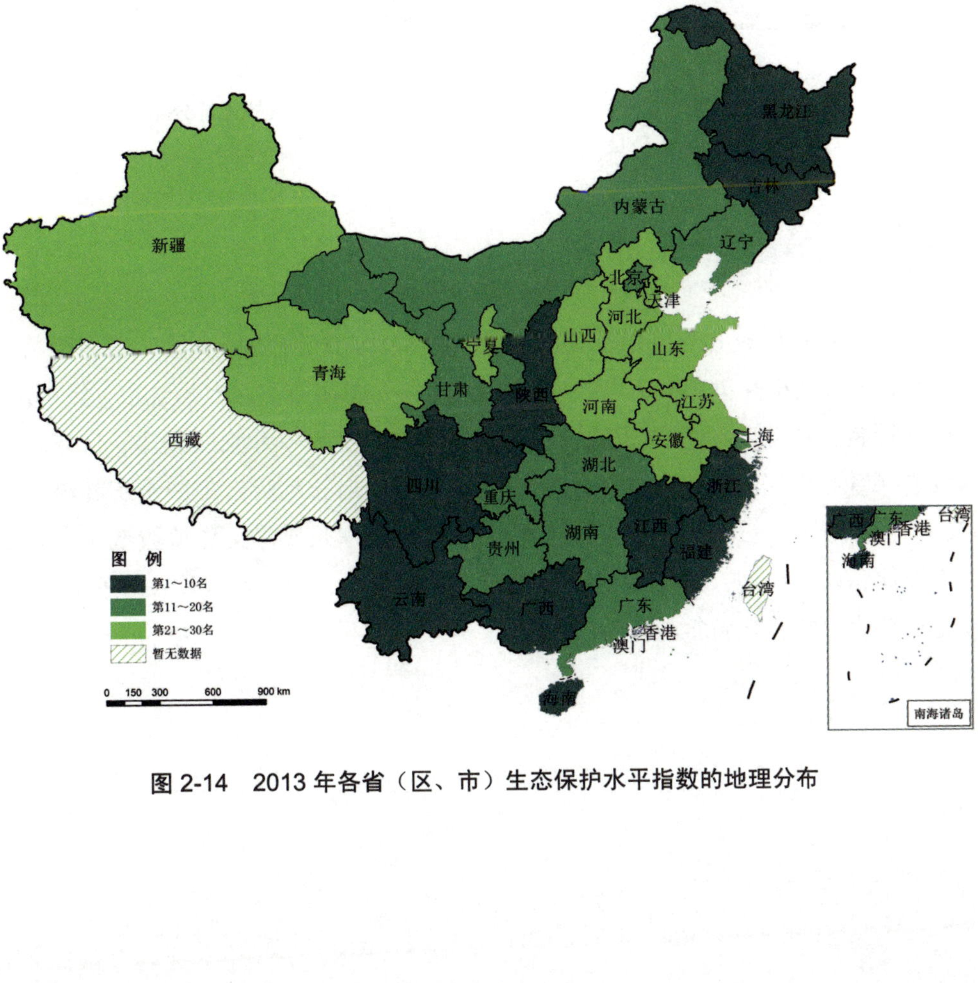

图 2-14　2013 年各省（区、市）生态保护水平指数的地理分布

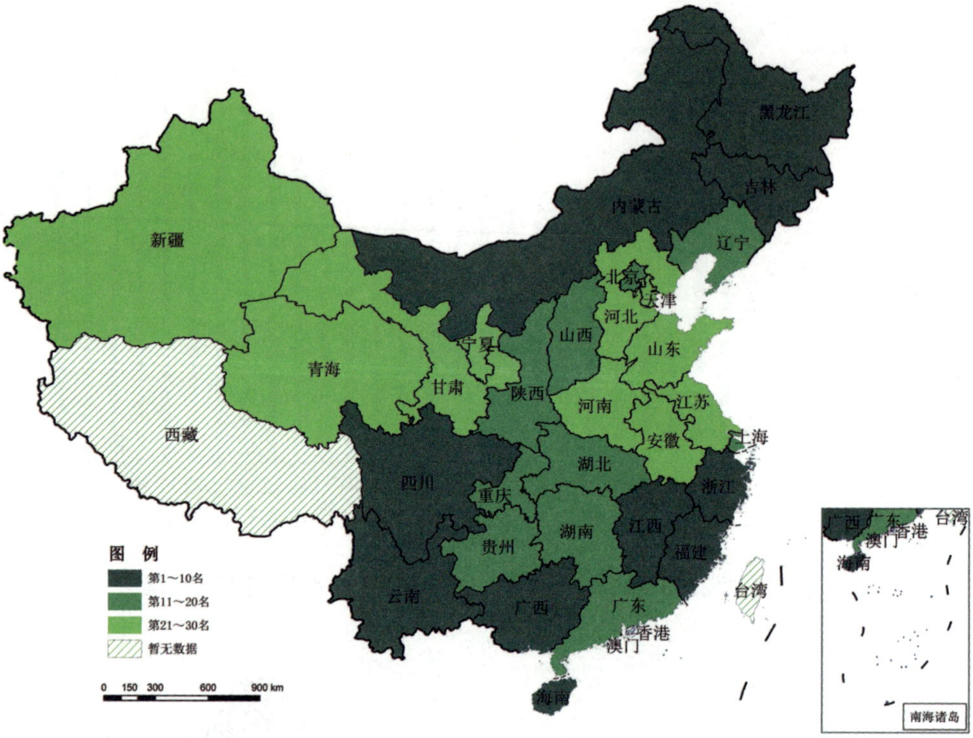

图 2-15　2016 年各省（区、市）生态保护水平指数的地理分布

六、经济增长质量指数

经济增长质量指数的测算用于反映一个地区整体的经济增长质量，包括增长速度、收入水平、经济结构和创新投入等。表 2-7 是 2013—2016 年各省（区、市）经济增长质量指数及排名。从 4 年经济增长质量指数均值来看，上海、北京、天津、广东、浙江、江苏等省（区、市）经济增长质量指数较高，多呈现增长趋势，集中于东部沿海地区；青海、山西、宁夏、云南、贵州等省（区、市）经济增长质量指数值较低，略有下降，集中于西北和西南地区。这种趋势主要源于这些省（区、市）在人均 GDP 增长速度和产业结构变化上的分化特征。

表 2-7　2013—2016 年各省（区、市）经济增长质量指数及排名

省（区、市）	2013 年		2014 年		2015 年		2016 年		2013—2016 年均值	排名变动
	指数值	排名	指数值	排名	指数值	排名	指数值	排名		
北　京	8	3	8.08	2	8.17	2	8.21	2	8.12	1
天　津	8.01	2	7.83	4	7.96	3	7.93	4	7.93	−2
河　北	6.82	23	6.72	23	6.85	21	6.88	21	6.82	2
山　西	6.63	29	6.43	29	6.44	29	6.53	29	6.51	0
内蒙古	6.67	28	6.61	25	6.71	24	6.79	22	6.70	6
辽　宁	7.3	11	7.13	13	6.98	17	6.94	20	7.09	−9
吉　林	6.98	18	6.86	20	6.93	20	7.06	15	6.96	3
黑龙江	7.08	15	7	15	7.07	13	7.18	13	7.08	2
上　海	8.29	1	8.36	1	8.47	1	8.53	1	8.41	0
江　苏	7.9	5	7.81	6	7.89	6	7.92	6	7.88	−1
浙　江	7.86	6	7.83	5	7.96	4	7.97	3	7.91	3
安　徽	7.23	12	7.16	12	7.29	11	7.34	11	7.26	1
福　建	7.59	8	7.42	9	7.47	9	7.46	9	7.49	−1
江　西	6.9	21	6.86	19	6.95	18	7.04	16	6.94	5
山　东	7.67	7	7.56	7	7.63	7	7.64	7	7.63	0
河　南	6.94	20	6.93	18	7	16	7.04	17	6.98	3
湖　北	7.32	10	7.31	10	7.37	10	7.37	10	7.34	0
湖　南	7.22	13	7.16	11	7.23	12	7.26	12	7.22	1
广　东	7.98	4	7.85	3	7.95	5	7.93	5	7.93	−1
广　西	6.95	19	6.76	22	6.76	23	6.72	24	6.80	−5
海　南	7.16	14	7.04	14	7.02	15	6.95	19	7.04	−5
重　庆	7.51	9	7.46	8	7.56	8	7.58	8	7.53	1
四　川	7.02	17	6.94	16	7.03	14	7.1	14	7.02	3
贵　州	6.77	26	6.58	26	6.68	26	6.72	23	6.69	3
云　南	6.81	24	6.51	28	6.66	27	6.71	25	6.67	−1
陕　西	7.05	16	6.93	17	6.94	19	6.96	18	6.97	−2
甘　肃	6.79	25	6.63	24	6.71	25	6.71	26	6.71	−1
青　海	6.38	30	6.28	30	6.29	30	6.3	30	6.31	0
宁　夏	6.68	27	6.56	27	6.64	28	6.68	27	6.64	0
新　疆	6.87	22	6.78	21	6.77	22	6.62	28	6.76	−6

2013—2016年，经济增长质量指数排名上升的省（区、市）有内蒙古、江西、吉林、浙江、河南、四川、贵州、河北、黑龙江、北京、安徽、湖南、重庆，其中以内蒙古的名次提升最为明显，从2013年的第28名上升至2016年的第22名。排名维持不变的省（区、市）有山西、上海、山东、湖北、青海、宁夏，但这些省（区、市）的经济增长质量差异较大，上海每年的增长质量均排第一，山东和湖北的排名也较为靠前，而其他省（区、市）的排名较为落后，其中青海和山西的排名分别为倒数第1名和倒数第2名；排名下降的省（区、市）有辽宁、新疆、广西、海南、天津、陕西、江苏、福建、广东、甘肃、云南，其中辽宁的排名变化幅度最大，从2013年的第11名下降至2016年的第20名。具体来看，内蒙古主要源于在第三产业增加值占GDP比重的上升以及六大高载能行业产值占工业总产值比重下降，江西主要源于在第三产业增加值占GDP比重和研究与试验发展经费占GDP比重两个指标上表现较好，吉林、浙江、河南、四川主要源于第三产业增加值占GDP比重有所上升，贵州主要源于六大高载能行业产值占工业总产值比重下降明显，辽宁、新疆、广西、海南主要源于人均GDP增长率增速的大幅减缓。

从2013—2016年的均值来看，在30个省（区、市）中，排在前5名的省（区、市）依次是上海、北京、天津、广东、浙江；排在第26～30名的省（区、市）依次是贵州、云南、宁夏、山西、青海，见图2-16。

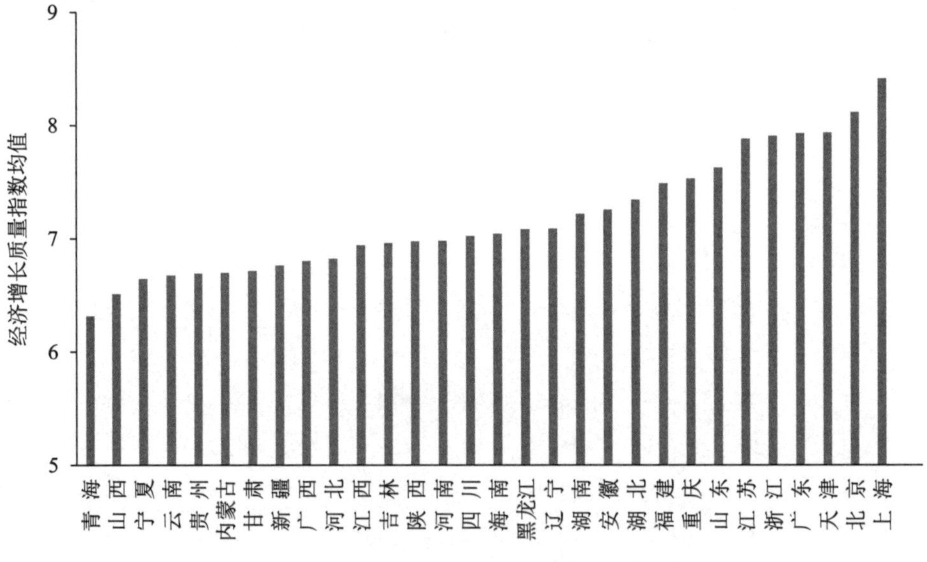

图2-16　2013—2016年各省（区、市）经济增长质量指数均值

从图2-17和图2-18可以看出，经济增长质量指数整体呈现东部、中部和西部的阶梯性差异，东部沿海省（区、市），除了河北省，其他省（区、市）的经济增长质量明显较高，且这种空间分布格局维持稳定。

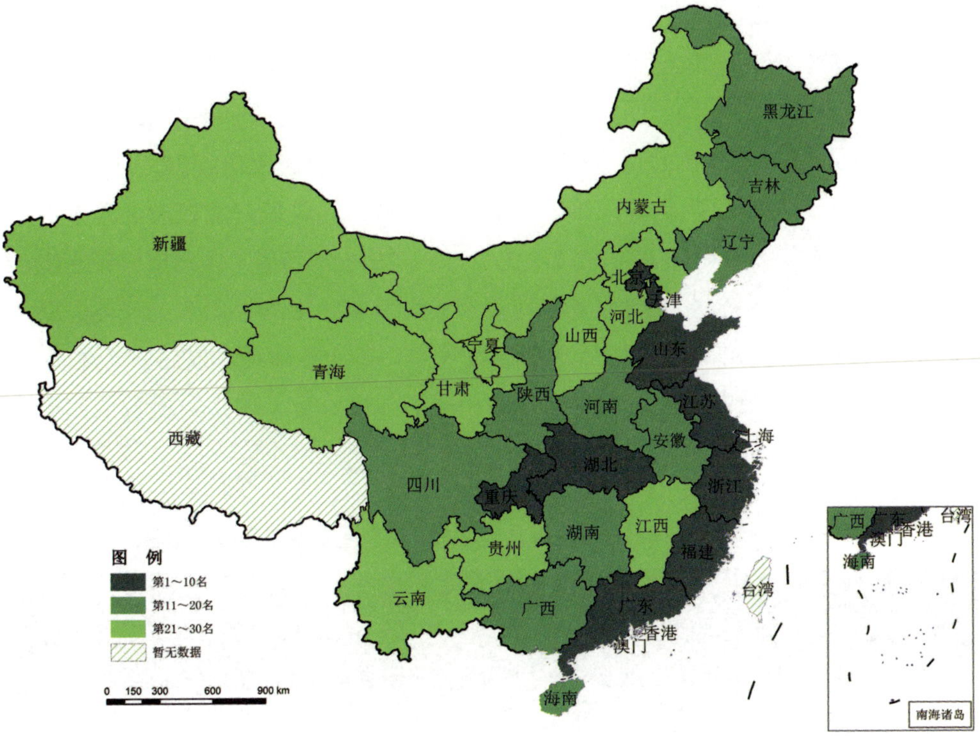

图 2-17　2013 年各省（区、市）经济增长质量指数的地理分布

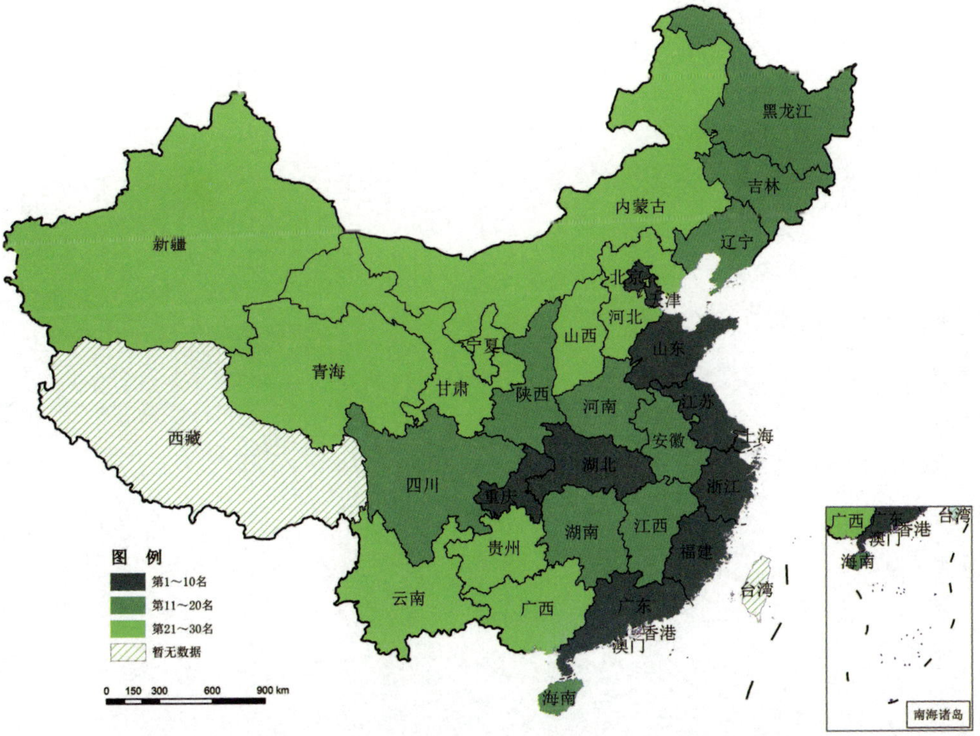

图 2-18　2016 年各省（区、市）经济增长质量指数的地理分布

七、绿色生活水平指数

绿色生活水平指数反映的是一个地区社会生活方式的绿色化程度，如消费绿色化、出行绿色化、生活环境绿色化等，体现为资源低消耗、污染低排放以及环境友好，包括生活能源资源消耗、交通出行等。表 2-8 是 2013—2016 年各省（区、市）绿色生活水平指数及排名。从绿色生活水平指数 4 年均值来看，北京、上海、山东、江苏、浙江、福建、广东等省（区、市）的绿色生活水平指数较高，多为东部经济发达省（区、市）；陕西、贵州、青海、内蒙古、甘肃、湖南、四川等省（区、市）的指数值较低，多为西北和西南经济相对落后的省（区、市）。

表 2-8　2013—2016 年各省（区、市）绿色生活水平指数及排名

省（区、市）	2013 年		2014 年		2015 年		2016 年		2013—2016 年均值	排名变动
	指数值	排名	指数值	排名	指数值	排名	指数值	排名		
北　京	8.08	1	8.21	1	8.15	1	8.04	1	8.12	0
天　津	7.4	10	7.46	8	7.52	8	7.61	8	7.50	2
河　北	7.18	15	7.24	15	7.27	16	7.34	15	7.26	0
山　西	7.06	19	7.11	22	7.17	21	7.26	21	7.15	−2
内蒙古	6.75	28	6.88	27	7.04	26	7.08	27	6.94	1
辽　宁	7.31	12	7.3	13	7.41	13	7.23	23	7.31	−11
吉　林	7.17	18	7.4	11	7.46	10	7.4	11	7.36	7
黑龙江	7.2	14	7.21	18	7.29	14	7.3	17	7.25	−3
上　海	8.01	2	8.06	2	8.06	2	7.83	4	7.99	−2
江　苏	7.73	4	7.79	4	7.86	4	7.93	3	7.83	1
浙　江	7.6	5	7.63	5	7.76	5	7.73	6	7.68	−1
安　徽	7.04	22	7.13	21	7.19	20	7.3	18	7.17	4
福　建	7.56	7	7.56	6	7.66	6	7.54	9	7.58	−2
江　西	7.45	8	7.45	9	7.49	9	7.5	10	7.47	−2
山　东	7.78	3	7.8	3	7.87	3	7.99	2	7.86	1
河　南	7.17	16	7.25	14	7.26	17	7.33	16	7.25	0
湖　北	7.17	17	7.14	19	7.19	19	7.11	26	7.15	−9
湖　南	6.78	27	6.99	24	7.09	24	7.25	22	7.03	5

省（区、市）	2013 年		2014 年		2015 年		2016 年		2013—2016 年均值	排名变动
	指数值	排名	指数值	排名	指数值	排名	指数值	排名		
广 东	7.56	6	7.48	7	7.63	7	7.66	7	7.58	−1
广 西	7.02	23	7.23	16	7.13	22	7.28	19	7.17	4
海 南	7.28	13	7.22	17	7.2	18	7.35	14	7.26	−1
重 庆	7.42	9	7.44	10	7.42	12	7.36	12	7.41	−3
四 川	6.89	25	6.93	25	7.07	25	7.28	20	7.04	5
贵 州	6.74	29	6.65	30	6.84	28	7.01	28	6.81	1
云 南	7.06	20	7.08	23	7.12	23	7.18	24	7.11	−4
陕 西	6.59	30	6.66	29	6.83	29	6.91	30	6.75	0
甘 肃	6.91	24	6.92	26	6.99	27	7.18	25	7.00	−1
青 海	6.79	26	6.81	28	6.83	30	6.97	29	6.85	−3
宁 夏	7.39	11	7.4	12	7.45	11	7.78	5	7.51	6
新 疆	7.06	21	7.14	20	7.28	15	7.36	13	7.21	8

2013—2016 年，绿色生活水平指数排名上升的省（区、市）有新疆、吉林、宁夏、四川、湖南、安徽、广西、天津、内蒙古、江苏、山东、贵州，其中新疆（从 2013 年的第 21 名上升至 2016 年的第 13 名）的排名变化幅度最大，其次是吉林（从 2013 年的第 18 名上升至 2016 年的第 11 名）；排名保持稳定的省（区、市）有北京、河北、河南、陕西，这些省（区、市）绿色生活差异较大，北京稳居第一名，陕西排在倒数后 3 名；排名下降的省（区、市）有辽宁、湖北、云南、重庆、黑龙江、青海、山西、上海、福建、江西、浙江、广东、海南、甘肃，其中辽宁（从 2013 年的第 12 名下降至 2016 年的第 23 名）的排名变化幅度最大。具体来讲，新疆排名上升的原因在于农村卫生厕所普及率和人均绿地面积的增加，吉林在于城市建成区绿化覆盖率和人均绿地面积的增加，宁夏在于人均日生活用水量有所下降以及农村卫生厕所普及率有所上升，辽宁和湖北人均日生活用水量和人均生活用电量均有所增加，且辽宁城市建成区绿化覆盖率有所下降。

从 2013—2016 年绿色生活水平指数 4 年均值来看，在 30 个省（区、市）中，排在前 5 名的省（市）依次是北京、上海、山东、江苏、浙江；排在第 26～30 名的省（区）依次是甘肃、内蒙古、青海、贵州、陕西，见图 2-19。

从图 2-20、图 2-21 可以看出，绿色生活水平指数呈现出与经济发展水平类似的空间分布格局。绿色生活水平指数在东部、中部和西部省（区、市）呈现出明显的阶梯性分布，东部沿海省（区、市）的绿色生活水平指数明显高于中西部地区。

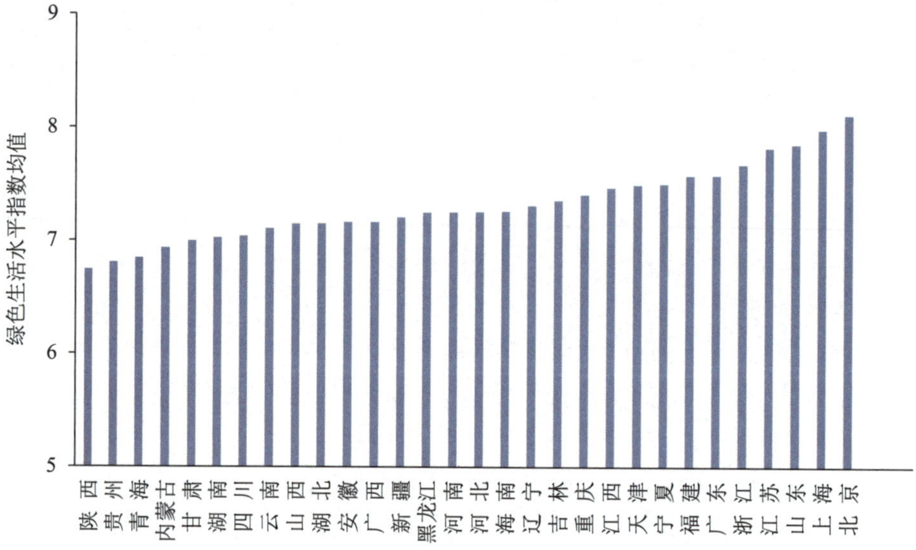

图 2-19　2013—2016 年各省（区、市）绿色生活水平指数均值

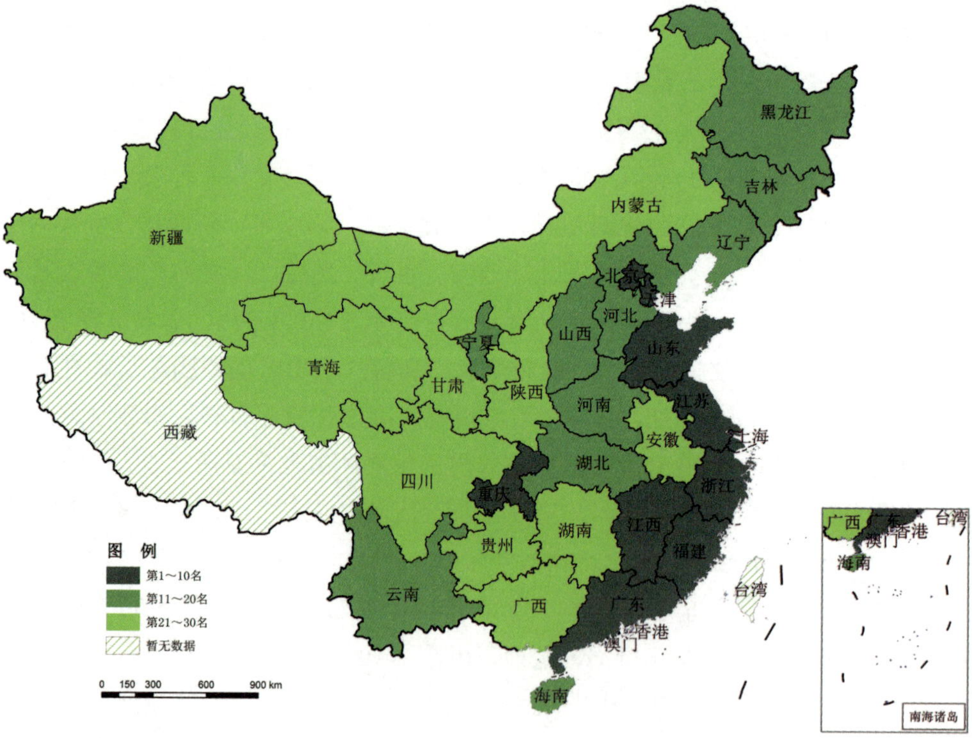

图 2-20　2013 年各省（区、市）绿色生活水平指数的地理分布

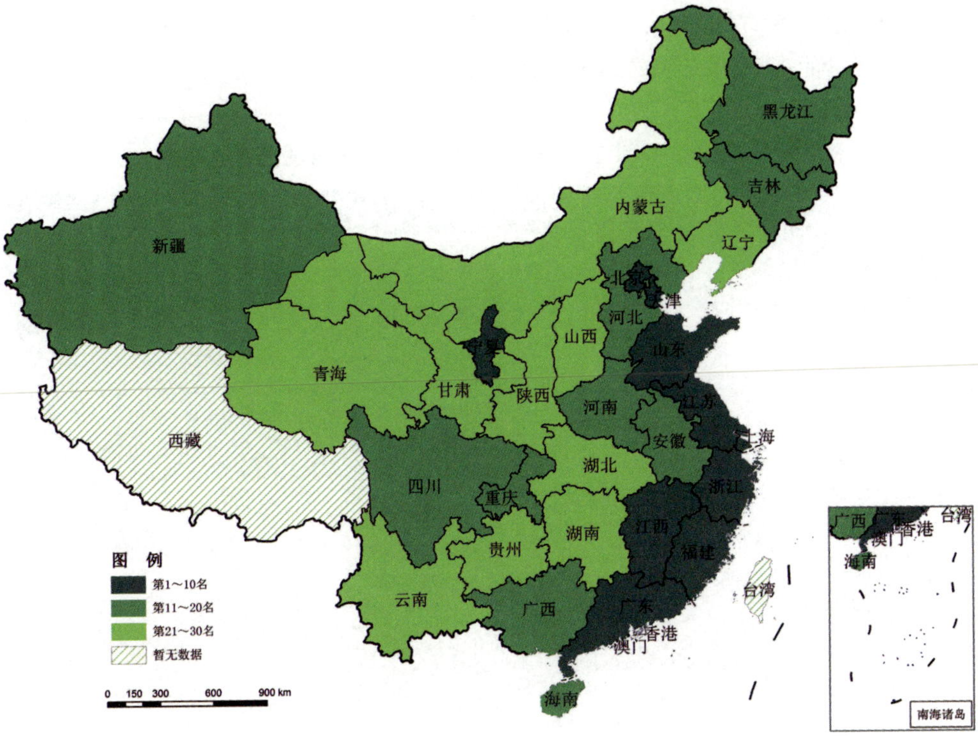

图 2-21　2016 年各省（区、市）绿色生活水平指数的地理分布

八、与国家统计局结果的比较

2017 年 12 月，国家统计局发布《2016 年生态文明建设年度评价结果公报》，首次公布了 2016 年度各省（区、市）绿色发展指数。由表 2-9 可以看出，除北京、广东、重庆、云南、黑龙江 5 个省（市），2016 年本报告中的省（区、市）绿色发展综合指数及其排名位置与国家统计局结果基本一致。下面主要对这 5 个省（市）的差异进行比较。

北京：本报告计算的一级指数结果与国家统计局结果基本一致，区别在于北京市的经济增长质量指数位居第 2，仅次于上海市，而在国家统计局排名中则位居第 1。

广东：本报告与国家统计局的差别主要表现在生态保护水平指数上，即在本报告结果中广东省的生态环保水平指数位列第 12，而国家统计局评价结果则位列第 27。

重庆：本报告与国家统计局的差别主要在于资源利用提升和生态保护水平，本报告中重庆市在以上两个领域的排名分别为第 25 名和第 16 名，而国家统计局结果则为第 11 名和第 1 名。

云南：本报告中云南省资源利用提升指数位列第 12，而国家统计局评价结果则位列第 7。

黑龙江：存在差异的原因主要在于生态保护水平，本报告中黑龙江省生态保护水平指数位列第 5，而在国家统计局结果中则位列第 11。

表 2-9 本报告测算的 2016 年绿色发展指数与国家统计局结果的比较

省（区、市）	本报告结果	排名	国家统计局结果	排名
北京	83.11	6	83.71	1
天津	79.57	27	76.54	28
河北	80.54	22	78.69	20
山西	78.01	30	76.78	26
内蒙古	80.8	21	77.9	24
辽宁	78.23	28	76.58	27
吉林	82.59	10	79.6	11
黑龙江	81.95	15	78.2	21
上海	82.81	7	81.83	4
江苏	82.4	11	80.41	9
浙江	84.59	2	82.61	3
安徽	81.02	19	79.02	19
福建	85.66	1	83.58	2
江西	82.14	14	79.28	15
山东	81.8	16	79.11	18
河南	80.26	24	78.1	22
湖北	82.77	8	80.71	7
湖南	82.62	9	80.48	8
广东	83.29	4	79.57	13
广西	82.31	12	79.58	12
海南	83.18	5	80.85	6
重庆	82.24	13	81.67	5
四川	81.49	18	79.4	14
贵州	81.66	17	79.15	17
云南	83.35	3	80.28	10
陕西	80.37	23	77.94	23
甘肃	80.9	20	79.22	16

省（区、市）	本报告结果	排名	国家统计局结果	排名
青 海	80.25	25	76.9	25
宁 夏	79.58	26	76	29
新 疆	78.02	29	75.2	30

九、主要结论

基于省级层面绿色发展指数及其一级指数的计算结果，对于 2013—2016 年我国绿色发展的整体态势有了初步的判断，得出以下结论。

（1）绿色发展指数整体呈现上升趋势，绿色发展取得初步成效。从各省（区、市）绿色发展指数的测算结果来看，大部分省（区、市）的绿色发展指数表现出上升态势。分领域来看，环境治理提升速率指数、环境质量改善指数的上升趋势最为明显，是绿色发展取得突出进展的核心领域。从时间上来看，绿色发展在 2016 年的成效最为明显。

（2）绿色发展的地域分布特征较为明显，反映出一定的空间集聚趋势。绿色发展较好的省（区、市）主要分布在两类地区：一是经济较为发达的沿海省（区、市）；二是生态环境禀赋较好的东南和西南省（区、市）。从变动态势来看，这种空间集聚特征日益明显。除此之外，绿色发展的一级指数也呈现出同样的趋势。

（3）部分省（区、市）实现了绿水青山和金山银山的共赢。首先，经济较为发达的省（区、市），如浙江、山东、江苏，在 2013—2016 年其生态环境质量取得了明显改善，环境质量改善指数排名分别上升了 9 名、4 名和 3 名。与此同时，这些省（区、市）的经济增长质量依然处于前列，甚至排名有所上升。其次，一些经济相对欠发达省（区、市），如贵州、四川，在保持其自身生态环境质量稳定提升的同时，经济增长质量也在逐步优化。

第三章
省际绿色发展深层解构分析

基于省级层面绿色发展指数的测算，本章从区域比较、省际差异、绿色发展构成以及具体指标 4 个方面对省际绿色发展状况进行深层次的分析。

一、区域比较

（一）绿色发展综合指数

将 30 个省（市、区）划分为东部、中部、西部地区，以计算各地区绿色发展综合指数均值和变动。图 3-1 是 2013—2016 年分区域绿色发展水平的变化趋势。总体来看，2013—2016 年 30 个省（区、市）的绿色发展指数均值分别为 81.17、81.07、81.36 和 81.58。除了在 2014 年出现暂时性的下降，全国的绿色发展综合指数整体呈现上升趋势。分地区来看，东部、中部地区各省（区、市）的绿色发展水平变化总体趋势与全国基本一致；东部地区的绿色发展综合水平明显高于全国以及中西部地区绿色发展的平均水平；中部地区与西部地区的绿色发展水平低于全国平均水平，但差距在缩小。总体来讲，各区域绿色发展水平整体呈现上升趋势，但是地域间的绿色发展呈现分化特征，地区之间的差距缩小。

（二）资源利用提升速率指数

从图 3-2 可以看出，2013—2016 年，30 个省（区、市）的资源利用提升速率指数变化波动较大。分地区来看，东部、中部和西部地区各省（区、市）的资源利用提升速率变化趋势与全国一致。东部省（区、市）的资源利用提升速率指数要高于中西部地区以及全国平均水平。地区之间的差异逐渐缩小，西部地区与中部地区的差距逐渐缩小，并在 2016 年反超中部地区。通过分析资源利用提升速率的相关指标发现，这种下降趋势主要源于能源强度、用水强度和用地强度的下降趋势在 2014 年和 2015 年更加明显。

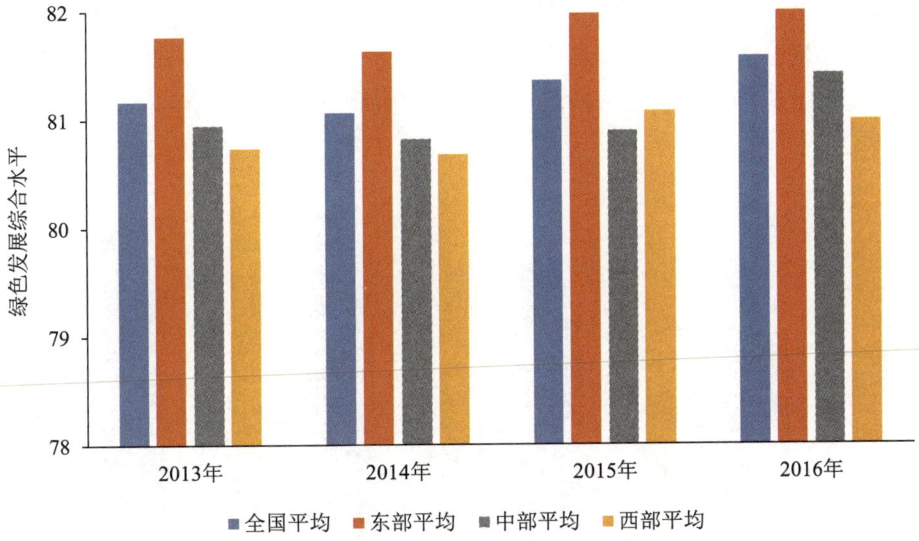

图 3-1　2013—2016 年分区域绿色发展综合水平的变化趋势

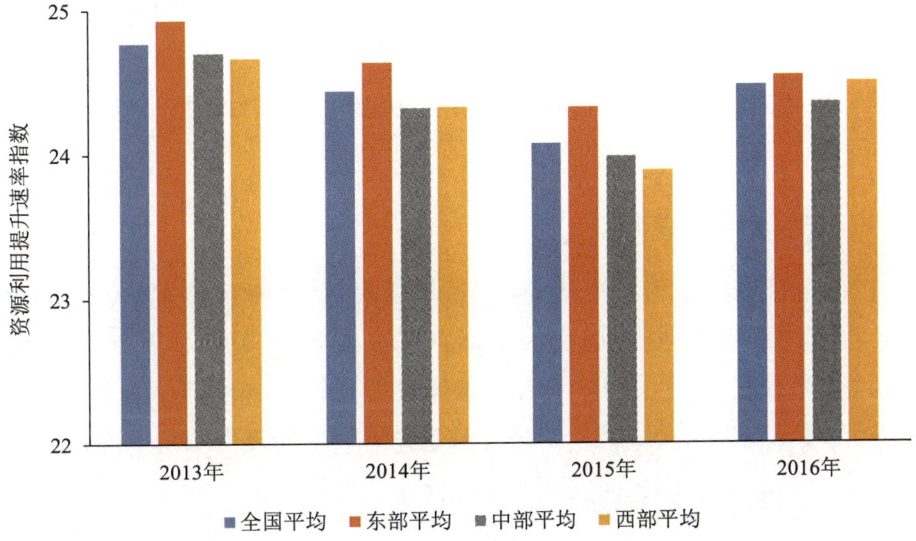

图 3-2　2013—2016 年分区域资源利用提升速率指数的变化趋势

（三）环境治理提升速率指数

从图 3-3 可以看出，2013—2016 年，各地区环境治理力度大幅提升，呈现竞争向上趋势，说明各地政府对环保问题的重视，治理力度逐渐加大。分地区来看，东部、中部和西部地区各省（区、市）的环境治理提升速率变化趋势与全国基本相同；东部地区的环境治理力度要高于中西部地区以及全国平均；中部地区省（区、市）2015年的环境治理力度最小，其他年份的环境治理力度基本与全国平均水平持平；西部地区的环境治理力度总体呈现上升趋势，但在2016年环境治理提升速率指数有所下降，治理力度有所放缓。

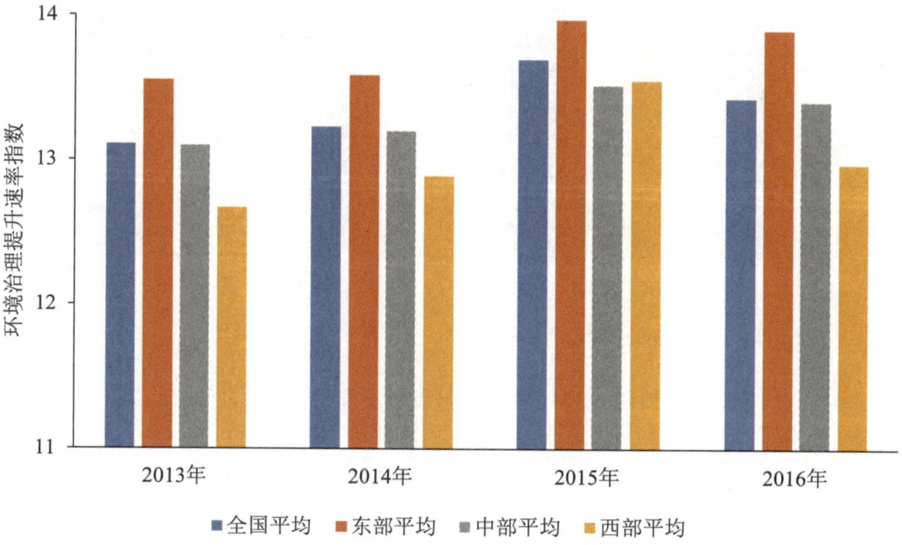

图 3-3　2013—2016 年分区域环境治理提升速率指数的变化趋势

（四）环境质量改善指数

从图3-4可以看出，环境质量改善指数呈现东中西“梯度”分布特点。总体来说，东部地区的环境质量改善指数最差，中部地区基本与全国平均水平持平，西部地区的环境质量改善指数最好。可以看出，全国的整体空气质量呈转好趋势，东部地区的转好趋势明显快于中西部地区，西部地区环境质量改善指数在2016年有所下降。

（五）生态保护水平指数

从图3-5可以看出，2013—2016年，全国的生态保护水平状况较为稳定，这也与生态保护水平的指标选取的指标（如森林覆盖率、湿地面积占行政区域面积的比例、草原面积占行政区域面积的比例）在短时间内难以有较大改变有关。分地区来看，东部、中部、西部地区省（区、市）的生态保护水平变化趋势与全国基本相同。东部地区的生态保护水平指数最低，整体的生态状况较差；而中部和西部地区的生态资源禀赋相对较好，因此其生态保护水平指数要明显高于东部地区。

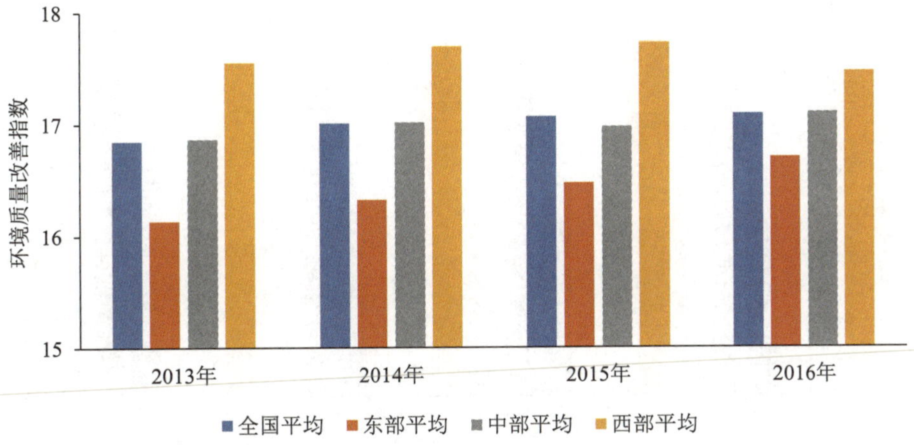

图 3-4 2013—2016 年分区域环境质量改善指数的变化趋势

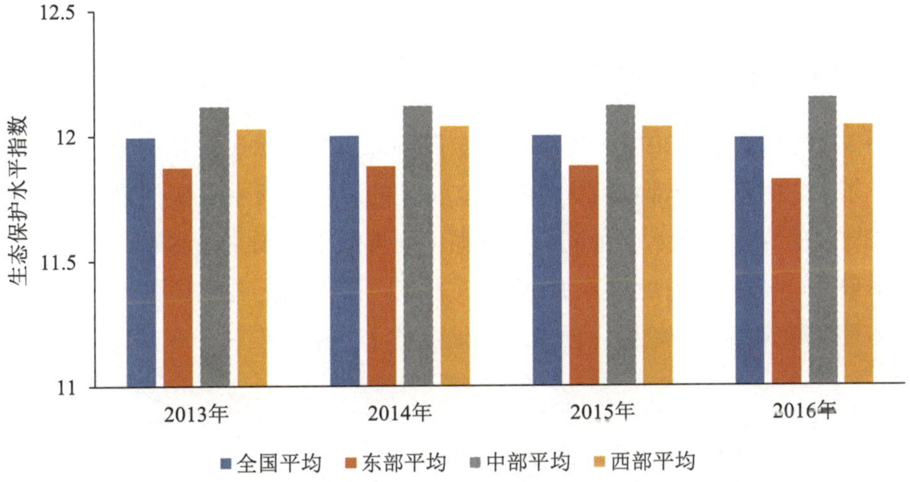

图 3-5 2013—2016 年分区域生态保护水平指数的变化趋势

（六）经济增长质量指数

从图 3-6 可以看出，2013—2016 年，全国的经济增长质量指数呈现先下降后上升的趋势，但升降幅度不大，略有波动。分地区来看，东部、中部、西部地区省（区、市）的经济增长质量变化趋势与全国基本相同；东部地区的经济增长质量最好，要高于中部、西部地区以及全国平均水平；中部地区省（区、市）的经济增长质量一般，低于东部地区和全国平均水平；西部地区的经济增长质量最差，要低于东部、中部地区以及全国的平均水平。总体来看，地区之间的经济增长质量地域分化特征明显。

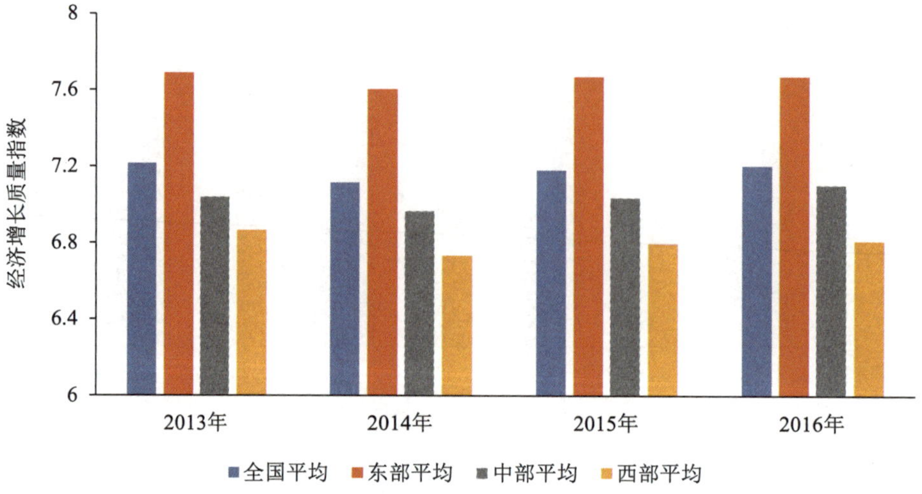

图 3-6　2013—2016 年分区域经济增长质量指数的变化趋势

（七）绿色生活水平指数

从图 3-7 可以看出，2013—2016 年，全国的绿色生活水平呈现逐年上升趋势。分地区来看，东部、中部、西部各地区省（区、市）的绿色生活水平变化趋势与全国基本相同。东部地区的绿色生活水平最高，中部地区则要低于全国平均水平，西部地区的绿色生活水平最低，呈现东中西下降的梯度分布状况。三大地区与全国平均的绿色生活水平指数总体呈现稳定的上升趋势，但中西部地区的上升趋势要快于东部地区。

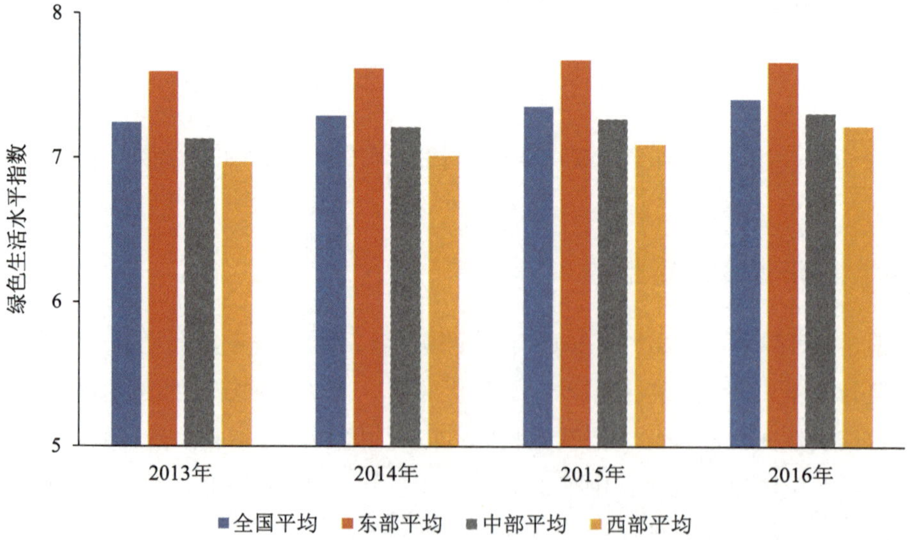

图 3-7　2013—2016 年分区域绿色生活水平指数的变化趋势

二、省际差异

（一）绿色发展综合指数

1. 累计增长率

2013—2016 年累计增长率在一定程度上反映了各省（区、市）在“十二五”期间绿色发展水平的变化。从图 3-8 可以看出，2013—2016 年，多数省（区、市）的绿色发展指数累计增长率为正，绿色发展指数呈现增长趋势；青海、河北、上海、新疆、浙江的累计增长率领先；辽宁、重庆、广东、宁夏、陕西、内蒙古、贵州、湖北、四川、广西、山东的累计增长率为负，绿色发展指数有所下降。由于该指标体系的计算结果侧重于反映各省（区、市）绿色发展的努力程度，因此一些省（区、市）如广东虽然绿色发展绝对水平相对较高，但是在增长幅度上要相对迟缓。

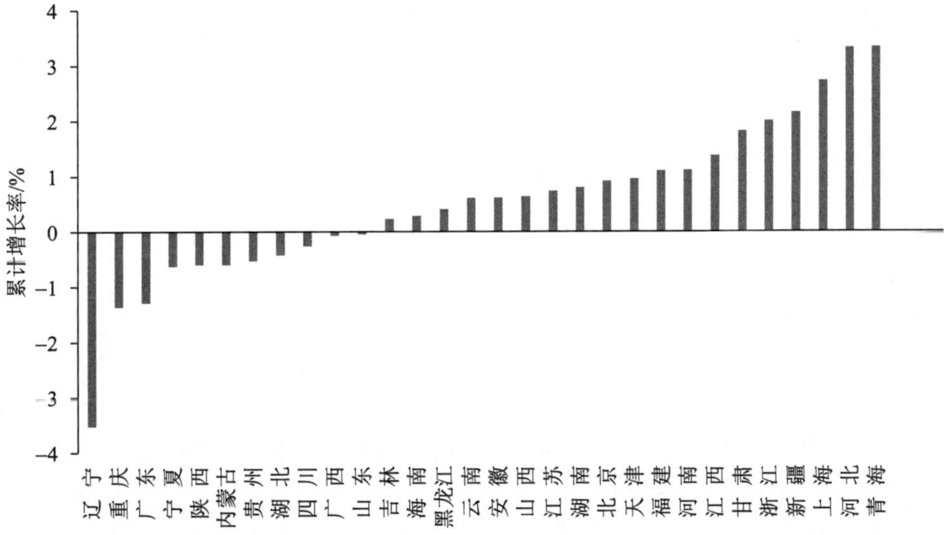

图 3-8　2013—2016 年各省（区、市）绿色发展指数累计增长率

在 30 个省（市、区）中，有些省（区、市）的绿色发展水平较高，有些省（区、市）的绿色发展水平变动较大。为此，将各省（区、市）绿色发展水平及其变动率绘制散点图［其中纵轴为 30 个省（区、市）指标值的均值］，如图 3-9 所示。根据 4 个象限可以将 30 个省（区、市）划分为四类：福建、浙江、北京、江苏、海南、湖南、云南、黑龙江、吉林等省（区、市）的基期绿色发展水平较好，并且年均变化率均为正向，绿色水平向好发展；重庆、广东、湖北、贵州、四川、广西、山东、内蒙古的基期绿色发展水平较好，但其增长率呈负向，说明其基期绿色发展水平虽高，但绿色发展综合水平改善不明显；宁夏、陕西、辽宁的基期绿色发展水平较差，累计增长率为负，绿色发展水平没有改善；新疆、甘肃、青海、河北、上海、江西、河南、安徽、山西、天津的绿色发展水平较差，但其增长率为正，说明这些地区的绿色水平向好发展。

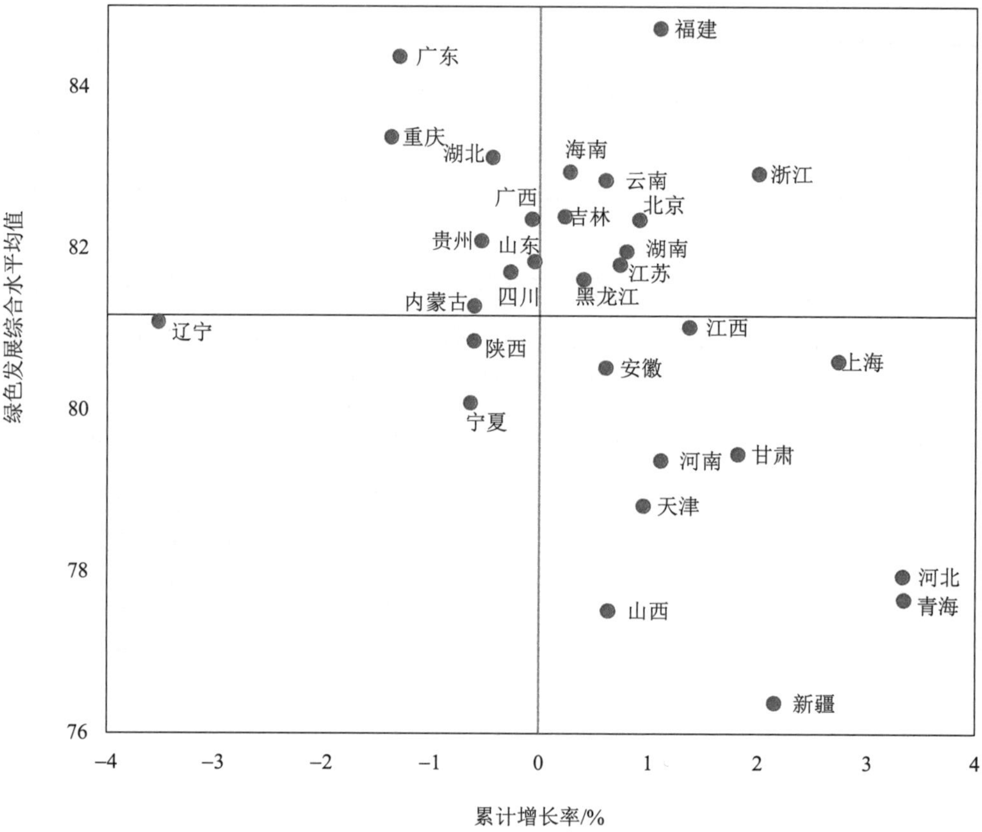

图 3-9 各省（区、市）绿色发展综合水平与累积增长率的散点图

2. 省际差异

根据 2013—2016 年各省（区、市）绿色发展指数的最大值、25 分位值、75 分位值和最小值绘制了图 3-10，以观察绿色发展水平的离散状况。

2014—2016 年绿色发展指数极差增大，反映绿色发展水平差距拉大。2016 年，25～75 分位之间的省（区、市）的离散趋势较去年有所减缓。同时也可以看出，绿色发展的最低值上升明显，但是最高值呈现先下降后上升的变化趋势。

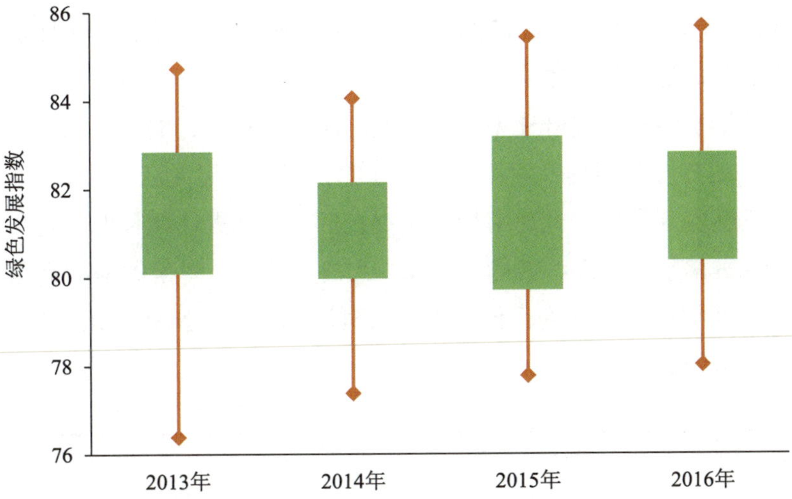

图 3-10 2013—2016 年各省（区、市）绿色发展综合指数差异及变化

（二）资源利用提升速率指数

1. 累计增长率

从图 3-11 可以看出，2013—2016 年，在 30 个省（区、市）中，半数以上省（区、市）资源利用提升速率指数的累计增长率为负值，青海、新疆、宁夏、上海、福建的资源利用提升速率较快；辽宁、贵州、重庆、湖北、北京的累计增长率出现明显下降。这反映了资源利用提升速率领域的整体进展不足。

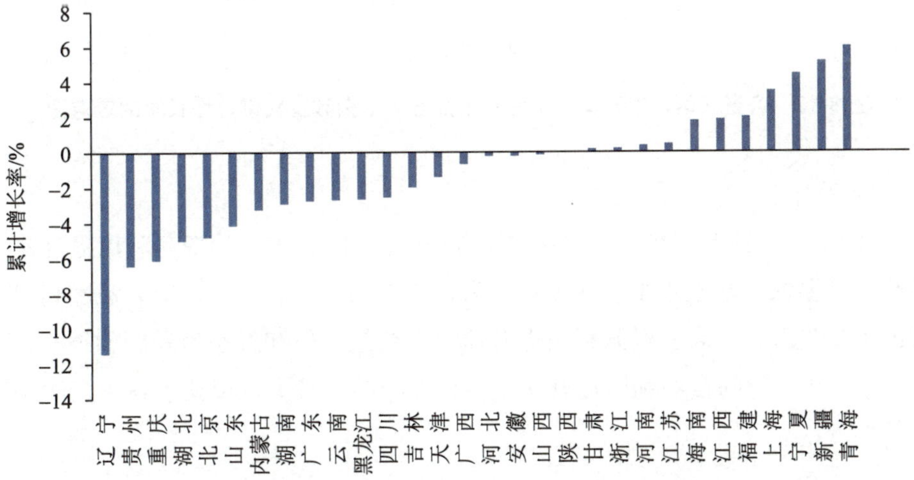

图 3-11 2013—2016 年各省（区、市）资源利用提升速率指数累计增长率

图 3-12 是资源利用提升速率指数的基期水平及其累计增长率累计增长率，可以看出，福建、浙江、河南、甘肃、江苏的资源利用提升速率指数较高，并且累计增长率均为正向，资源利用向好发展；重庆、贵州、湖北、广东、北京、山东、云南、湖南、内蒙古、吉林的基期资源利用提升速率指数虽然较高，但其累计增长率均为负值，说明这些省（区、市）的资源利用提升速率放缓；辽宁、四川、黑龙江、天津、广西、安徽、河北、山西的基期资源利用提升速率指数相对较低，且其累计增长率均为负值，说明其资源利用提升速率滞后；青海、新疆、宁夏、上海、江西、海南的基期资源利用指数提升速率较低，但其年均增长率为正值，说明其资源利用向好发展，尤其是青海和新疆，资源利用效率有大幅提升。

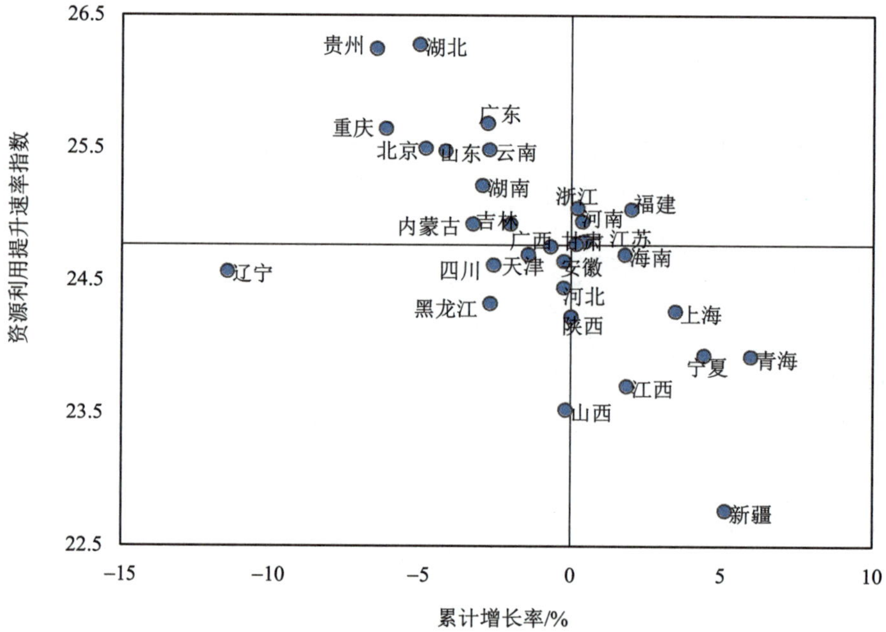

图 3-12 各省（区、市）基期资源利用提升速率指数及其累计增长率的散点图

2. 省际差异

从图 3-13 可以看出，2013—2016 年，30 个省（区、市）的资源利用提升速率先上升后下降，且要低于基期水平。从整体来看，排名靠后的省（区、市）资源利用提升速率指数的大幅提升，带来了资源利用提升速率指数最大值和最小值差距的缩小，而排名中间省（区、市）间的资源利用提升速率指数差异明显拉大，反映了各省资源利用绿色转型趋势的差别。

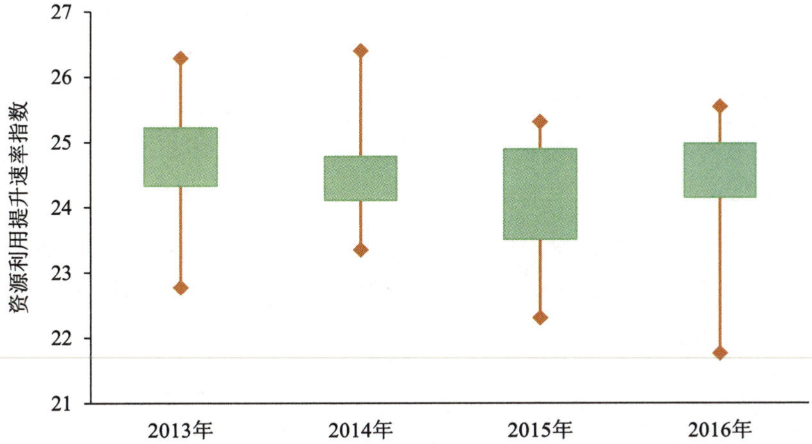

图 3-13　2013—2016 年各省（区、市）资源利用提升速率指数差异及变化

（三）环境治理提升速率指数

1. 累计增长率

从图 3-14 可以看出，2013—2016 年，在 30 个省（区、市）中，四川、安徽、广东、江苏、陕西、广西、重庆、辽宁、山西的累计增长率为负值；其他省（区、市）的累计增长率均为正值，排在前 5 名的分别是北京、青海、新疆、湖南、上海。这一趋势反映了自 2013 年以来，环境治理力度的大幅度提升。总体来看，中西部省（区、市）环境治理上升趋势更为明显，重点区域的环境治理力度突出。

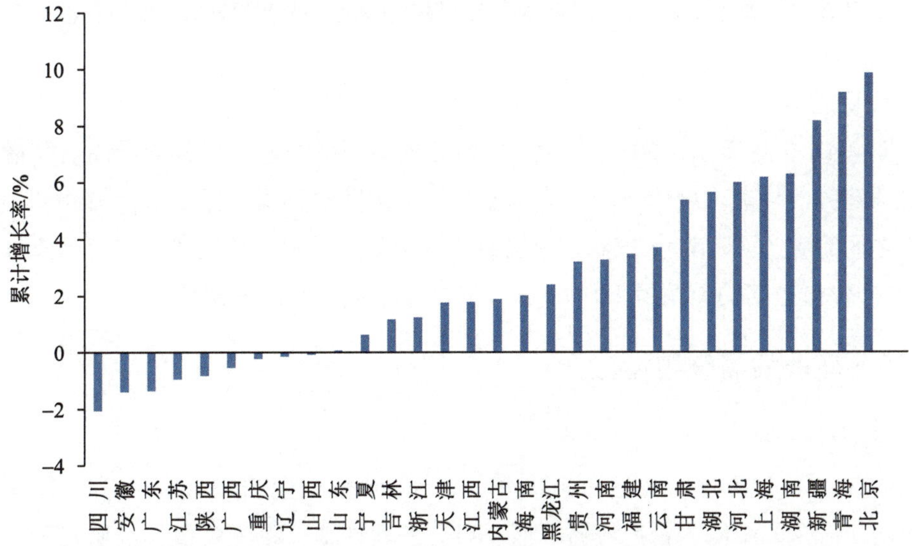

图 3-14　2013—2016 年各省（区、市）环境治理提升速率指数累计增长率

从图 3-15 可以看出，北京、上海、河北、福建、河南、内蒙古、山东、天津、浙江、河南的环境治理力度较大，并且累计增长率为正向，说明其环境治理力度加强；广东、四川、陕西、安徽、江苏、辽宁、山西、重庆基期的环境治理力度较大，但其累计增长率为负值，说明其环境治理提升速率有所放缓；广西的基期环境治理力度较小，累计增长率为负值，环境治理提升速率滞后；新疆、青海、甘肃、湖南、湖北、贵州、吉林、云南、宁夏、黑龙江、江西、海南的环境治理力度相对较小，但其累计增长率为正值，说明其环境治理力度加强。总体来看，东部地区省（区、市）的环境治理力度要大于中西部地区省（区、市）。

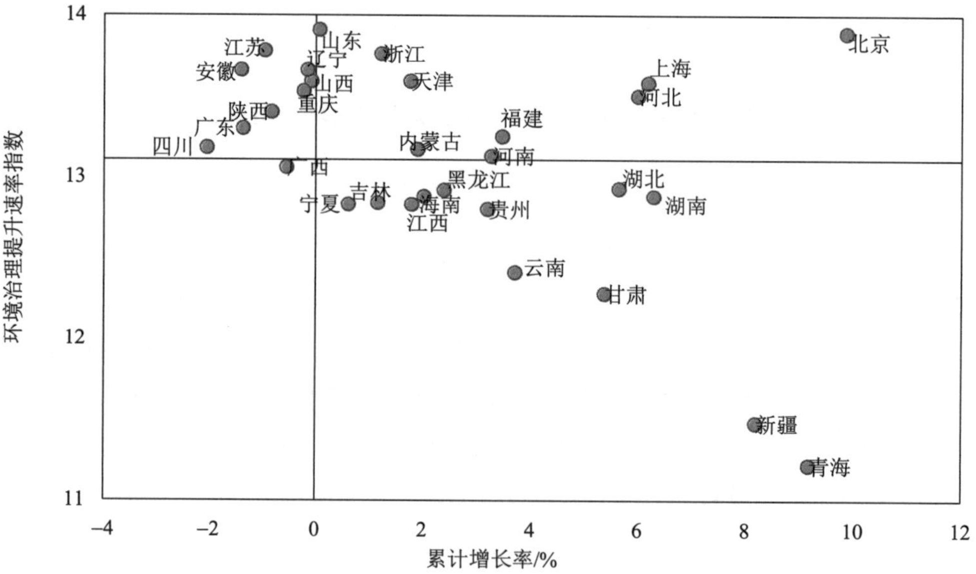

图 3-15　各省（区、市）基期环境治理提升速率指数及其累计增长率的散点图

2. 省际差异

从图 3-16 可以看出，2013—2016 年，环境治理提升速率指数的最高值和最低值均呈现上升趋势，且极差总体呈现增大的趋势。从中间群体省（区、市）[25 分位值到 75 分位值之间的省（区、市）] 来看，分位数值呈现先上升后下降的特点。总体来看，最大值与 25 分位值之间的差距拉大，75 分位值与最小值之间的差距缩小。

（四）环境质量改善指数

1. 累计增长率

从图 3-17 可以看出，2013—2016 年，在 30 个省（区、市）中，宁夏、新疆、内蒙古、陕西、广东、湖南、青海等省（区、市）的累计增长率为负值，说明其环境质量并未呈现明显的改善趋势，其中宁夏的累计下降幅度最大，为 9.94%；其他省（区、市）

的累计增长率均为正值，说明大部分省（区、市）的整体环境质量均有较为明显的改善，排名前 3 的分别是河北、浙江和山东。总体来讲，整体的环境质量改善趋势明显。

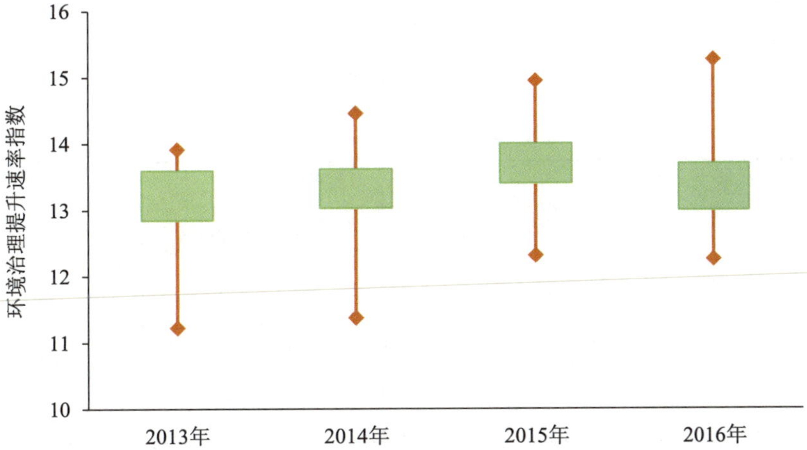

图 3-16　2013—2016 年各省（区、市）环境治理提升速率指数差异及变化

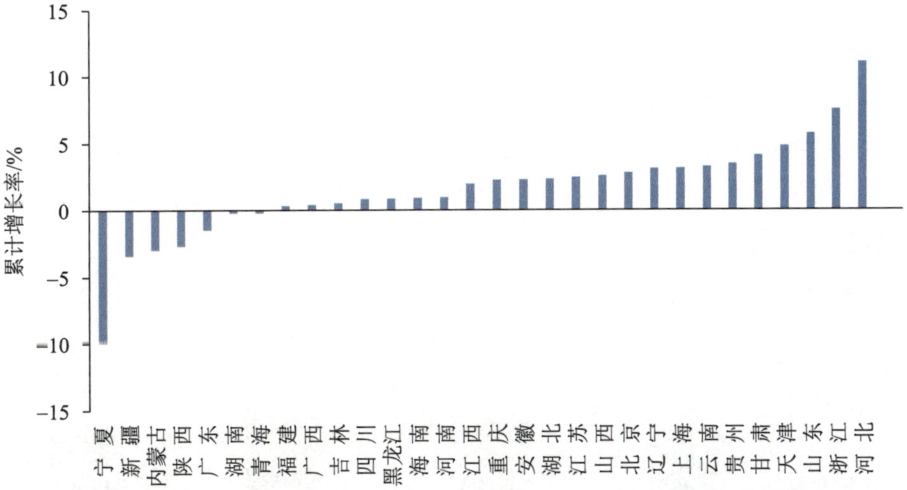

图 3-17　2013—2016 年各省（区、市）环境质量改善指数累计增长率

从图 3-18 可以看出，贵州、云南、重庆、甘肃、海南、黑龙江、福建、湖北、吉林、江西、四川、广西的环境质量改善指数较高，并且累计增长率为正向，说明其环境质量稳中有进；新疆、宁夏、青海、广东、内蒙古、湖南、陕西基期的环境质量改善指数较好，但其累计增长率为负值，说明其环境质量改善不足；上海、北京、天津、河北、山西、浙江、山东、江苏、安徽、河南、辽宁的基期环境质量改善指数较低，但其累计增长率为正值，说明其环境质量改善明显。

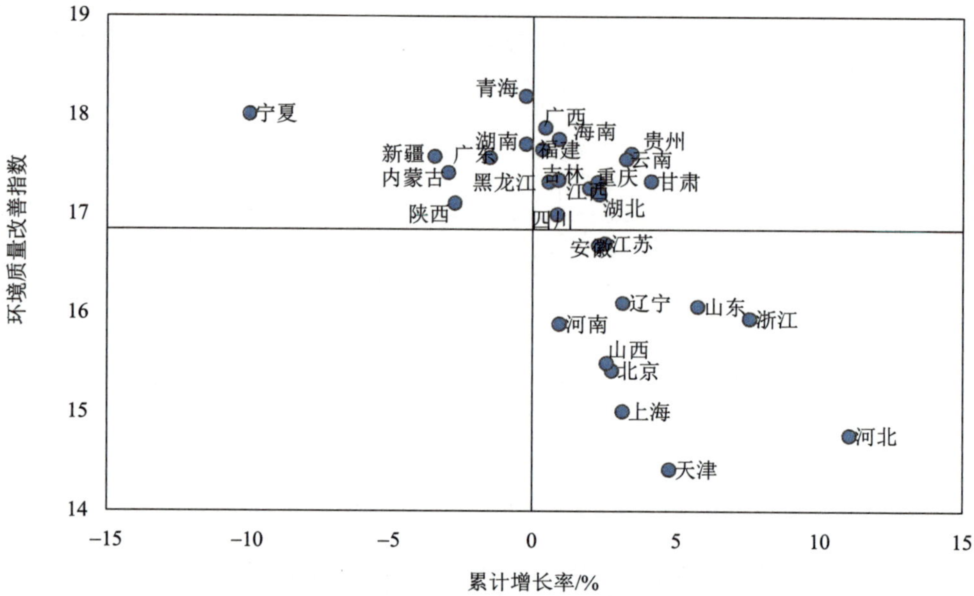

图 3-18　各省（区、市）基期环境质量改善指数及其累计增长率的散点图

2. 省际差异

从图 3-19 可以看出，2013—2016 年，30 个省（区、市）的环境质量改善总体呈现波动趋势，环境质量改善指数的最大值呈现先上升后下降的趋势，环境质量改善指数低的省（区、市）指数值有所上升，且内部的环境质量改善差异减小，即环境质量改善指数的离散程度减弱。

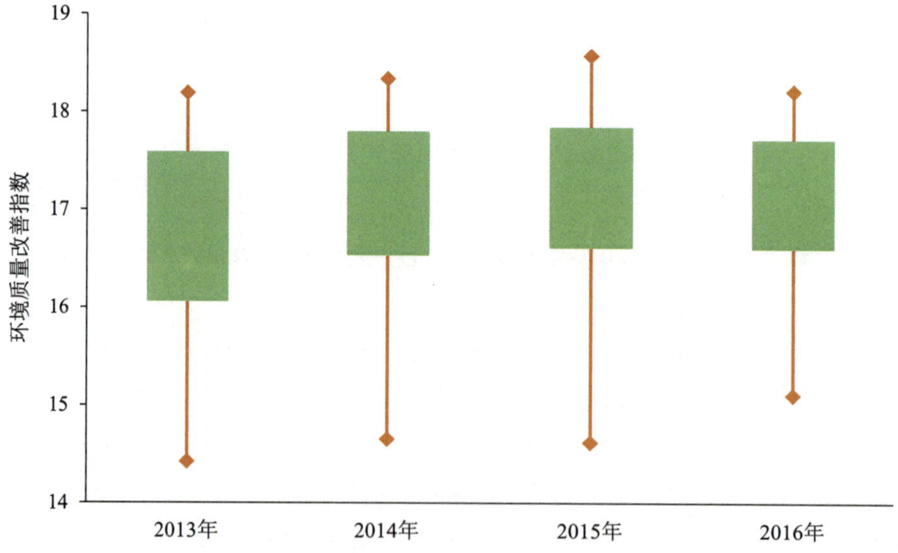

图 3-19　2013—2016 年各省（区、市）环境质量改善指数差异及变化

（五）生态保护水平指数

1. 累计增长率

从图 3-20 可以看出，2013—2016 年，在 30 个省（区、市）中，黑龙江、吉林、内蒙古、云南、湖南等省（区、市）的生态保护水平指数累计增长率为正，反映生态保护水平的提升；海南、宁夏、甘肃、湖北、陕西等省（区、市）的生态保护水平指数累计增长率为负值，反映生态保护水平提升不足。总体来看，生态保护水平指数变动幅度较小，反映生态保护水平的稳定性。

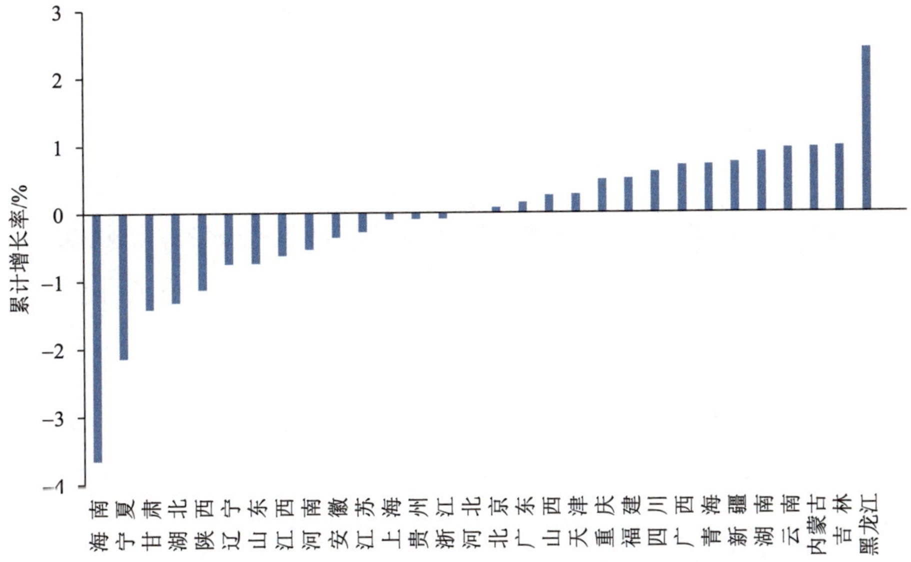

图 3-20　2013—2016 年各省（区、市）生态保护水平指数累计增长率

从图 3-21 可以看出，2013—2016 年，黑龙江、福建、云南、吉林、四川、广西、内蒙古、湖南、广东的生态保护水平本底较好，并且累计增长率为正向，生态保护水平提升趋势明显；海南、湖北、陕西、江西、浙江、辽宁基期的生态保护水平较高，但累计增长率为负值，说明生态保护力度略有下降；宁夏、甘肃、山东、江苏、安徽、河南、上海、贵州基期的生态保护水平较低，累计增长率为负值，生态保护工作需要加强；新疆、天津、青海、山西、北京、重庆的基期生态保护水平较低，要低于 30 个省（区、市）的平均水平，但其累计增长率为正值，说明其生态保护向好发展；河北的累计增长率为 0，生态保护水平有待进一步提高。总体来看，中部、西部地区的生态保护状况要好于东部地区。

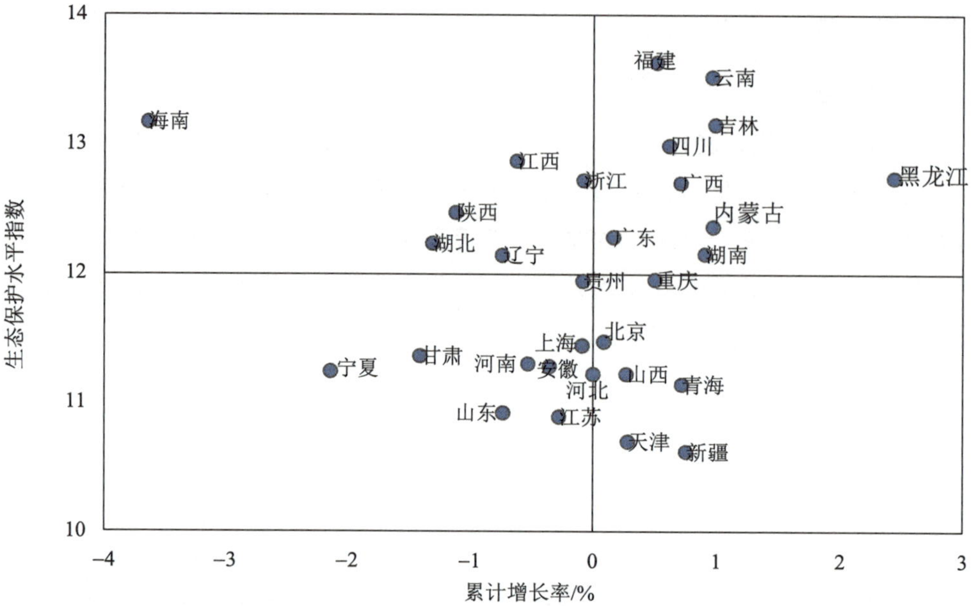

图 3-21　各省（区、市）基期生态保护水平指数及其累计增长率的散点图

2. 省际差异

从图 3-22 可以看出，2013—2016 年，30 个省（区、市）的生态保护水平指数较为稳定，总体呈现上升趋势。高生态保护水平的省（区、市）生态保护水平有所上升，低的省（区、市）生态保护缓慢上升。各省（区、市）生态保护水平指数呈现较为稳定的离散状态。

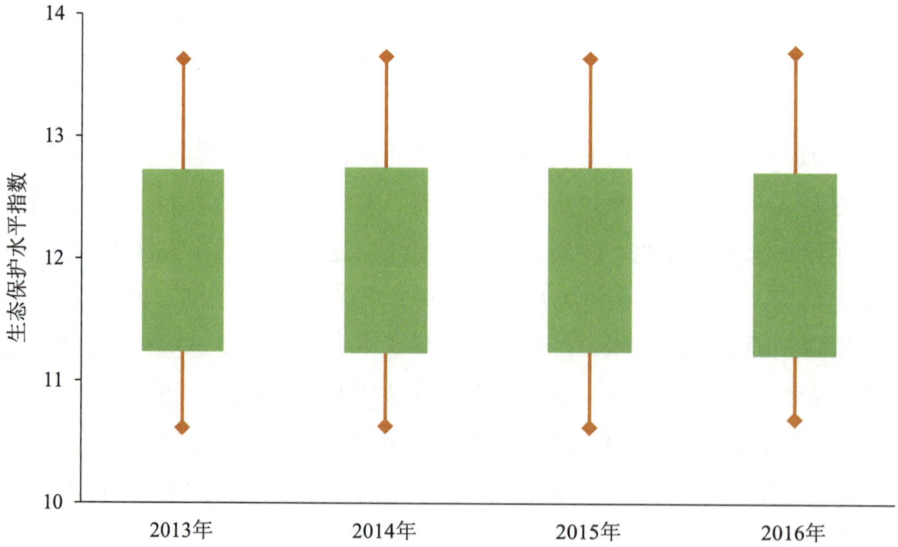

图 3-22　2013—2016 年各省（区、市）生态保护水平指数差异及变化

（六）经济增长质量指数

1. 累计增长率

从图 3-23 可以看出，2013—2016 年，在 30 个省（区、市）中，上海、北京、江西、内蒙古、安徽、河南、黑龙江等省（区、市）的累计增长率为正，且幅度较大，经济增长质量向好发展；辽宁、新疆、广西、海南、福建等省（区、市）的累计增长率为负，且下降幅度较大，经济增长质量提升不足，且多为西北和西南地区省（区、市）。

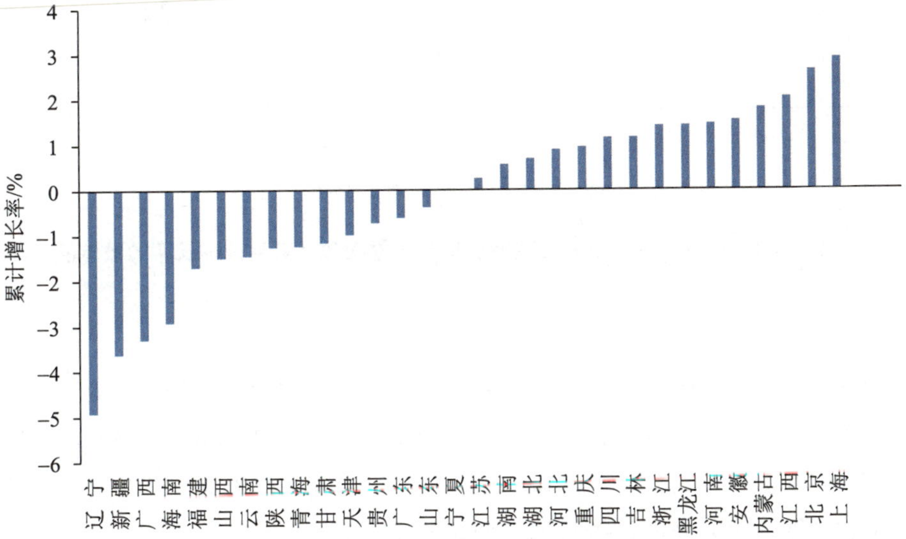

图 3-23　2013—2016 年各省（区、市）经济增长质量指数累计增长率

从图 3-24 可以看出，2013—2016 年，上海、北京、浙江、江苏、重庆、湖北、安徽、湖南的经济增长质量较好，并且累计增长率为正值，说明其经济增长质量向好发展；天津、福建、辽宁、广东、山东的经济增长质量较好，但其累计增长率为负值，说明其经济增长质量提升不足，尤其是辽宁省的经济增长质量变化幅度较大；新疆、广西、青海、海南、甘肃、陕西、云南、贵州、山西的基期经济增长质量较差，累计增长率为负值，说明其经济增长质量改善不足；河南、江西、内蒙古、河北、黑龙江、四川、吉林的基期经济增长质量较差，但其累计增长率为正值，说明其经济增长质量起点较低，但却是在向好发展。总体来看，东部地区的经济增长质量要好于中部、西部地区。

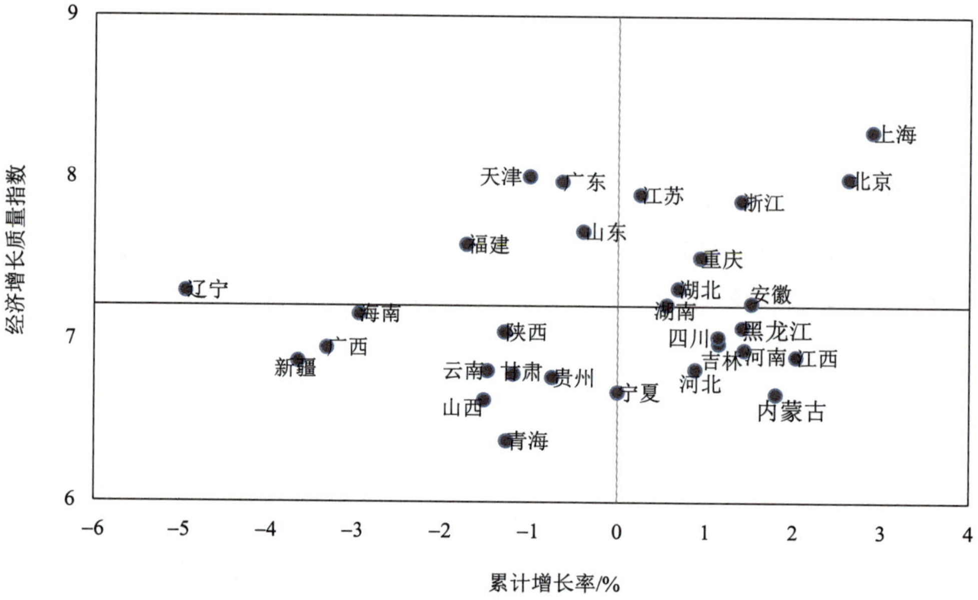

图 3-24　各省（区、市）基期经济增长质量指数及其累计增长率的散点图

2. 省际差异

从图 3-25 来看，2013—2016 年，经济增长质量指数最大值在逐年上升；经济增长质量指数的最小值总体呈现下降趋势；各省（区、市）间的经济增长质量极值差变大；25 分位值与 75 分位值之间的差距除去在 2014 年略有缩小外其他年份基本稳定。总体来看，各省（区、市）之间的经济增长质量差距变大。

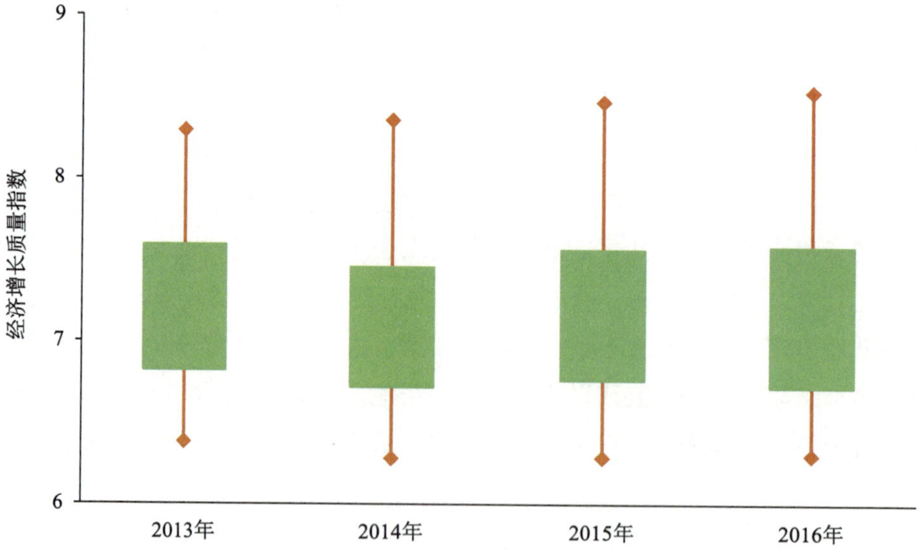

图 3-25　2013—2016 年各省（区、市）经济增长质量指数差异及变化

（七）绿色生活水平指数

1. 累计增长率

从图 3-26 来看，2013—2016 年，在 30 个省（区、市）中，湖南、四川、宁夏、内蒙古和陕西等省（区、市）的累计增长率最大，绿色生活水平提升明显；个别省（区、市）的累计增长率出现下降，即上海、辽宁、湖北、重庆、北京、福建。总体来看，多数省（区、市）绿色生活水平指数提升明显，尤以中西部地区省（区、市）上升最为明显。

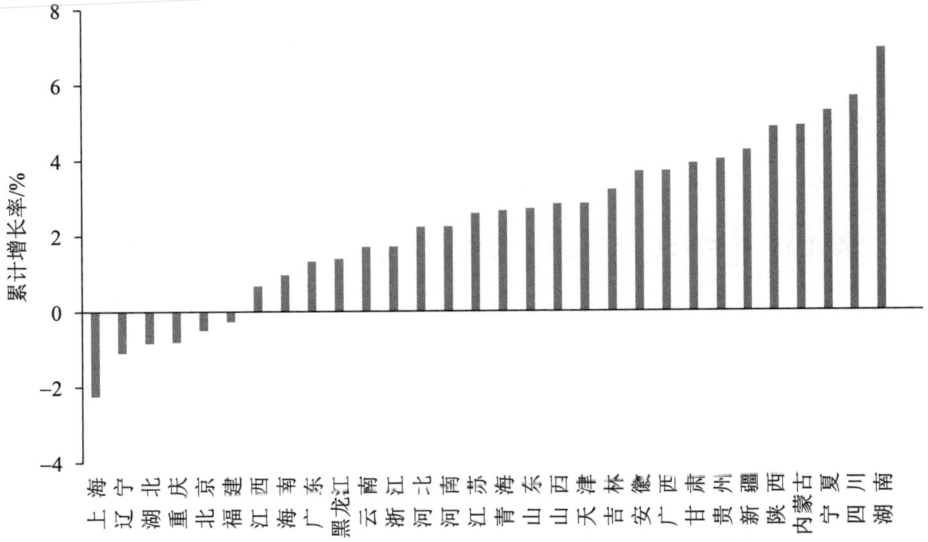

图 3-26　2013—2016 年各省（区、市）绿色生活水平指数累计增长率

从图 3-27 来看，山东、江苏、广东、浙江、海南、江西、天津、宁夏的绿色生活水平较高，并且累计增长率为正向，说明其绿色生活水平有所提升；北京、上海、重庆、辽宁、福建的绿色生活水平较高，但其累计增长率为负值，说明其绿色生活水平略有下降；湖北的绿色生活水平较低，累计增长率也为负值，说明其绿色生活水平有所下降；云南、河南、河北、黑龙江、青海、陕西、山西、新疆、甘肃、安徽、广西、四川、湖南、内蒙古、贵州的基期绿色生活水平较低，但其累计增长率为正值，说明其绿色生活水平向好发展，其中湖南的累计变化幅度较大，绿色生活水平提升较快。总体来看，东部地区的绿色生活水平要好于中部、西部地区。

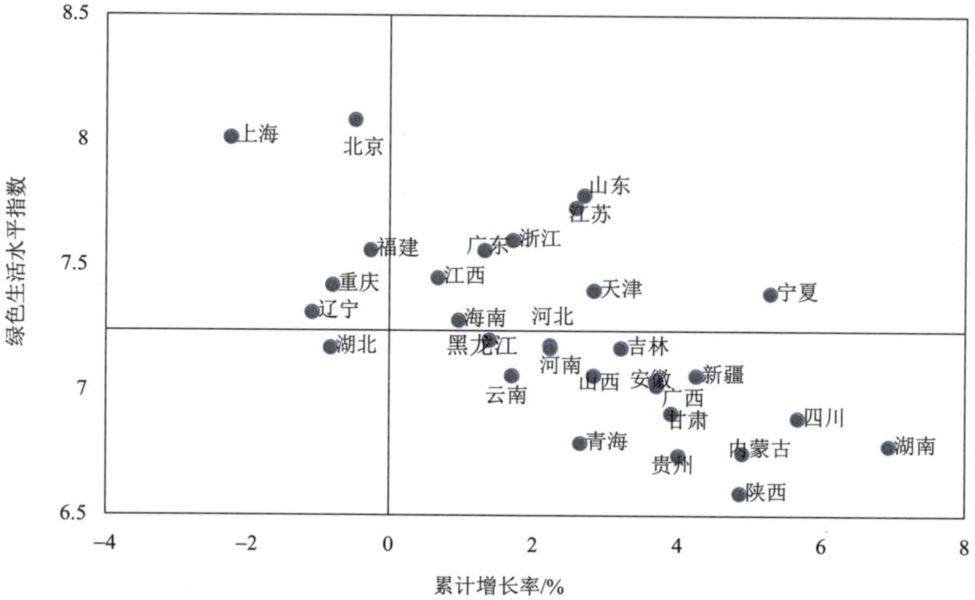

图 3-27　各省（区、市）基期绿色生活水平指数及其累计增长率的散点图

2. 省际差异

从图 3-28 来看，2013—2016 年，30 个省（区、市）中，绿色生活水平指数的最大值呈现先上升后下降的趋势，25 分位值、75 分位值以及最小值均呈现上升趋势。各省（区、市）间的绿色生活水平的两极差异变小，且 25 分位值与 75 分位值之间的差距呈现缩小趋势。总体来看，各省（区、市）之间的绿色生活水平差异缩小。

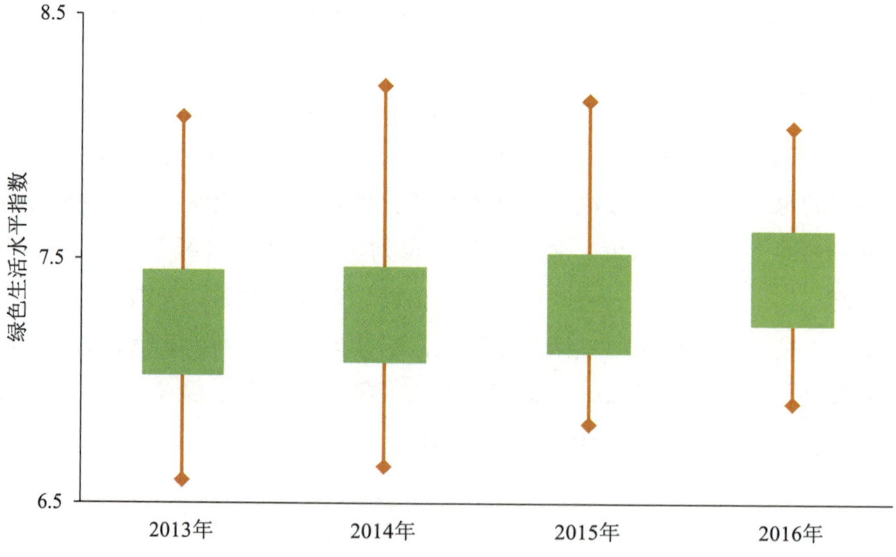

图 3-28　2013—2016 年各省（区、市）绿色生活水平指数差异及变化

三、绿色发展构成

（一）绿色发展指标变化趋势

绿色发展综合指数由资源利用提升速率、环境治理提升速率、环境质量改善、生态保护水平、经济增长质量、绿色生活水平 6 个方面构成。根据图 3-29 可看出，2013—2016 年，在 30 个省（区、市）中，资源利用提升速率指数呈现先下降后上升的趋势，且在 2015 年下降趋势明显。需要说明的是，本报告中的资源利用提升速率指标包括总量和强度指标两个部分，其中强度指标以资源利用强度的变化率来表示，总量指标以能源资源消耗总量的变化率来表示。通过分析具体的资源利用提升速率指标发现，这种变化特征主要是由能源消耗强度、水资源消耗强度和建设用地使用强度在 2015 年下降趋势大幅放缓所致。环境治理提升速率指数总体呈现上升趋势，尤其是 2015 年呈现大幅上升，这反映了实际环境治理力度的大幅增强。环境质量改善指数呈现稳定的上升趋势，这与环境质量变化的整体形势是一致的。生态保护水平指数几乎无变化，维持在一个较为稳定的状态。经济增长质量指数在 2014 年略有下降后呈现稳定的上升趋势。绿色生活水平指数则呈现稳定的缓慢上升趋势，反映了社会绿色转型的整体趋势。

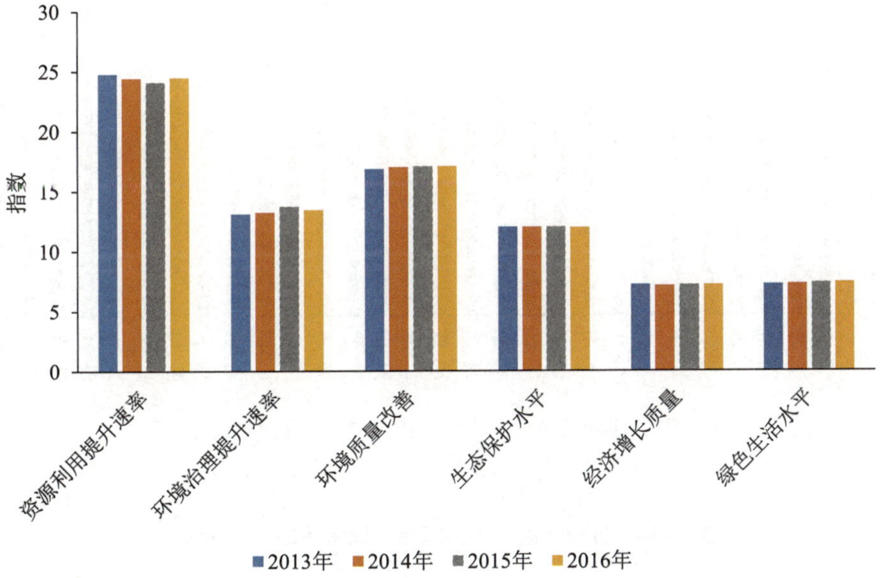

图 3-29　2013—2016 年绿色发展各大类指标的变化趋势

（二）绿色发展构成

根据各省（区、市）6 个一级指标的指数值 4 年均值及其在综合分值中的比重绘制图 3-30，这大体能够反映出各省（区、市）绿色发展的优势和短板领域。从各省绿色发展水平构成来看，资源利用提升速率、环境治理提升速率和环境质量改善 3 个指标占比之和在 70%左右。在资源利用提升速率方面，河南、青海、天津、贵州、甘肃的指标占比要高于其他省（区、市）；在环境治理提升速率方面，山西、河北、北京、上海、天津的环境治理指数占比大于其他省（区、市）；在环境质量改善方面，青海、新疆、甘肃、贵州、海南的环境质量改善指数占比要大于其他省（区、市），上海、天津、北京、浙江、河南的环境质量改善指数占比较小，即西北地区、西南地区省（区、市）的环境质量较好，这与实际也相符；在生态保护水平方面，云南、福建、吉林、四川、海南的生态保护指数占比大于其他省（区、市）；在经济增长质量方面，上海、天津、北京、江苏、广东的经济增长质量指数占比重较大，青海、云南、贵州、广西、内蒙古的经济增长质量指数占比较小；在绿色生活水平方面，重庆、浙江、云南、新疆、天津的绿色生活水平指数占比要大于其他省（区、市）。

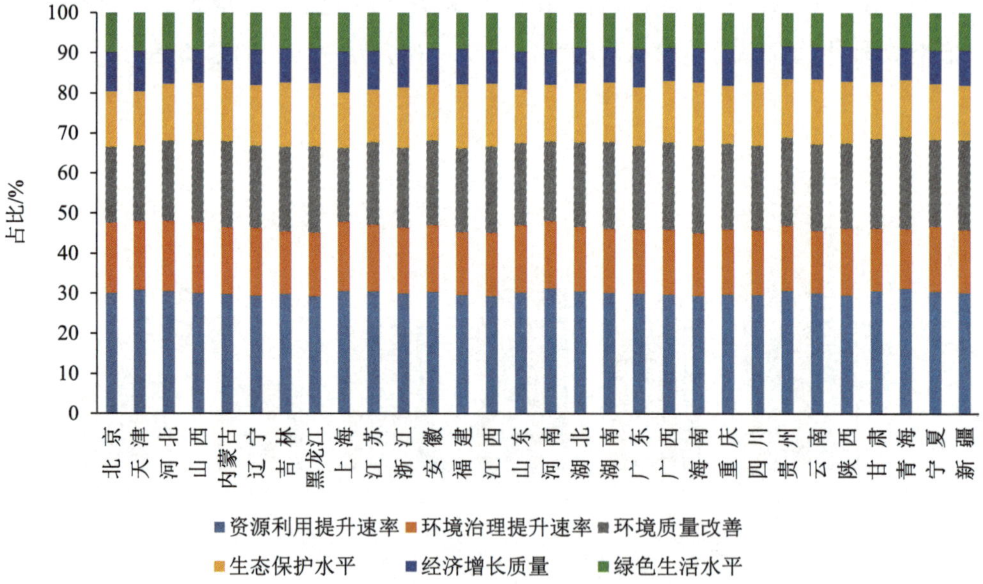

图 3-30 各省（区、市）绿色发展水平的总体构成

进一步，为了观测各个省（区、市）在资源利用提升速率、环境治理提升速率、环境质量改善、生态保护水平、经济增长质量、绿色生活水平方面存在的优势和短板领域。本报告以 2016 年各类指数的测算结果为依据，通过用各省（区、市）一级指标值占各一级指标的全国均值来判定各省（区、市）的优势和短板领域。具体计算方式如下：

$$r = \frac{x_i}{\overline{x}} \times 100 \tag{3-1}$$

式中：x_i —— 各个省（区、市）的资源利用提升速率、环境治理提升速率、环境质量改善、生态保护水平、经济增长质量、绿色生活水平指数；

$\overline{x}$ —— 各省（区、市）各类指数的均值。

在计算结果中，如果一个省（区、市）$r>100$，就表示该省的指数高于全国大部分的省（区、市），即该省（区、市）在该领域具有优势；反之亦然。根据计算的结果，分别绘制各省（区、市）的玫瑰图来观察其长短板领域（图 3-31）。

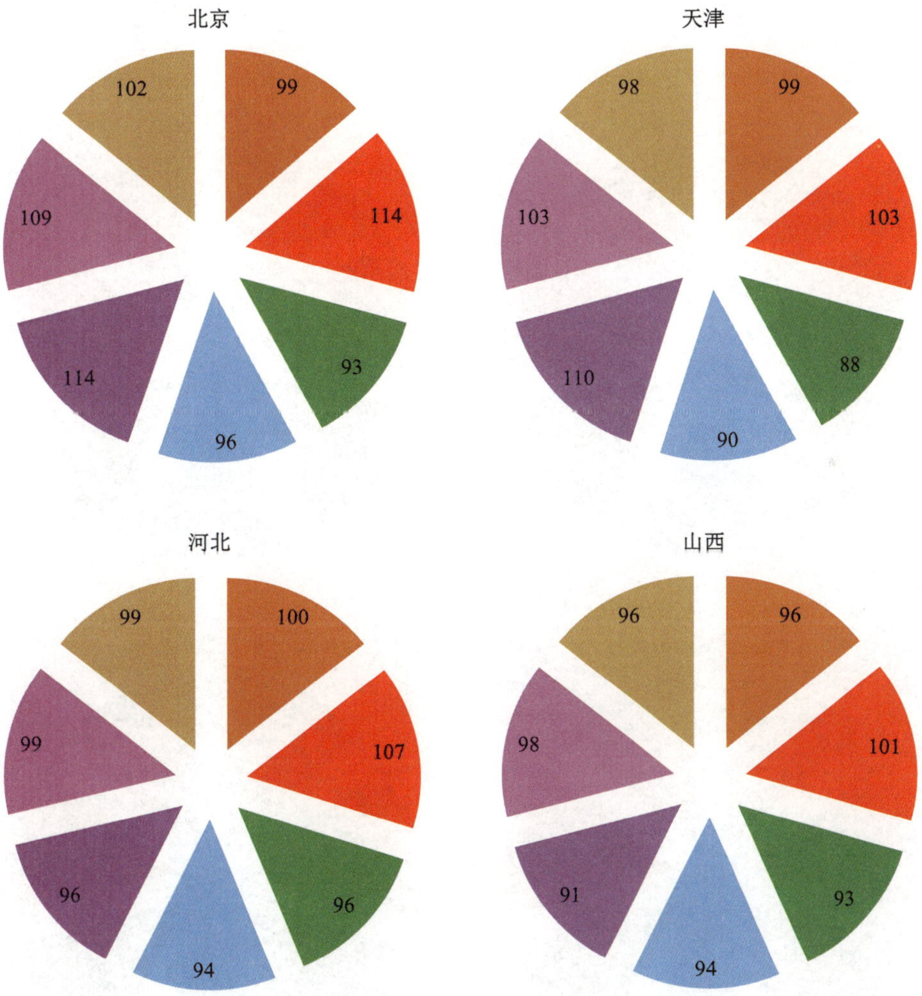

内蒙古

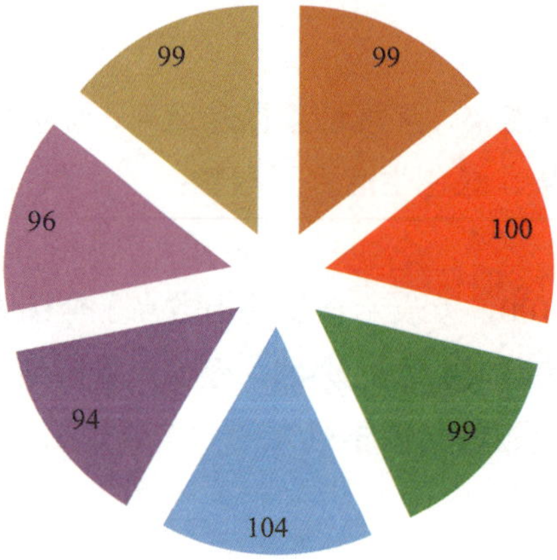

辽宁

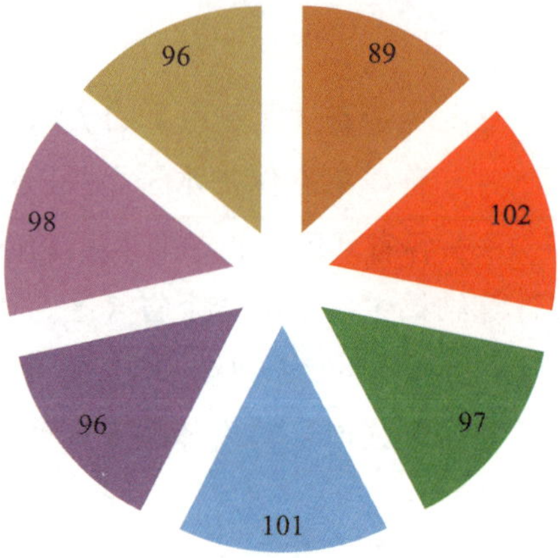

吉林

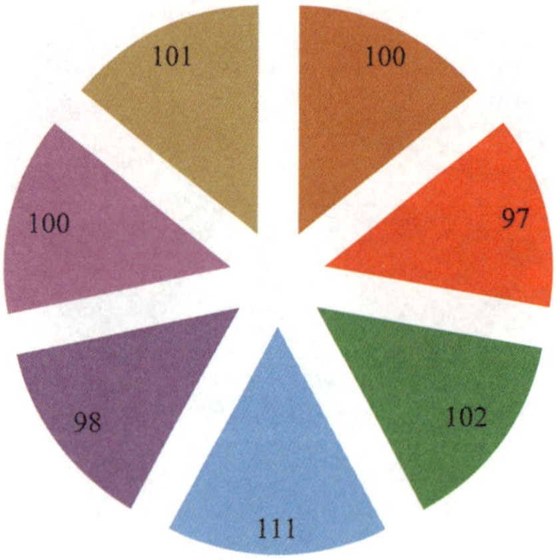

黑龙江

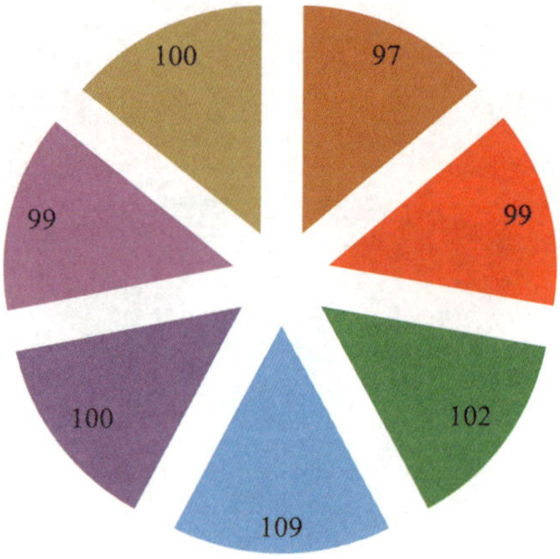

上海

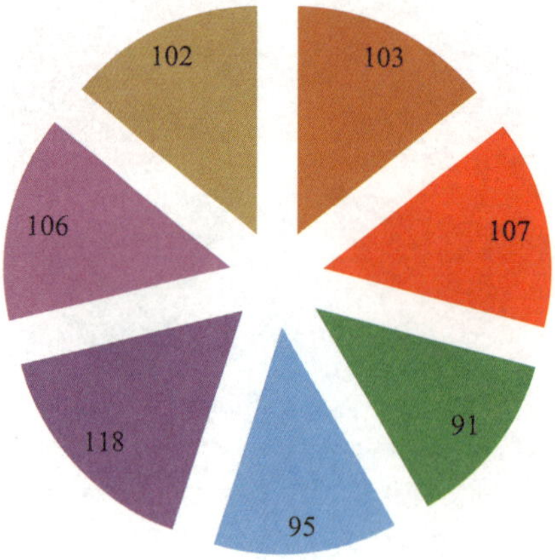

江苏

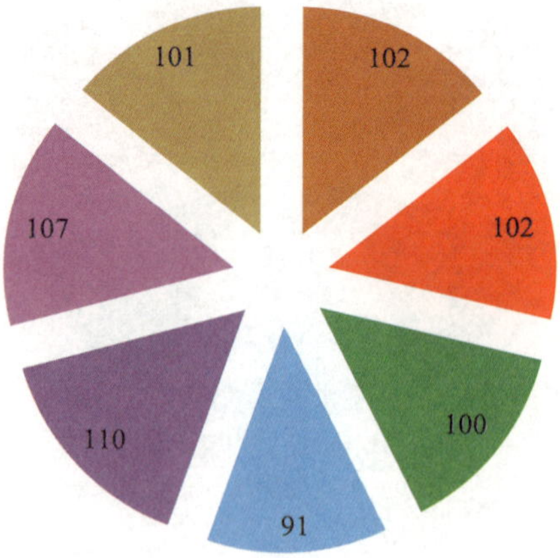

浙江

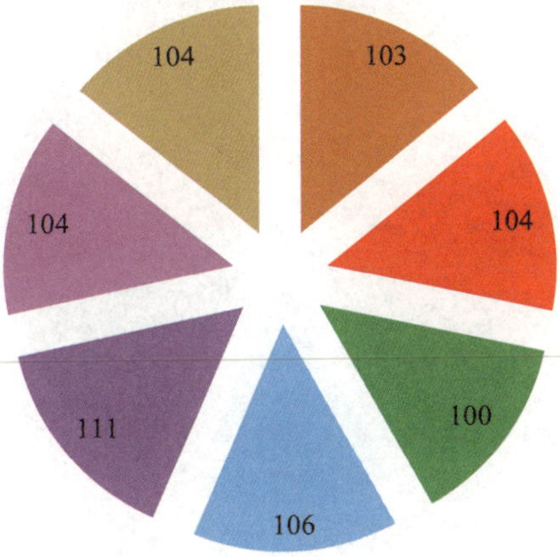

安徽

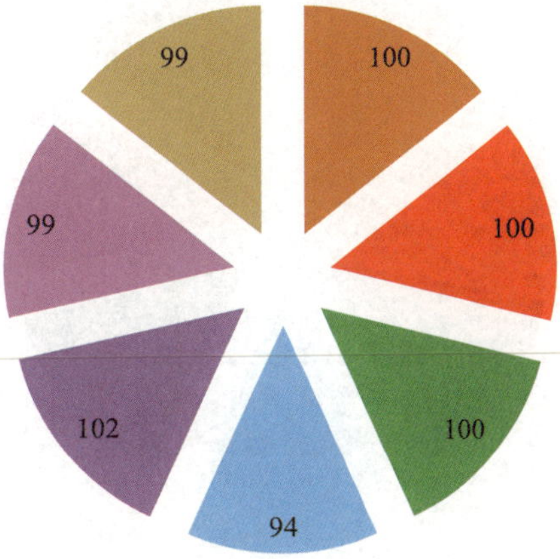

福建

江西

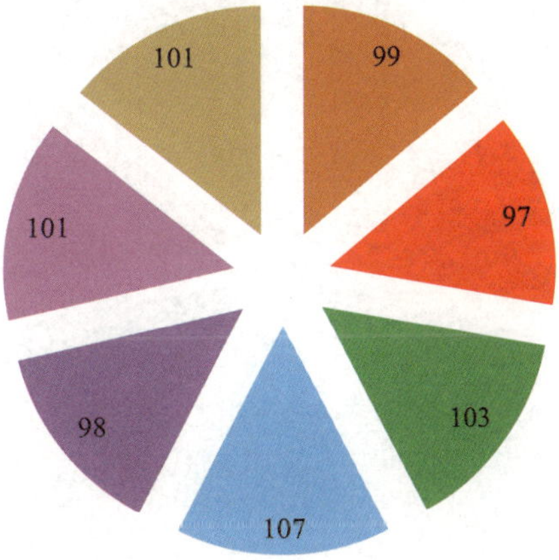

山东

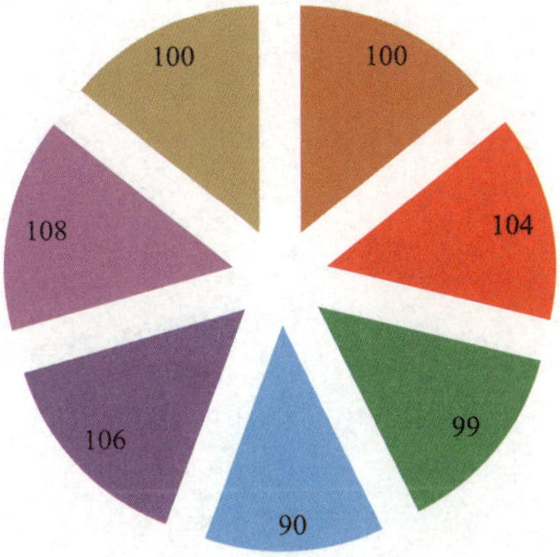

河南

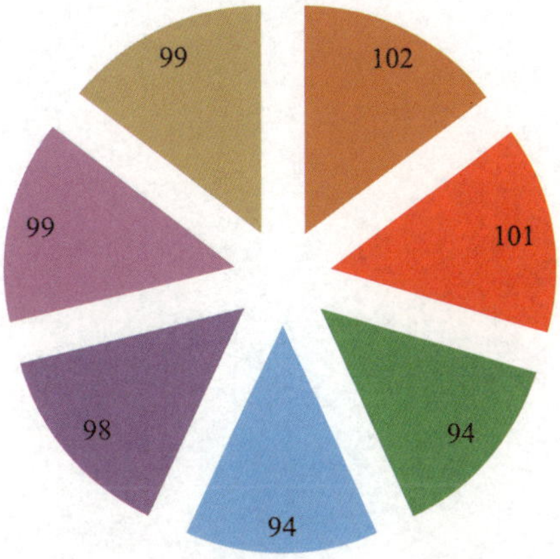

湖北

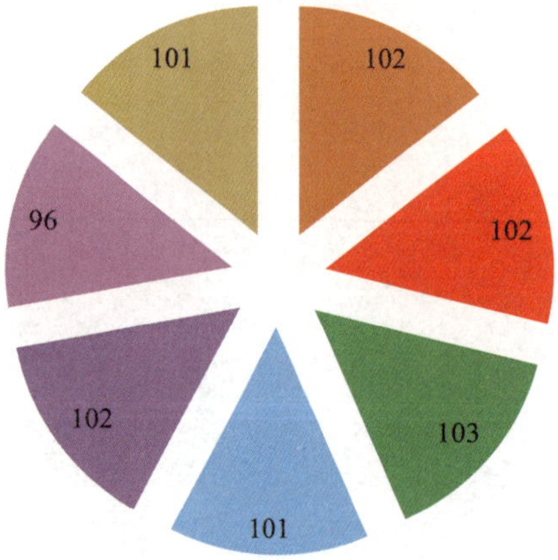

湖南

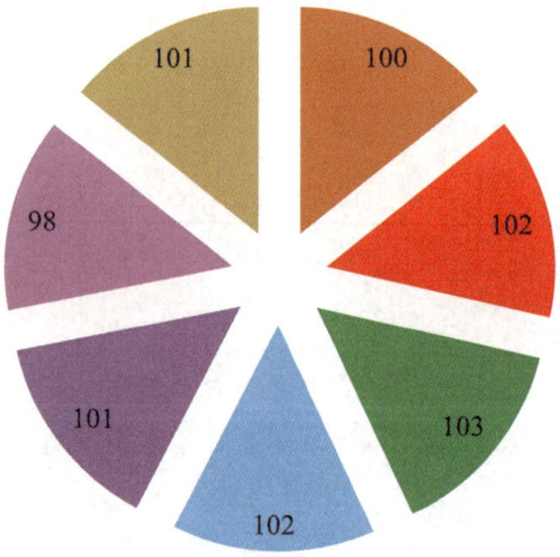

广东

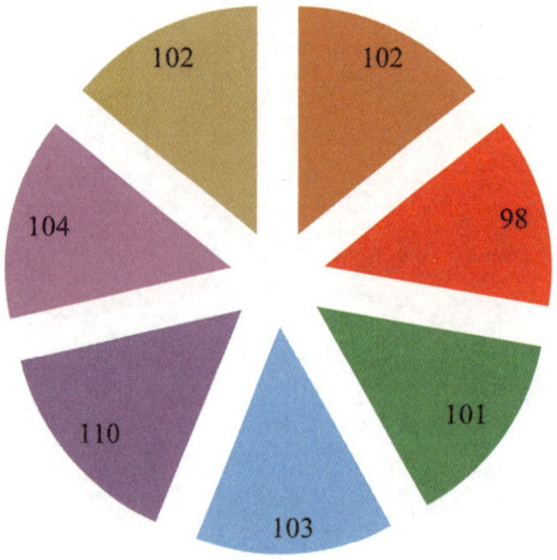

广西

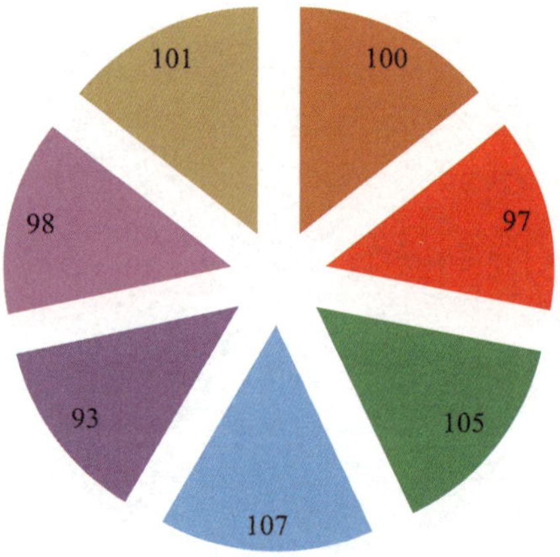

海南

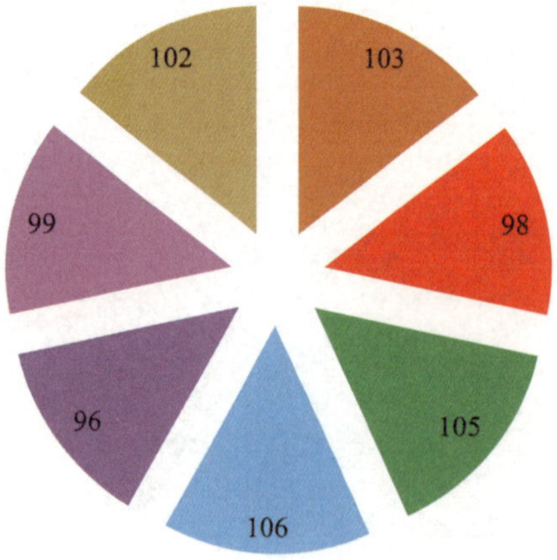

重庆

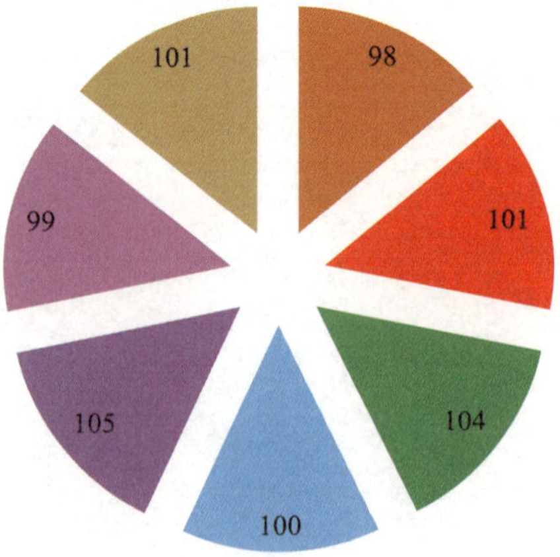

四川

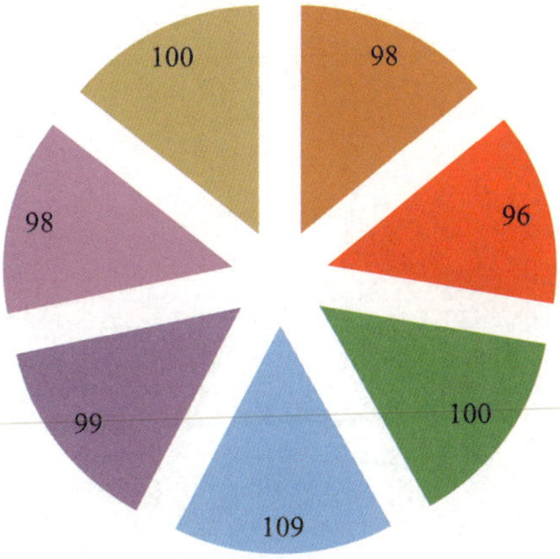

杭州

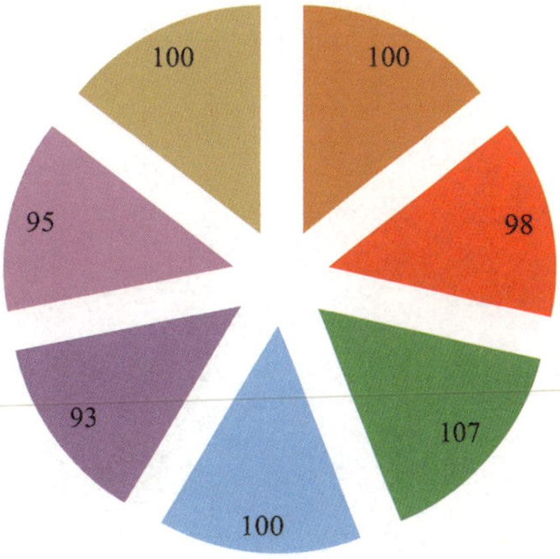

云南

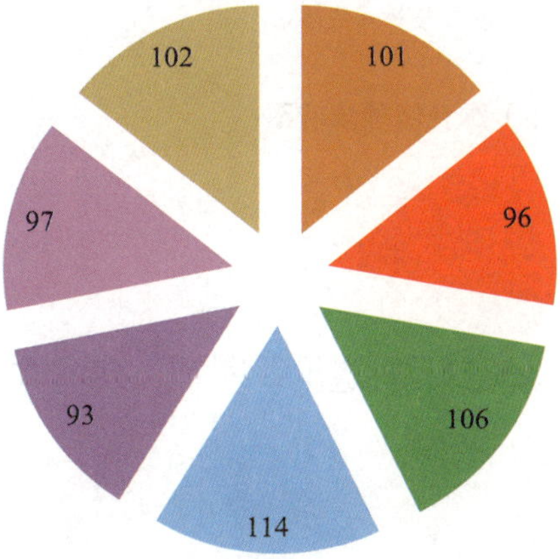

陕西

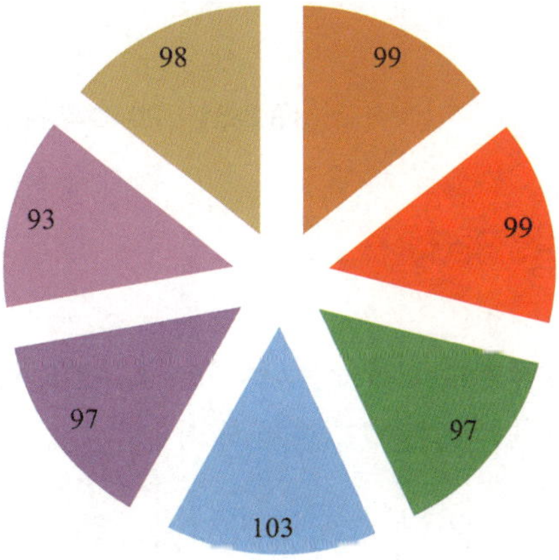

甘肃

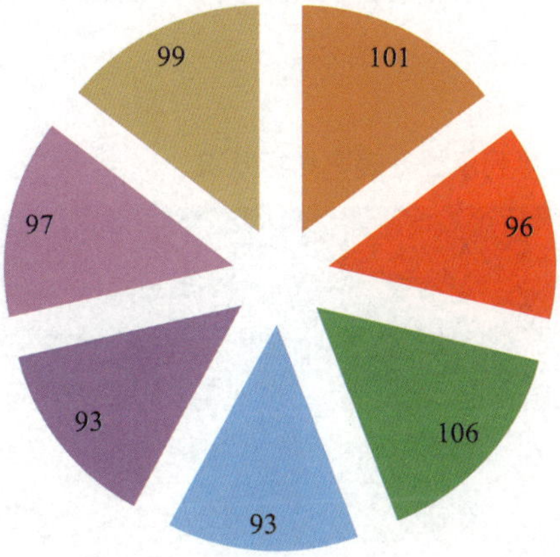

青海

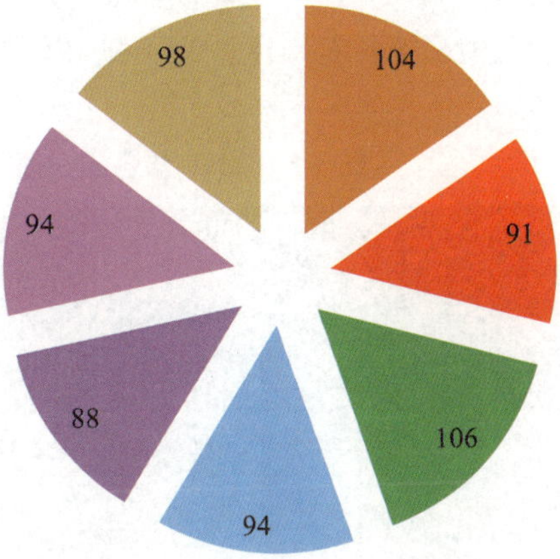

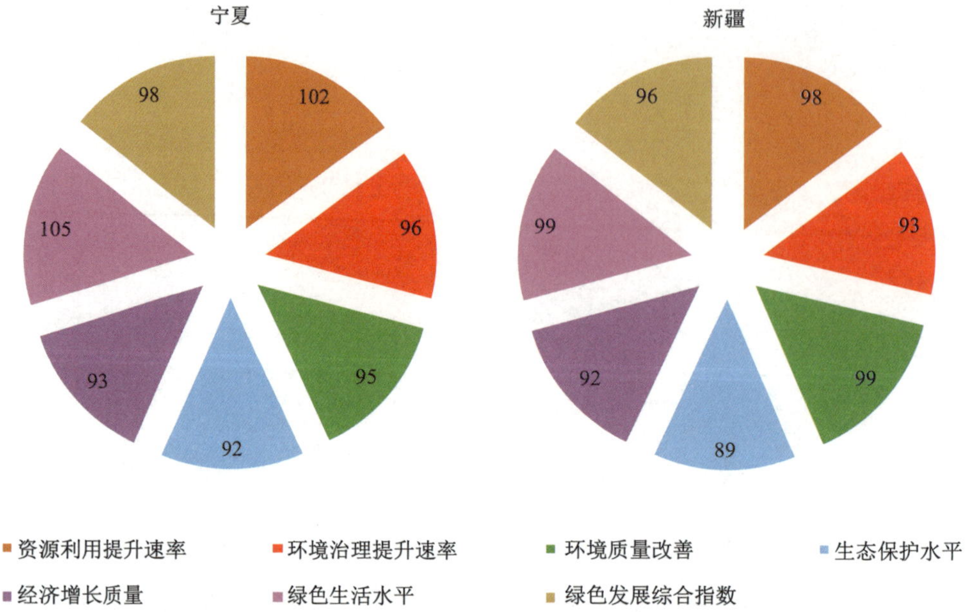

图 3-31　2016 年各省（区、市）绿色发展玫瑰图

四、指标状况

为深入研究各省（区、市）的绿色发展具体指标状况，本报告对 2016 年各省（区、市）的具体指标数据进行分析。

（一）资源利用提升速率指标

资源利用提升速率指标反映能源、水资源和土地资源的使用情况，包括能源资源消耗总量和消耗强度、用水总量和用水强度、建设用地增量和利用效率、工业固体废物利用状况。2016 年各省（区、市）的资源利用状况如表 3-1 所示。

表 3-1　2016 年各省（区、市）资源利用提升速率指标状况

省（区、市）	能源消费总量/万 t 标煤	单位 GDP 能源消耗/（t 标煤/万元）	用水总量/亿 m^3	万元 GDP 用水量/（t/万元）	人均新增建设用地面积/（hm^2/万人）	单位 GDP 建设用地面积/（hm^2/亿元）
北　京	6 962	0.29	38.8	15.12	0.48	6.28
天　津	8 243	0.46	27.2	15.21	7.10	4.76

省（区、市）	能源消费总量/万 t 标煤	单位 GDP 能源消耗/（t 标煤/万元）	用水总量/亿 m^3	万元 GDP 用水量/（t/万元）	人均新增建设用地面积/（hm^2/万人）	单位 GDP 建设用地面积/（hm^2/亿元）
河　北	29 807	0.94	182.59	56.94	3.24	5.69
山　西	19 403	1.46	75.5	57.85	2.42	8.08
内蒙古	19 457	1.02	190.3	104.98	−1.17	6.63
辽　宁	21 039	0.76	135.39	60.86	10.61	7.42
吉　林	8 012	0.53	132.5	89.67	3.20	9.12
黑龙江	12 284	0.76	352.6	229.17	1.47	11.65
上　海	11 717	0.43	104.8	37.19	0.75	12.19
江　苏	31 051	0.41	577.37	74.62	2.94	5.78
浙　江	20 277	0.44	181.09	38.32	2.75	5.53
安　徽	12 690	0.53	290.69	119.1	1.24	8.55
福　建	12 363	0.44	189.1	65.63	0.77	5.11
江　西	8 744	0.48	245.41	132.66	1.97	7.08
山　东	38 704	0.57	213.99	31.46	2.25	6.8
河　南	23 115	0.58	227.59	56.23	1.34	6.23
湖　北	16 847	0.53	281.99	86.33	1.93	6.7
湖　南	15 809	0.51	330.4	104.72	0.78	5.03
广　东	31 230	0.4	434.99	53.8	4.05	6.41
广　西	10 093	0.56	290.59	158.64	2.71	6.97
海　南	2 006	0.5	45	111.02	−18.62	10.46
重　庆	9 202	0.53	77.5	43.68	3.35	6.72
四　川	20 365	0.63	267.31	81.16	5.93	6.69
贵　州	10 227	0.88	100.3	85.16	4.78	6.04
云　南	10 657	0.72	150.21	101.56	2.42	6.8
陕　西	12 126	0.63	90.8	46.81	2.75	5.45
甘　肃	7 335	1.01	118.4	164.43	3.00	10.86
青　海	4 109	1.57	26.4	102.63	0.98	7.04
宁　夏	5 594	1.78	64.9	204.83	0.00	13.19
新　疆	16 308	1.63	565.43	585.92	1.73	12.31

从能源消费总量来看，2016 年能源消耗总量排在前 5 名的省份是山东、广东、江苏、河北和河南，能源消耗总量最低的 5 省份是海南、青海、宁夏、北京、甘肃；从能源利用效率来看，单位 GDP 能源消耗最低的 5 个省（市）分别是北京、广东、江苏、上海、浙江，北京能源利用效率明显高于其他省（区、市），单位 GDP 能源消耗比第 2 名广东低 27.5%，单位 GDP 能源消耗最高的五位是宁夏、新疆、青海、山西和内蒙古（图 3-32）。

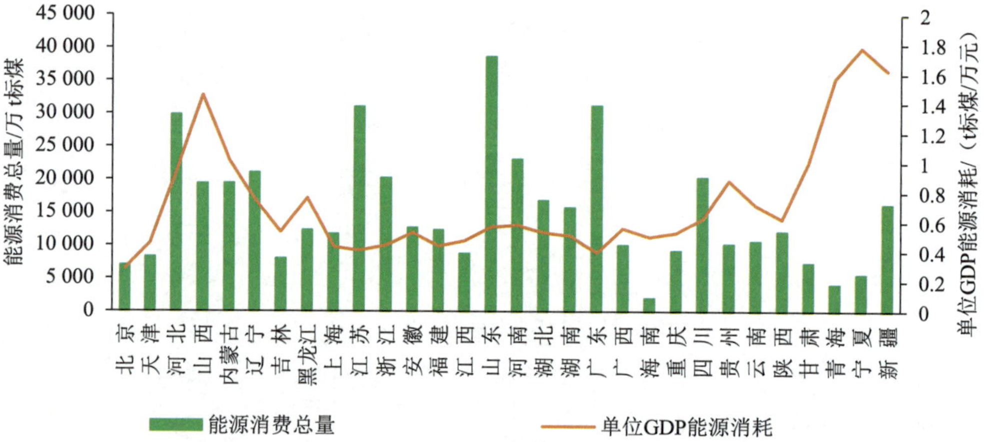

图 3-32　2016 年各省（区、市）能源资源消耗差异及变化

从图 3-33 可以看出，各省水资源消耗情况差异较大，用水总量较大的前 5 个省份是江苏、新疆、广东、黑龙江和湖南；用水总量较少的 5 个省份是青海、天津、北京、海南和宁夏。从水资源利用效率来看，天津市和北京市单位 GDP 用水量显著少于其他省份，单位 GDP 用水量最高的 5 个省份为新疆、黑龙江、宁夏、甘肃和广西，新疆单位 GDP 用水量约为北京的 38 倍。

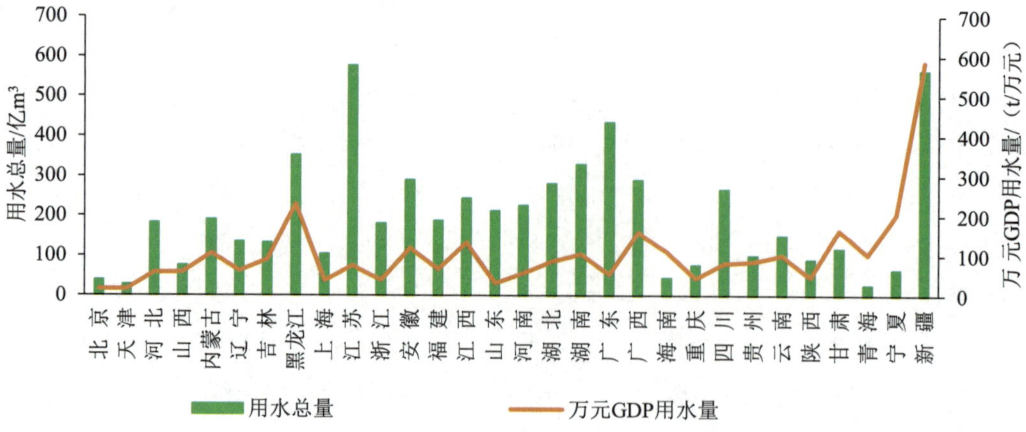

图 3-33　2016 年各省（区、市）水资源利用差异及变化

从人均新增建设用地面积来看，增长最快的5个省（市）为辽宁、天津、四川、贵州、广东，其中辽宁省的人均新增建设用地面积达10.61 hm^2/万人；增长最慢的的5个省（区、市）为海南、内蒙古、宁夏、北京和上海，其中海南和内蒙古的人均新增建设用地面积出现负增长，海南的该指标值更是达−18.62 hm^2/万人（图3-34）。从单位GDP建设用地面积来看，排名前5位的省（区、市）依次是宁夏、新疆、上海、黑龙江和甘肃，其中宁夏的该项指标值最大，达到13.19 hm^2/亿元；排名后5位的省（市）依次是天津、湖南、福建、陕西和浙江，天津的该项指标值最小，为4.76 hm^2/亿元。

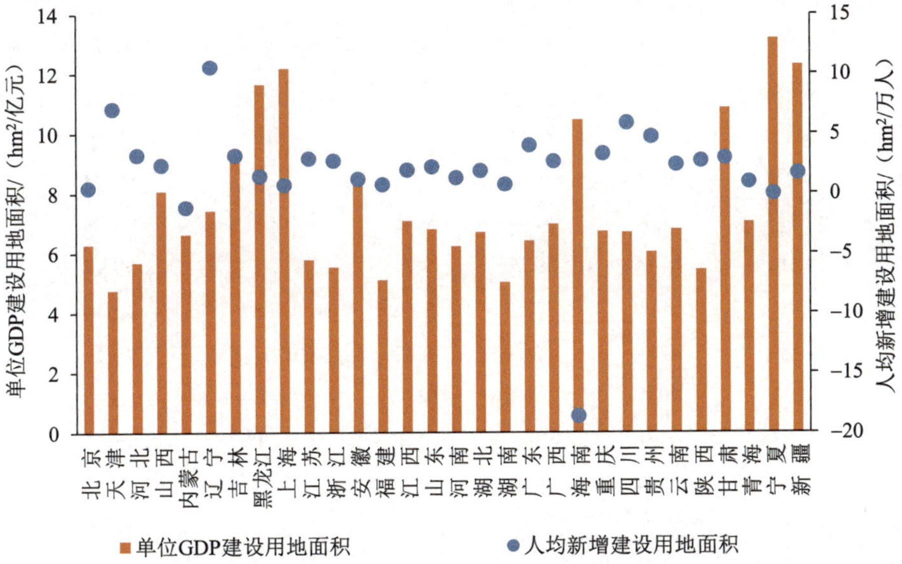

图3-34 2016年各省（区、市）建设用地利用差异及变化

（二）环境治理提升速率指标

环境治理提升速率的二级指标更为具体地反映了地区化学需氧量、氨氮、二氧化硫、氮氧化物的排放总量和变化的具体状况，以及危险废物、生活垃圾、污水的利用和处理状况，还包括环境污染治理投资状况。2016年各省（区、市）的环境治理提升速率指标如表3-2所示。

表 3-2　2016 年各省（区、市）环境治理提升速率指标状况

省（区、市）	化学需氧量排放总量/万 t	二氧化硫排放量/万 t	氮氧化物排放量/万 t	氨氮排放量/万 t	环境污染治理投资占 GDP 比重/%	生活垃圾无害化处理率/%	污水集中处理率/%
北　京	14.91	6.02	12.34	1.52	1.79	99.84	90
天　津	20.07	17.29	23.34	2.29	0.76	94.16	91.94
河　北	115.28	98.56	126.97	9.25	1.33	97.8	94.43
山　西	39.11	107.90	89.78	4.83	2.02	94.6	89.41
内蒙古	81.98	118.78	110.20	4.56	3.01	98.87	93.02
辽　宁	113.01	89.37	78.59	9.39	1.02	93.27	91.53
吉　林	71.19	33.96	47.91	5.04	0.79	86.3	81.47
黑龙江	136.96	42.39	62.15	7.88	1.04	80.62	88.62
上　海	18.47	15.44	28.67	4.13	3	100	93
江　苏	102.09	76.74	101.81	13.35	1.36	99.93	80.59
浙　江	65.41	49.65	57.65	9.43	1.03	99.98	87.78
安　徽	84.36	46.15	69.90	9.20	2	99.94	90.96
福　建	59.99	29.99	36.17	8.41	0.88	98.44	86.74
江　西	70.81	50.84	47.79	8.32	1.41	94.97	82.72
山　东	170.21	140.06	134.46	14.71	1.1	100	95.29
河　南	125.83	107.93	119.12	13.03	0.8	98.75	88.48
湖　北	96.04	50.44	48.35	11.10	0.84	95.8	83.24
湖　南	117.36	54.73	47.94	14.69	1.86	99.89	90.82
广　东	156.02	66.33	97.95	19.37	0.4	96.22	82.82
广　西	70.71	40.11	36.04	7.64	1.55	98.96	82.58
海　南	18.72	3.03	8.40	2.09	0.6	99.94	80.34
重　庆	37.14	46.75	30.76	4.90	0.88	99.98	94.74
四　川	116.86	69.17	52.28	12.77	0.72	98.6	67.4
贵　州	30.81	82.56	41.13	3.53	1.31	94.65	80.6
云　南	49.18	58.06	44.71	5.32	1.03	92.96	79.94
陕　西	47.37	71.28	61.39	5.37	1.33	98.53	87.62
甘　肃	35.78	54.48	37.05	3.64	1.8	72.76	85.36
青　海	10.43	14.76	11.47	0.98	1.44	96.28	60.06
宁　夏	21.05	34.78	35.74	1.62	2.98	98.28	73.44
新　疆	65.61	76.89	72.34	4.52	3.1	83.3	70.58

从化学需氧量排放总量来看，排放量最大的5个省份为山东、广东、黑龙江、河南和湖南，排放量低于20万t的省（市）有4个，即青海、北京、上海和海南；从单位GDP化学需氧量来看，北京和上海显著低于其他省（区、市），单位GDP化学需氧量排放量最高的5个省（区）为黑龙江、新疆、宁夏、辽宁、甘肃（图3-35）。

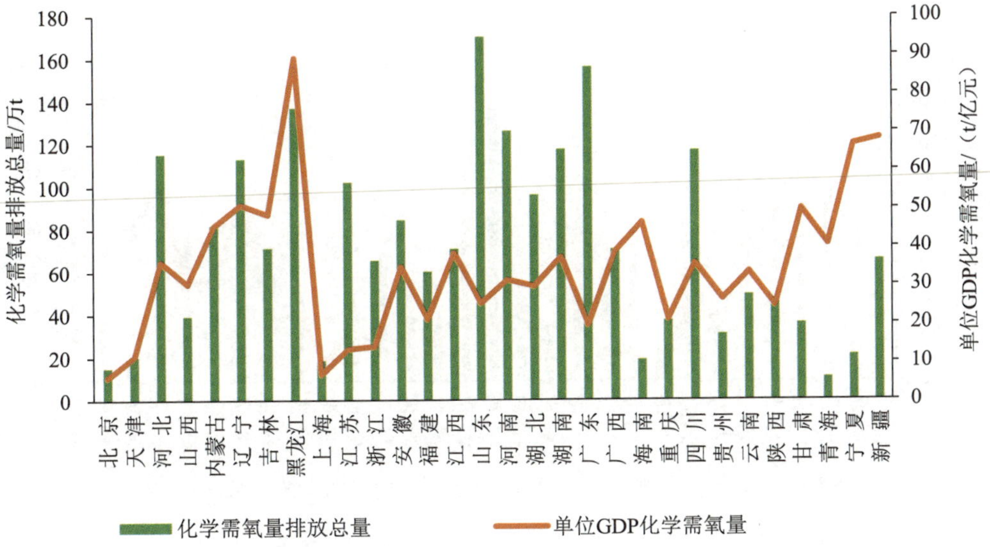

图3-35　2016年各省（区、市）化学需氧量排放差异及变化

从图3-36可以看出，氨氮排放总量最大的5个省份为广东、山东、湖南、江苏和河南；排放量最低的5个省（区、市）为天津、海南、宁夏、北京和青海。单位GDP氨氮排放总量最低的5个省（市）为北京、天津、上海、江苏和浙江。

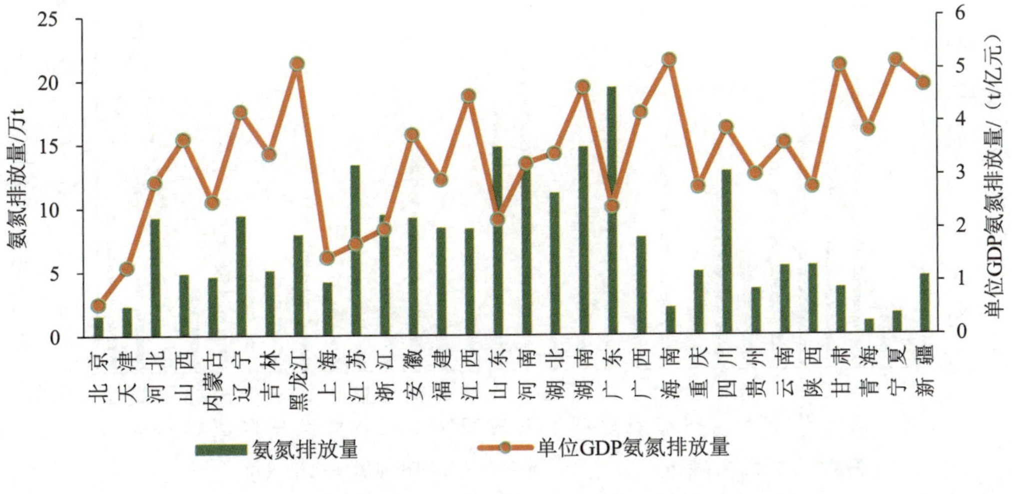

图3-36　2016年各省（区、市）氨氮排放差异及变化

从图 3-37 来看，二氧化硫排放量最高的 5 个省（区）为山东、内蒙古、河南、山西和河北，排放量最低的 5 个省（市）为海南、北京、青海、上海、天津，其中山东的二氧化硫排放总量约为海南省排放总量的 46 倍；单位 GDP 二氧化硫排放量最低的 5 个省（市）是北京、上海、海南、广东和天津，最高的 5 个省（区）是宁夏、山西、新疆、甘肃、贵州。

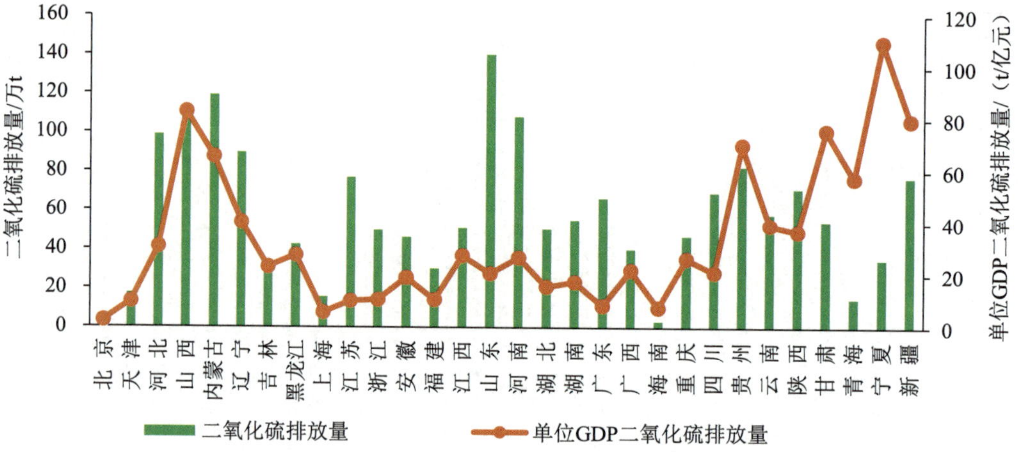

图 3-37　2016 年各省（区、市）二氧化硫排放差异及变化

从图 3-38 可以看出，氮氧化物排放量最高的 5 个省（区）为山东、河北、河南、内蒙古、江苏，最低的 5 个省（市）是海南、青海、北京、天津、上海；单位 GDP 氮氧化物排放量最低的是北京、上海、广东、浙江和福建，单位 GDP 氮氧化物排放量高的 5 个省（区）为宁夏、新疆、山西、内蒙古和甘肃。

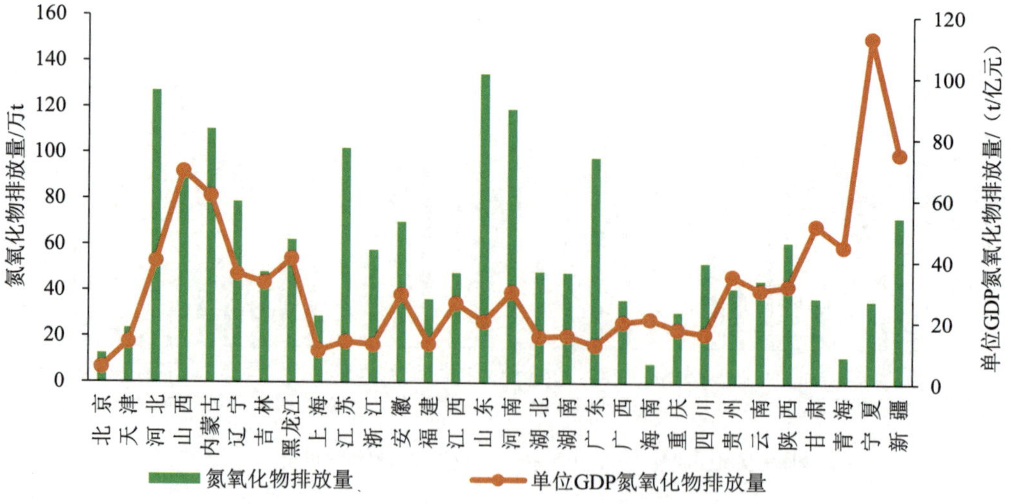

图 3-38　2016 年各省（区、市）氮氧化物排放差异及变化

从图 3-39 来看，环境污染治理投资占 GDP 比重前 5 名的省（区、市）为新疆、内蒙古、上海、宁夏和山西；环境污染治理投资占 GDP 比重最少的 5 个省（市）为广东、海南、四川、天津和吉林，广东投资占比最低，仅占 GDP 的 0.4%。

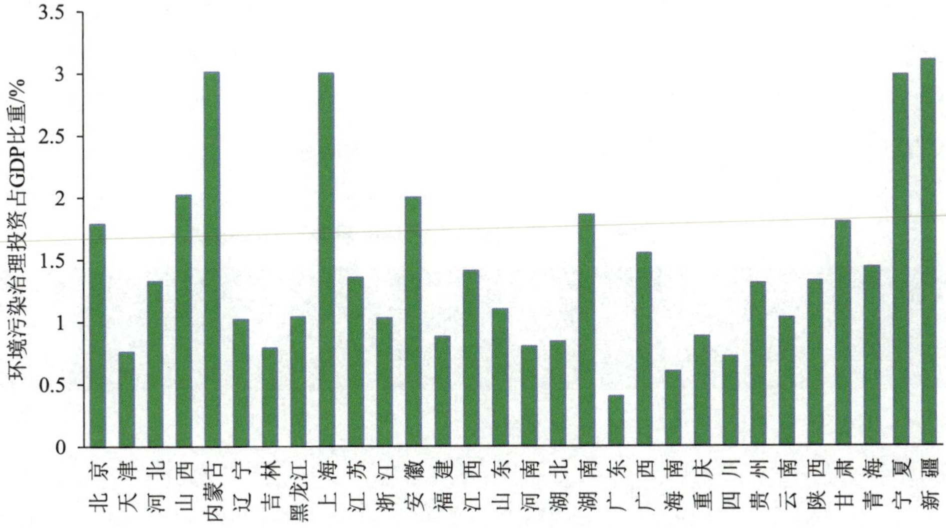

图 3-39　2016 年各省（区、市）环境污染治理投资占 GDP 比重差异及变化

从图 3-40 可以看出，在生活垃圾无害化处理率上，上海和山东无害化处理率均达到 100%，处理率达到 95%以上的有 20 个省（区、市），处理率最低的为甘肃，处理率仅达 72.76%；在污水集中处理率上，山东污水集中处理率最高，达 95.29%，污水集中处理率达 90%以上的共 10 个省（区、市），污水集中处理率最低的是青海，处理率仅达 60.06%。

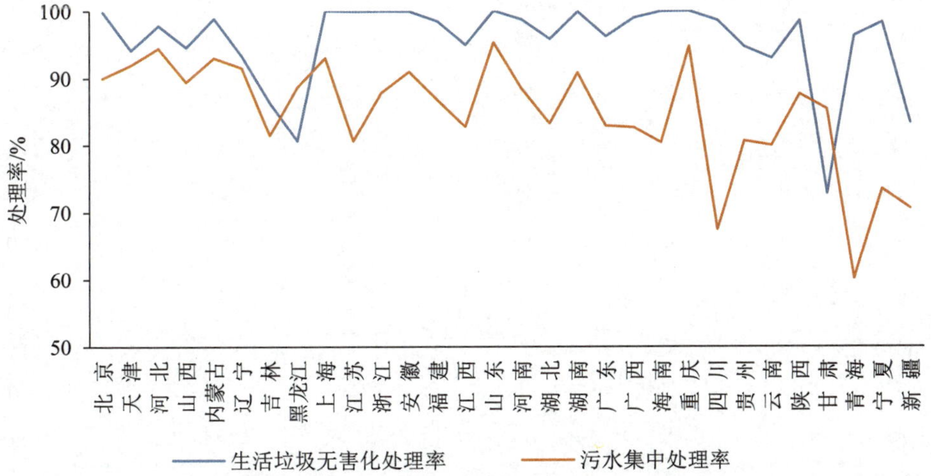

图 3-40　2016 年各省（区、市）生活垃圾无害化处理及污水集中处理差异及变化

（三）环境质量改善指标

环境质量改善指数二级指标更为具体地反映了地区空气、水、土壤的状况。其中，空气质量优良天数比例和 PM_{10} 下降率表征了各省（区、市）空气质量状况；地表水好于Ⅲ类水体比例和地表水劣Ⅴ类水体比例表征了各省（区、市）水体质量状况；单位耕地面积化肥使用量和单位耕地面积农药使用量表征了各省（区、市）土壤质量状况。2016年各省（区、市）的环境质量改善指标状况如表 3-3 所示。

表 3-3　2016 年各省（区、市）环境质量改善指标状况

省（区、市）	空气质量优良天数比例/%	PM_{10} 浓度下降/%	地表水好于Ⅲ类水体比例/%	地表水劣Ⅴ类水体比例/%	单位耕地面积农药使用量/（kg/hm^2）	单位耕地面积化肥使用量/（kg/hm^2）
北　京	54.1	9.8	48.6	39.9	13.8	446.2
天　津	61.7	11.2	20.0	50.0	7.9	488.8
河　北	56.6	9.6	58.7	22.9	12.7	508.8
山　西	67.9	−11.2	48.0	28.0	7.7	288.6
内蒙古	86.0	12.5	50.0	22.5	3.7	253.5
辽　宁	77.6	15.1	18.0	19.1	12.1	297.6
吉　林	82.0	19.3	67.0	17.6	9.3	334.0
黑龙江	91.5	16.4	64.5	5.8	5.3	159.5
上　海	75.4	14.5	16.2	34.0	21.3	480.3
江　苏	70.2	10.4	68.3	1.9	16.8	683.7
浙　江	83.1	10	77.4	2.7	27.8	427.8
安　徽	74.3	3.9	69.6	6.7	18.7	557.3
福　建	97.8	6.1	96.5	0.0	41.4	926.7
江　西	86.4	−5.9	81.4	1.0	29.9	460.6
山　东	68.2	8.4	50.5	9.0	19.5	600.1
河　南	53.6	5.2	51.1	19.1	15.9	881.5
湖　北	73.4	14.1	86.6	3.9	22.1	625.2
湖　南	81.3	8.4	89.7	1.0	29.4	594.0
广　东	92.7	5.1	80.3	8.5	43.5	1 001.0
广　西	93.5	8.2	94.8	1.0	17.4	596.4
海　南	99.4	11.4	91.8	1.8	54.9	700.4

省（区、市）	空气质量优良天数比例/%	PM_{10}浓度下降/%	地表水好于III类水体比例/%	地表水劣V类水体比例/%	单位耕地面积农药使用量/（kg/hm^2）	单位耕地面积化肥使用量/（kg/hm^2）
重　庆	82.2	11.5	79.1	4.6	7.4	403.6
四　川	78.8	1	63.2	10.9	8.7	369.8
贵　州	97.1	10.17	96.0	2.0	3.0	228.8
云　南	98.3	4.4	81.7	5.4	9.6	379.5
陕　西	62.9	−2.8	54.2	12.5	3.3	584.2
甘　肃	83.6	14.7	95.6	1.0	14.9	173.9
青　海	88.0	8.1	81.8	7.3	3.5	148.6
宁　夏	78.8	2.8	65.2	17.4	2.0	316.0
新　疆	67.0	13.5	97.6	1.2	5.3	479.7

从图3-41可以看出，在30个省（区、市）中，7个省全年比率大于90%，依次是海南、云南、福建、贵州、广东、黑龙江，其中，海南全年空气质量优良天数达99.4%；3个省（市）比例小于60%，依次是河南、北京、河北，其中，河南全年空气质量优良天数仅为53.6%。

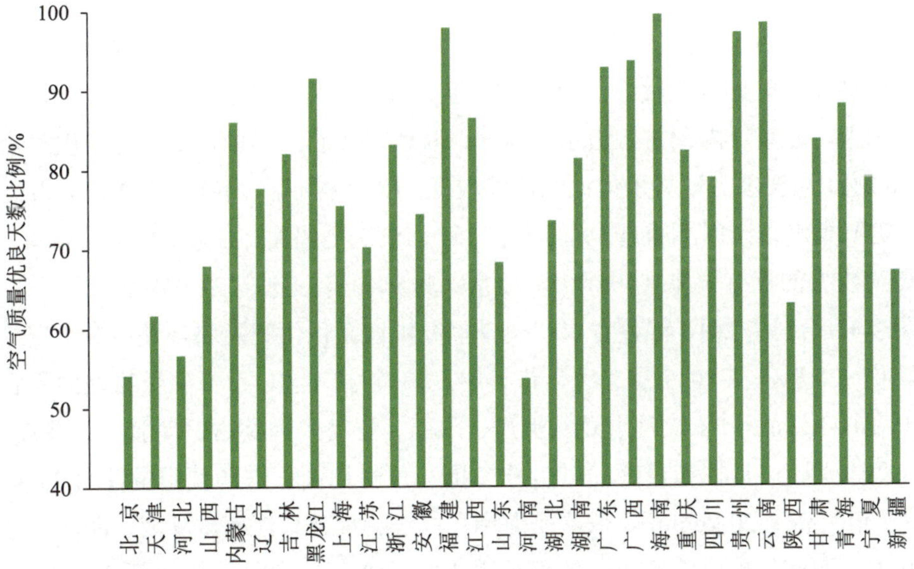

图3-41　2016年各省（区、市）空气质量优良天数比例

从图3-42来看，仅山西、江西、陕西3省下降率为负值，其余各省均为正值，说明

全国大部分省（区、市）对大气中 PM_{10} 的治理与控制成效显著。2016 年，有 14 个省（区、市）的下降率超过 10%，分别是吉林、黑龙江、辽宁、甘肃、上海、湖北、新疆、内蒙古、重庆、海南、天津、江苏、贵州和浙江，其中吉林 PM_{10} 下降率达 19.3%；山西、江西、陕西 3 省 PM_{10} 浓度不降反升，下降率分别为−11.2%、−5.9%和−2.8%。

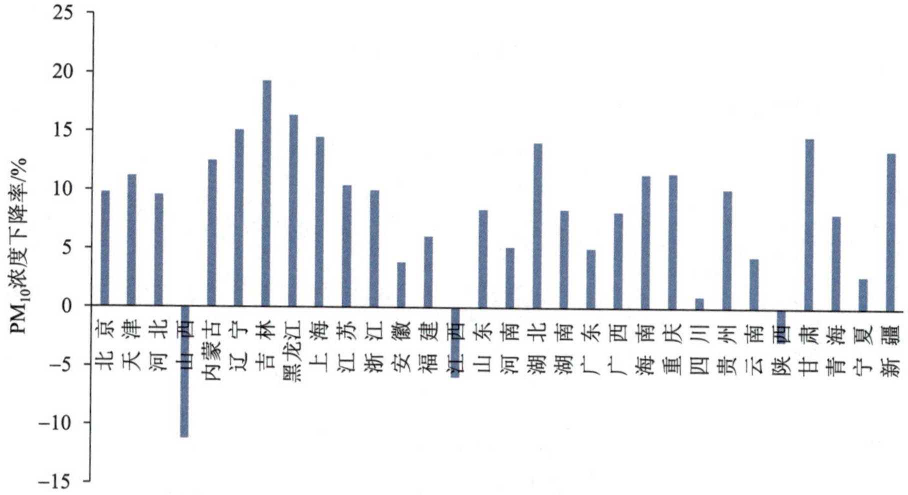

图 3-42　2016 年各省（区、市）PM_{10} 浓度下降率

从图 3-43 来看，在 30 个省（区、市）中，6 个省（区）地表水好于Ⅲ类水体比例大于 90%，依次是新疆、福建、贵州、甘肃、广西、海南，其中，新疆比例为 97.6%，说明全区地表水整体状况较好；10 个省（区、市）比例不足 60%，依次是上海、辽宁、天津、山西、北京、内蒙古、山东、河南、陕西、河北，其中，上海好于Ⅲ类水体比例仅为 16.2%。地表水劣Ⅴ类水体比例整体较低，18 个省（区、市）低于 10%，占比 60%，其中，劣Ⅴ类水体比例不超过 1%的省有 5 个，依次是福建、甘肃、广西、湖南、江西；比例高于 30%的仅有天津（50.0%）、北京（39.9%）和上海（34.0%）。

图 3-44 绘制了 2016 年各省（区、市）单位耕地面积化肥及农药使用量情况。从 2016 年土壤状况来看，在 30 个省（区、市）中，13 个省（区、市）单位耕地面积农药使用量小于 10.0 kg/hm^2，依次是宁夏、贵州、陕西、青海、内蒙古、新疆、黑龙江、重庆、山西、天津、四川、吉林和云南，其中，宁夏的单位耕地面积农药使用量仅为 2.0 kg/hm^2；8 个省（市）高于 20 kg/hm^2，依次是海南、广东、福建、江西、湖南、浙江、湖北和上海，其中，海南的单位面积农药使用量达 54.9 kg/hm^2。在单位耕地面积化肥使用量上，7 个省（区）小于 300 kg/hm^2，依次是青海、黑龙江、甘肃、贵州、内蒙古、山西和辽宁，其中，青海单位耕地面积化肥使用量为 148.6 kg/hm^2；4 个省高于 700 kg/hm^2，依次是广东、福建、河南和海南，其中，广东单位耕地面积化肥使用量远高于黑龙江，为

1 001.0 kg/hm²。总体来讲，南方地区的农药和化肥使用量均高于北方地区，这与作物熟制有关系。

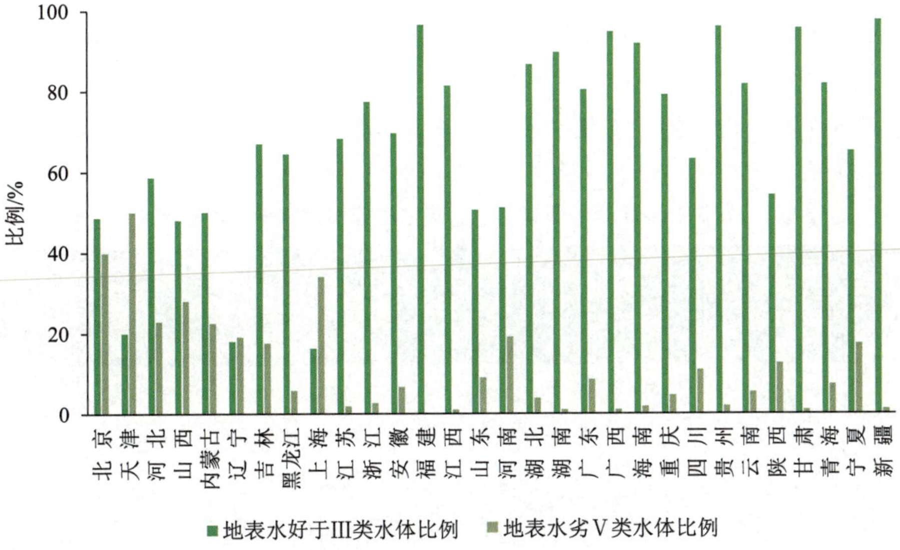

图 3-43　2016 年各省（区、市）地表水水体状况

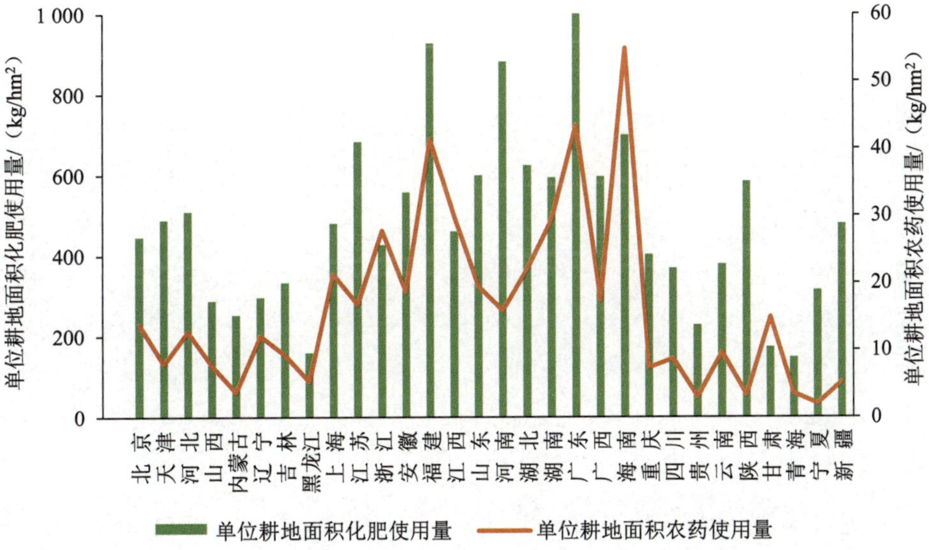

图 3-44　2016 年各省（区、市）单位耕地面积化肥及农药使用量

（四）生态保护水平指标

生态保护水平指标更为细化地反映了地区生态禀赋状况和生态保护状况。六项二级指标均为正向指标，其中，新增水土流失治理面积和森林蓄积量为绝对指标，森林覆盖率、草原面积、湿地和陆域自然保护区面积占行政区域面积的比重为结构相对指标。2016 年各省（区、市）的生态保护水平指标状况如表 3-4 所示。

表 3-4　2016 年各省（区、市）生态保护水平指标状况

省（区、市）	森林覆盖率/%	森林蓄积量/亿 m^3	草原面积/万 hm^2	湿地面积占行政区域面积的比重/%	陆域自然保护区面积占行政区域面积的比重/%	新增水土流失治理面积/万 hm^2
北　京	35.84	0.14	23.49	2.86	8.26	0.032
天　津	9.87	0.04	12.98	26.16	7.65	0.002
河　北	23.41	1.08	25.10	5.02	3.67	0.204
山　西	18.03	0.97	29.12	0.97	7.04	0.365
内蒙古	21.03	13.45	66.61	5.08	10.74	0.620
辽　宁	38.24	2.50	23.23	9.56	13.37	0.167
吉　林	40.38	9.23	31.17	5.32	13.48	0.194
黑龙江	43.16	16.45	16.56	11.31	16.78	0.379
上　海	10.74	0.02	11.64	73.75	5.3	0.000
江　苏	15.8	0.65	4.02	27.51	3.8	0.014
浙　江	59.07	2.17	31.08	10.88	1.68	0.022
安　徽	27.53	1.81	11.91	7.46	3.68	0.044
福　建	65.95	6.08	16.88	7.18	3.16	0.180
江　西	60.01	4.08	26.60	5.45	7.34	0.119
山　东	16.73	0.89	10.65	11.30	4.9	0.145
河　南	21.5	1.71	26.55	3.76	4.65	0.099
湖　北	38.4	2.87	34.17	7.77	5.7	0.124
湖　南	47.77	3.31	30.09	4.81	6.21	0.174
广　东	51.26	3.57	18.14	9.74	7.14	0.079
广　西	56.51	5.09	36.86	3.20	5.51	0.178
海　南	55.38	0.89	27.94	9.41	6.92	0.022
重　庆	38.43	1.47	26.23	2.52	10.04	0.166

省（区、市）	森林覆盖率/%	森林蓄积量/亿 m³	草原面积/万 hm²	湿地面积占行政区域面积的比重/%	陆域自然保护区面积占行政区域面积的比重/%	新增水土流失治理面积/万 hm²
四　川	35.22	16.80	42.34	3.63	17.08	0.470
贵　州	37.09	3.01	24.36	1.19	5.08	0.259
云　南	50.03	16.93	39.94	1.47	7.32	0.473
陕　西	41.42	3.96	25.32	1.50	5.5	0.460
甘　肃	11.28	2.15	39.40	3.73	20.94	0.201
青　海	5.63	0.43	50.35	11.27	30.14	0.130
宁　夏	11.89	0.07	45.39	3.12	8.03	0.088
新　疆	4.24	3.37	34.49	2.38	11.8	0.127

图 3-45 绘制了 2016 年各省（区、市）的森林资源状况。从森林状况指标来看，2016 年，在 30 个省（区、市）中，森林覆盖率高于 50%的省（区、市）有 7 个，依次是福建、江西、浙江、广西、海南、广东和云南，其中福建的森林覆盖率为 65.95%；森林覆盖率较低的 5 个省（区、市）依次是新疆、青海、天津、上海和甘肃，新疆的森林覆盖率仅为 4.24%。森林蓄积量排在前 5 名的省（区、市）依次是云南、四川、黑龙江、内蒙古、吉林，其中云南的森林蓄积量达 16.93 亿 m³；后 5 名的依次是上海、天津、宁夏、北京、青海，其中上海仅为 0.02 亿 m³。

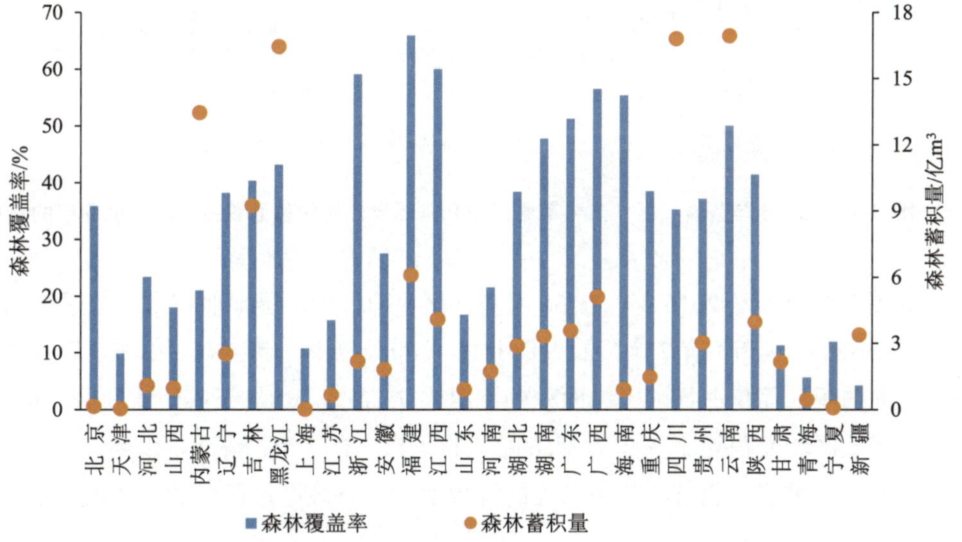

图 3-45　2016 年各省（区、市）森林资源状况

图 3-46 绘制了 2016 年各省（区、市）草原面积和陆域自然保护区面积占行政区域面积的比重的状况。从草原和自然保护区指标来看，2016 年，在 30 个省（区、市）中，草原面积排在前 5 名的省（区）依次是内蒙古、青海、宁夏、四川、云南；排在后 5 名的省（市）依次是江苏、山东、上海、安徽、天津。草原面积的省际差异较大，内蒙古（草原面积 66.61 万 hm^2）远高于江苏（草原面积为 4.02 万 hm^2），这与各省（区、市）所处的地理位置、区域内主要的地貌类型有关。陆域自然保护区面积占行政区域面积的比重排在前 5 名的省依次是青海、甘肃、四川、黑龙江、吉林；后 5 名的省依次是浙江、福建、河北、安徽、江苏。另外，陆域自然保护区面积占行政区域面积的比重省际差异较大，青海（陆域自然保护区面积占行政区域面积的比重为 30.14%）远高于浙江（陆域自然保护区面积占行政区域面积的比重为 1.68%）。

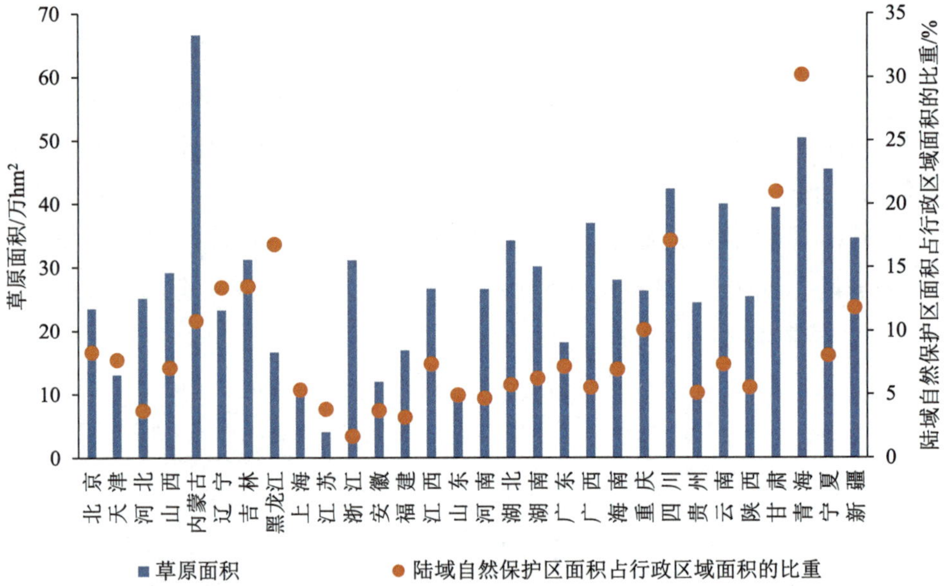

图 3-46 2016 年各省（区、市）草原面积和陆域自然保护区面积占行政区域面积的比重

从图 3-47 来看，2016 年，在 30 个省（区、市）中，湿地面积占行政区域面积的比重高于 10%的省（市）有 7 个，依次是上海、江苏、天津、黑龙江、山东、青海和浙江，其中上海的湿地面积占行政区域面积的比重为 73.75%，远高于其他省（区、市）；湿地面积占行政区域面积的比重低于 3%的省（区、市）有 7 个，依次是山西、贵州、云南、陕西、新疆、重庆、北京，其中山西的湿地面积占行政区域面积的比重仅为 0.97%。

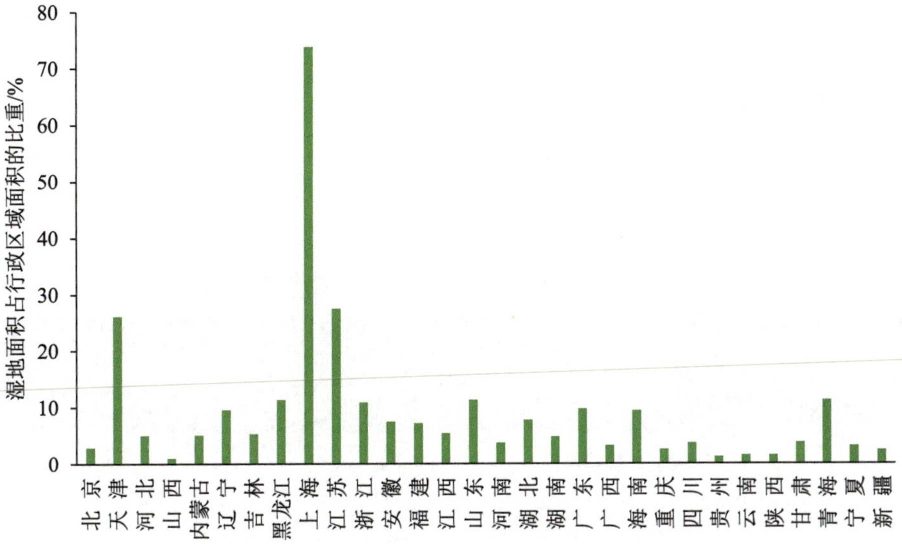

图 3-47　2016 年各省（区、市）湿地面积占行政区域面积的比重

从图 3-48 来看，2016 年，在 30 个省（区、市）中，新增水土流失治理面积排在前 5 名的省（区）依次是内蒙古、云南、四川、陕西、黑龙江，其中内蒙古高达 0.62 万 hm^2；排在后 5 名的省（市）依次是上海、天津、江苏、海南和浙江，其中，上海无新增水土流失治理面积，其他 4 个省（市）也均不高于 0.03 万 hm^2。

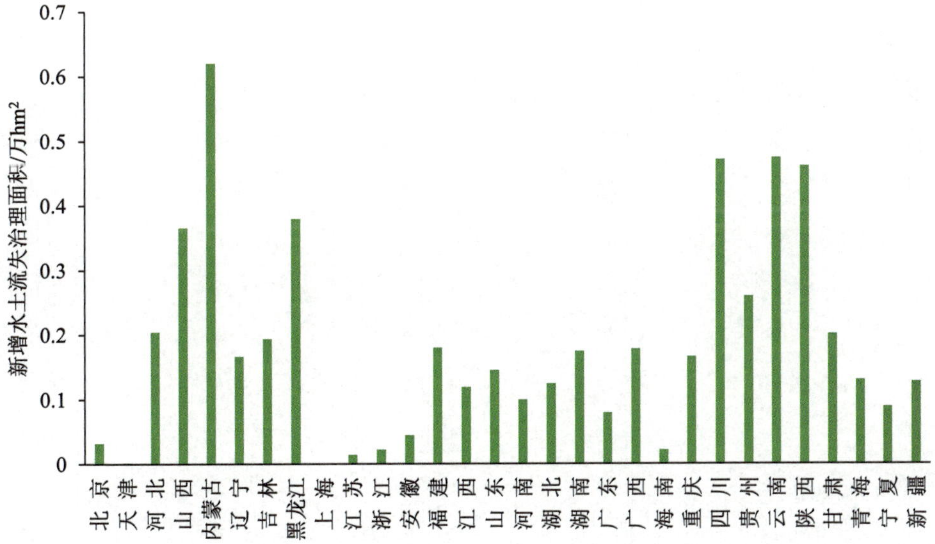

图 3-48　2016 年各省（区、市）新增水土流失治理面积

（五）经济增长质量指标

经济增长质量二级指标主要包括人均 GDP 增长率、居民人均可支配收入、第三产业增加值占 GDP 比重、六大高载能行业产值占工业总产值比重、研究与试验发展经费支出占 GDP 比重。2016 年各省（区、市）的经济增长质量具体指标值如表 3-5 所示。

表 3-5　2016 年各省（区、市）经济增长质量各指标状况

省（区、市）	人均 GDP 增长率/%	居民人均可支配收入/（万元/人）	第三产业增加值占 GDP 比重/%	六大高载能行业产值占工业总产值比重/%	研究与试验发展经费支出占 GDP 比重/%
北　京	6.3	5.25	80.23	28.10	0.99
天　津	7.5	3.41	56.44	29.48	1.96
河　北	6.1	1.97	41.54	40.45	0.96
山　西	4	1.90	55.45	69.18	0.75
内蒙古	6.8	2.41	43.78	51.63	0.71
辽　宁	−2.3	2.60	51.55	30.58	1.09
吉　林	7.3	2.00	42.45	22.23	0.61
黑龙江	6.5	1.98	54.04	21.98	0.58
上　海	7	5.43	69.78	17.63	1.74
江　苏	7.5	3.21	50.00	26.03	2.14
浙　江	6.8	3.85	50.99	24.50	1.98
安　徽	7.7	2.00	41.05	26.80	1.52
福　建	7.5	2.76	42.88	24.03	1.35
江　西	8.4	2.01	41.97	37.50	0.97
山　东	6.7	2.47	46.68	29.38	2.08
河　南	7.6	1.84	41.78	33.65	1.01
湖　北	7.5	2.18	43.94	25.28	1.37
湖　南	7.3	2.11	46.37	31.23	1.25
广　东	6.2	3.03	52.01	18.65	2.07
广　西	6.3	1.83	39.56	35.10	0.45
海　南	6.7	2.07	54.25	31.33	0.20
重　庆	9.6	2.20	48.13	20.35	1.34
四　川	7	1.88	47.23	27.15	0.78

省（区、市）	人均 GDP 增长率/%	居民人均可支配收入/（万元/人）	第三产业增加值占 GDP 比重/%	六大高载能行业产值占工业总产值比重/%	研究与试验发展经费支出占 GDP 比重/%
贵　州	9.8	1.51	44.67	49.43	0.47
云　南	8	1.67	46.68	48.88	0.50
陕　西	7.1	1.89	42.35	37.80	0.95
甘　肃	7.2	1.47	51.41	55.10	0.71
青　海	7.1	1.73	42.81	68.05	0.30
宁　夏	7	1.88	45.40	56.38	0.76
新　疆	5.3	1.84	45.12	44.10	0.41

图 3-49 绘制了 2016 年各省（区、市）人均 GDP 增长率和居民人均可支配收入状况。从人均 GDP 增长率来看，2016 年在 30 个省（区、市）中，贵州、重庆、江西、云南、安徽的增长率较高，贵州的人均 GDP 增长率更是高达 9.8%；广东、河北、新疆、山西、辽宁的增长率较低，辽宁的人均 GDP 增长率为−2.3%，经济形势不容乐观。从居民人均可支配收入来看，上海、北京、浙江、天津、江苏的居民可支配收入较高，生活较为富裕，新疆、青海、云南、贵州、甘肃的居民可支配收入较低。

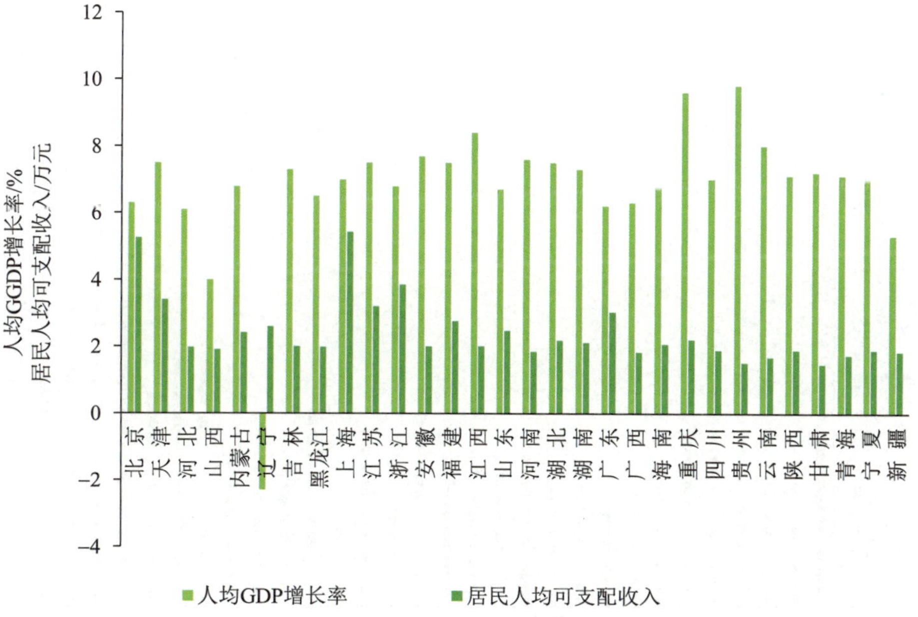

图 3-49　2016 年各省（区、市）人均 GDP 增长率和居民人均可支配收入状况

从图 3-50 来看，2016 年 30 个省（区、市）中，第三产业增加值占 GDP 比重排在前 5 名的是北京、上海、天津、山西、海南，其中北京以 80.23%遥遥领先；排在后 5 名的是江西、河南、河北、安徽、广西，其中广西最低，为 39.56%，与北京的差异较大。

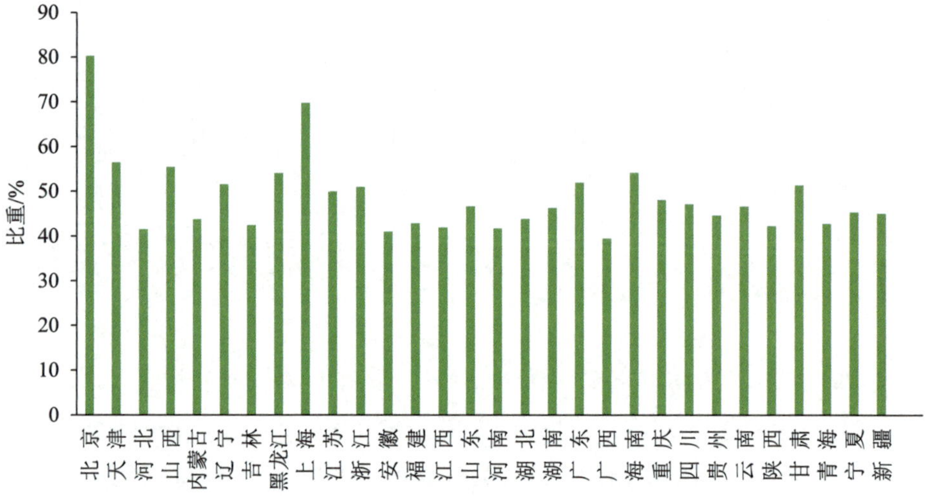

图 3-50　2016 年各省（区、市）第三产业增加值占 GDP 比重状况

从图 3-51 来看，2016 年 30 个省（区、市）中，排在前 5 名的省（区）依次是山西、青海、宁夏、甘肃、内蒙古；后 5 名的省（市）依次是吉林、黑龙江、重庆、广东、上海，其中上海六大高载能行业产值占工业总产值比重仅为 17.63%，各省（区、市）之间的差距较大。

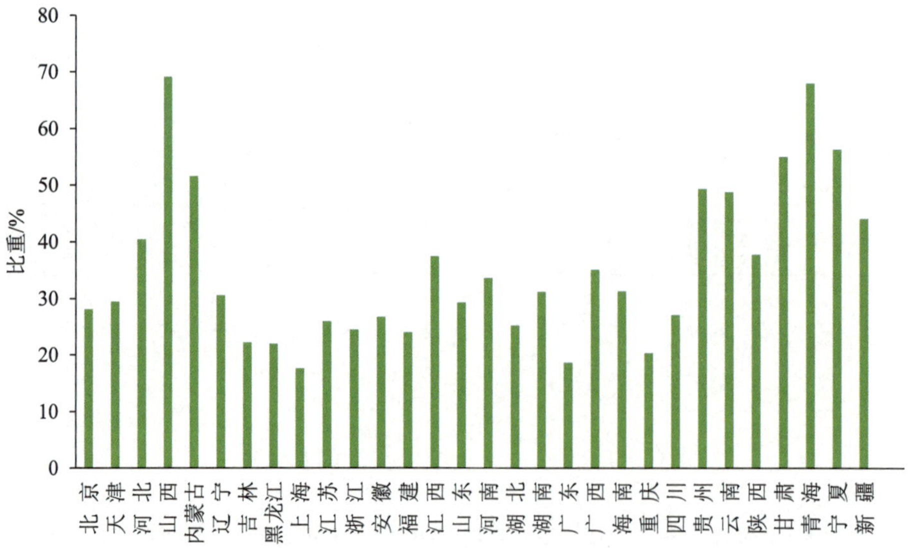

图 3-51　2016 年各省（区、市）六大高载能行业产值占工业总产值比重状况

从图 3-52 来看，2016 年 30 省（区、市）中，排在前 5 名的省（市）依次是江苏、山东、广东、浙江、天津，江苏排名最高，研究与试验发展经费支出占 GDP 比重为 2.14%；排在后 5 名的省（区）依次是海南、青海、新疆、广西和贵州，海南最低，占比仅为 0.2%。

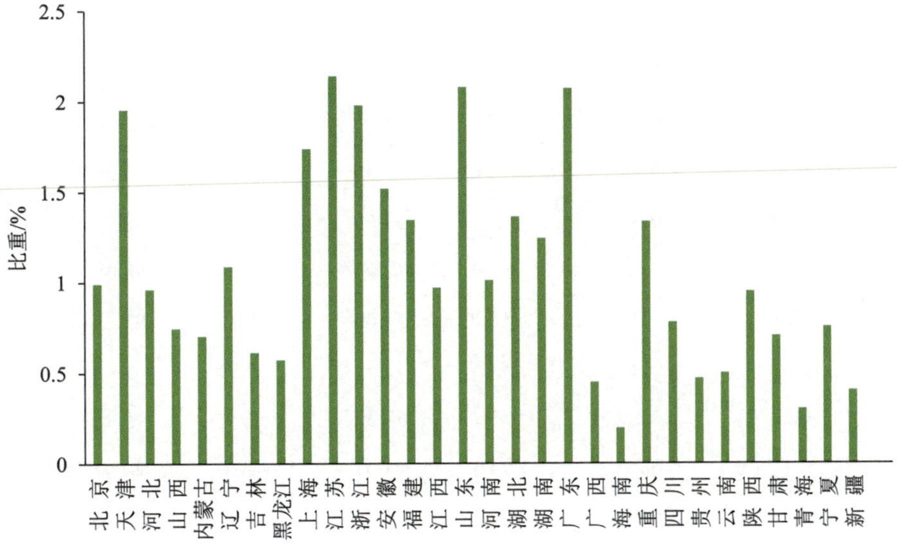

图 3-52　2016 年各省（区、市）研究与试验发展经费支出占 GDP 比重状况

（六）绿色生活水平指标

绿色生活水平指标主要包括人均日生活用水量、人均生活用电量、绿色出行（城镇每万人口公共交通客运量）、城市建成区绿化覆盖率、农村自来水普及率、农村卫生厕所普及率、人均绿地面积。2016 年各省（区、市）的绿色生活水平具体指数值如表 3-6 所示。

表 3-6　2016 年各省（区、市）绿色生活各指数状况

省（区、市）	人均日生活用水量/（m^3/人）	人均生活用电量/（10^3 kW·h/人）	绿色出行/（万人次/万人）	城市建成区绿化覆盖率/%	农村自来水普及率/%	农村卫生厕所普及率/%	人均绿地面积/（hm^2/万人）
北　京	0.22	0.72	338.22	48.40	99.60	98.75	37.79
天　津	0.10	0.63	115.74	37.22	99.30	93.68	21.38
河　北	0.10	0.48	24.91	40.80	91.05	72.05	11.44

省（区、市）	人均日生活用水量/（m^3/人）	人均生活用电量/（10^3 kW·h/人）	绿色出行/（万人次/万人）	城市建成区绿化覆盖率/%	农村自来水普及率/%	农村卫生厕所普及率/%	人均绿地面积/（hm^2/万人）
山　西	0.09	0.41	34.32	40.52	88.83	56.95	11.67
内蒙古	0.12	0.62	45.47	39.85	71.18	66.75	26.01
辽　宁	0.16	0.48	96.91	36.35	77.93	74.95	26.63
吉　林	0.14	0.30	62.70	34.97	93.30	76.75	17.05
黑龙江	0.11	0.40	66.71	35.35	76.85	77.20	20.28
上　海	0.28	0.51	239.35	38.60	100.00	98.75	53.24
江　苏	0.19	0.32	68.89	42.94	100.00	98.40	35.24
浙　江	0.23	0.29	68.52	41.02	100.00	97.75	27.61
安　徽	0.15	0.27	30.13	41.71	73.85	69.08	15.91
福　建	0.23	0.35	56.94	43.32	96.35	95.38	17.36
江　西	0.17	0.23	25.16	43.63	74.63	90.65	12.36
山　东	0.09	0.25	39.32	42.26	96.95	93.18	22.70
河　南	0.11	0.29	26.64	39.33	75.70	76.28	10.01
湖　北	0.24	0.35	66.31	37.60	81.68	84.58	13.97
湖　南	0.17	0.30	40.33	40.60	80.18	76.80	9.01
广　东	0.25	0.42	98.07	42.39	93.33	93.23	41.16
广　西	0.23	0.25	24.49	37.62	82.25	88.93	17.46
海　南	0.25	0.25	47.77	40.30	90.23	85.50	16.65
重　庆	0.18	0.41	104.86	40.76	93.63	67.55	19.61
四　川	0.17	0.26	49.20	39.90	70.18	80.28	12.17
贵　州	0.13	0.36	43.75	36.80	77.33	57.53	11.48
云　南	0.12	0.28	32.83	37.84	75.53	66.08	9.03
陕　西	0.12	0.42	70.65	40.14	48.90	56.38	15.39
甘　肃	0.09	0.29	43.89	31.50	75.45	73.13	10.09
青　海	0.13	0.43	63.69	31.12	83.78	67.60	10.37
宁　夏	0.09	0.37	62.07	40.43	90.05	73.08	37.17
新　疆	0.16	0.60	63.21	38.51	99.30	79.55	27.00

图 3-53 绘制了 2016 年各省（区、市）人均日生活用水量和人均生活用电量状况。

从人均日生活用水量来看，上海、广东、海南、湖北、浙江的人均日用水量较高，宁夏、甘肃、山东、山西、河北的人均日用水量较低。各省（区、市）间的人均日生活用水量差异较大，上海（人均日用水量为 0.28 m³/人）的用水量超过最后一名（人均日用水量为 0.09 m³/人）的两倍。从人均生活用电量来看，北京、天津、内蒙古、新疆、上海的消耗量较大，江西、海南、广西、山东、四川的数值较小。省（区、市）之间的差异较大，北京（人均生活用电量为 0.72×10^3 kW·h/人）超过江西（人均生活用电量为 0.23×10^3 kW·h/人）的两倍。

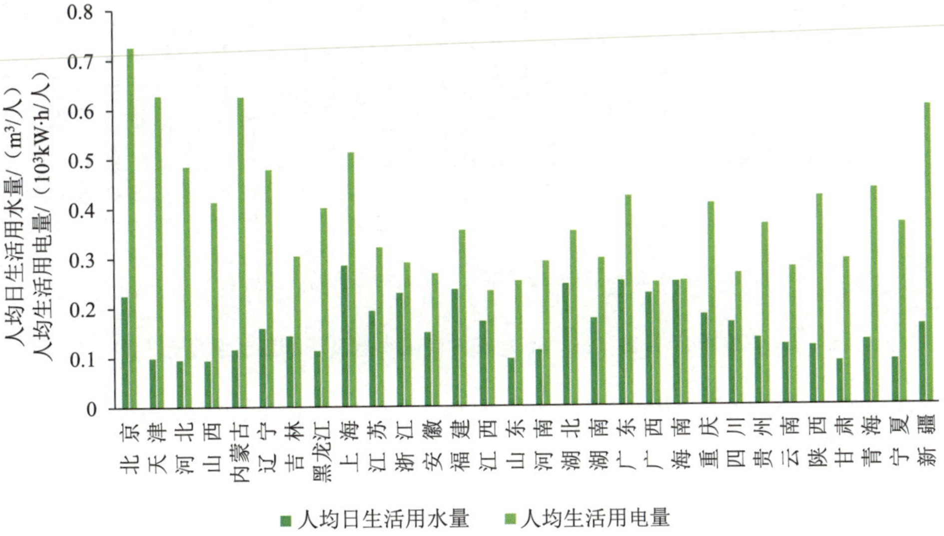

图 3-53　2016 年各省（区、市）人均日生活用水量和人均生活用电量状况

图 3-54 绘制了 2016 年各省（区、市）农村自来水普及率和卫生厕所普及率状况。从农村自来水普及率来看，上海、江苏、浙江、北京、天津的普及率较高，且上海、江苏、浙江 3 省（市）的农村自来水普及率均达到 100.00%；江西、安徽、内蒙古、四川、陕西的普及率较低，陕西的普及率最低，仅有 48.90%。从农村卫生厕所普及率来看，北京、上海、江苏、浙江、福建的普及率较高，内蒙古、云南、贵州、山西、陕西的普及率较低，其中北京和上海的普及率最高，均达到 98.75%，陕西的普及率最低，为 56.38%。综合来看，上海、北京、江苏、浙江的农村基础设施较为完善，发展较好，陕西、内蒙古、安徽、云南的农村发展较为落后。

从图 3-55 来看，2016 年在 30 个省（区、市）中，北京、上海、天津、重庆、广东的绿色出行量较多，广西、河北、江西、河南、安徽的绿色出行量较少。省（区、市）间的差异较大，北京、上海的绿色出行量要远超其他省（区、市），北京的绿色出行量最大，达到 338.22 万人次/万人，广西的绿色出行量最低，仅为 24.49 万人次/万人，北京的绿色出行量要超过广西的 12 倍。

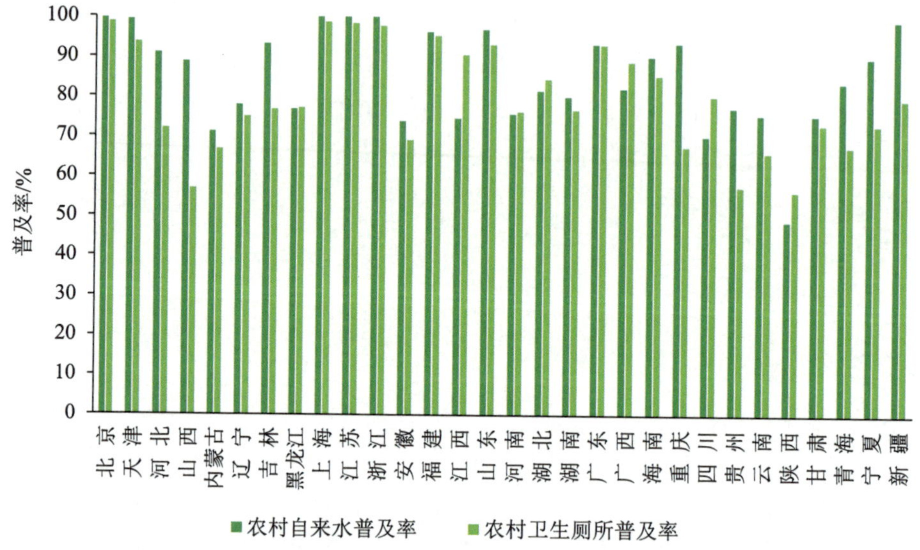

图 3-54　2016 年各省（区、市）农村自来水普及率和卫生厕所普及率状况

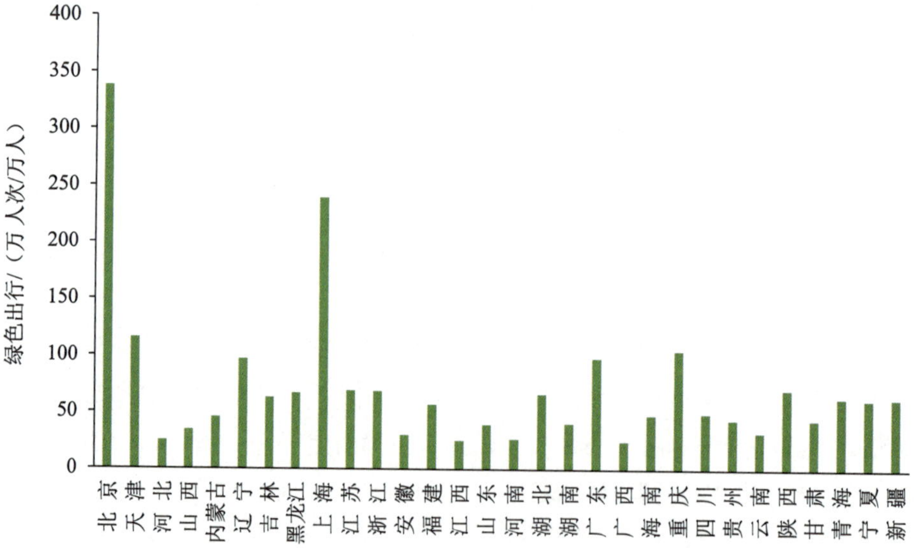

图 3-55　2016 年各省（区、市）绿色出行状况

图 3-56 绘制了 2016 年各省（区、市）城市建成区绿化覆盖率和人均绿色面积状况。从城市建成区绿化覆盖率来看，2016 年在 30 个省（区、市）中，北京、江西、福建、江苏、广东的城市建成区绿化覆盖率较高，辽宁、黑龙江、吉林、甘肃、青海的城市建

成区绿化覆盖率较低。北京的城市建成区绿化覆盖率最高，为 48.40%，青海的城市建成区绿化覆盖率最低，为 31.12%。从人均绿地面积来看，上海、广东、北京、宁夏、江苏的人均量较高，青海、甘肃、河南、云南、湖南的人均绿地面积较低。省（区、市）间差异较大，上海的人均绿地面积最大，为 53.24 hm^2/万人，湖南的人均绿地面积最低，仅为 9.01 hm^2/万人。

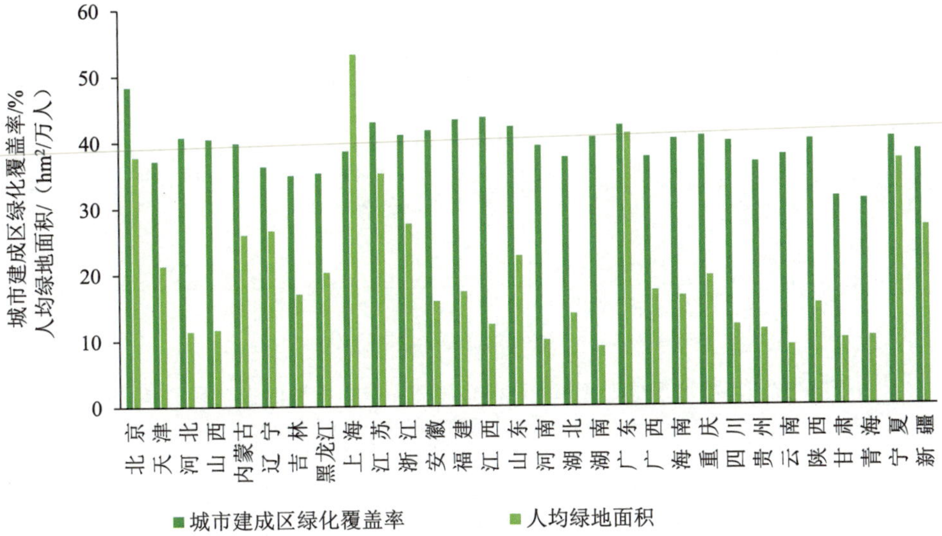

图 3-56　2016 年各省（区、市）城市建成区绿化覆盖率和人均绿色面积状况

五、相关问题讨论

根据本报告计算出的 2013—2016 年 30 个省（区、市）的绿色发展指数，我们可以根据各一级指数间的关系，对一些问题做出回答。

（一）环境治理提升速率与环境质量改善

为观察环境治理提升速率与环境质量改善之间的关系，取 30 个省（区、市）2013—2016 年环境治理提升速率指数和环境质量改善指数的 4 年平均值绘制散点图(图 3-57)。我们把环境治理提升速率指数作为横轴，环境质量改善指数作为纵轴，来观察环境治理提升速率指数的大小是否能与不同环境质量改善地区相对应。由图 3-57 可以看出，环境治理提升速率在不同环境质量改善地区基本形成了有针对性的差异化格局。也就是说，环境质量改善越差的省（区、市），环境治理提升速率的力度越强。并且，从 4 个象限的分布来看，没有省（区、市）分布在第三象限，即已不存在环境质量改善很差但环境治理提升速率依然很弱的情况。

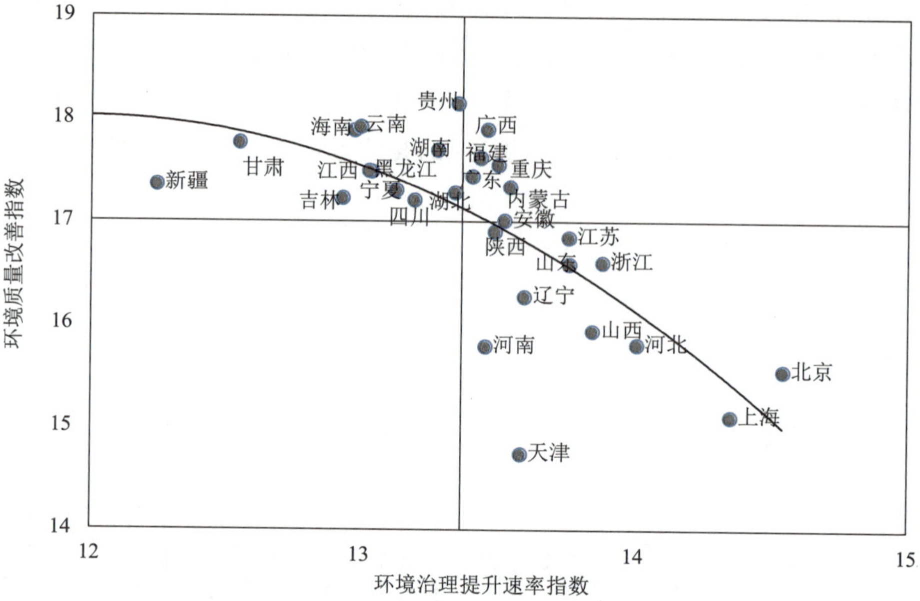

图 3-57　环境治理提升速率指数与环境质量改善指数的省（区、市）分布

具体而言，2013—2016 年，广东、福建、广西、内蒙古、重庆、安徽的环境质量改善较好，环境治理提升速率较快；青海、新疆、甘肃、海南、云南、黑龙江、吉林、宁夏、江西、湖北、四川、贵州、湖南的环境质量改善较好，环境治理提升速率相对慢一些；北京、上海、山西、天津、河北、河南、辽宁、浙江、山东、江苏、陕西的环境质量改善缓慢，环境治理提升速率较快。总体来说，东部地区经济发达省（区、市）的环境质量改善不足，环境治理提升速率较快；西部地区经济落后省（区、市）的环境质量改善较好，环境质量本底优良，环境治理提升速率相对缓慢。

本报告计算的环境治理提升速率指数考虑了主要污染物排放的下降程度以及生活污水、垃圾等方面的处理程度，能够比较综合地反映一个地区环境治理的努力程度。为环境治理力度的变化是否对整体环境质量的改善起到了明显的促进作用，本报告基于 2013—2016 年的数据分别计算环境治理提升速率指数和环境质量改善指数的年度变化率（横轴为环境治理提升速率指数的累计增长率，纵轴为环境质量改善指数的累计增长率），通过散点图来观察两者的关系（图 3-58）。虽然未进行严谨的实证分析，但是这样的统计观察至少能够说明两者间存在比较明显的正相关关系。基于散点图的拟合，可以发现环境治理提升速率变化与环境质量改善变化存在比较明显的正向关系，说明环境治理力度的强化对整体环境质量的改善发挥了一定的作用。但是，同时也可以看出，环境治理提升速率对整体环境质量的改善效应依然有待进一步释放。也就是说，图 3-58 中环境质量改善指数与环境治理提升速率指数的斜率需要进一步提升。当然，这种关系也可能来源于以下两个方面：一是环境治理提升速率在2013年后，尤其是新《环境保护法》修订后才出现大幅的提升，环境治理的效果在图3-58的样本期间尚未显著呈现；二是环境质量测度的是大气、水和土壤等方面的综合状况，相对于大气环境治理，水和土壤的治理在时间上相对滞后。因此，我们认为随着环境治理进一步的推进，环境治理提升速率与环境质量改善的正相关关系将更加显著。

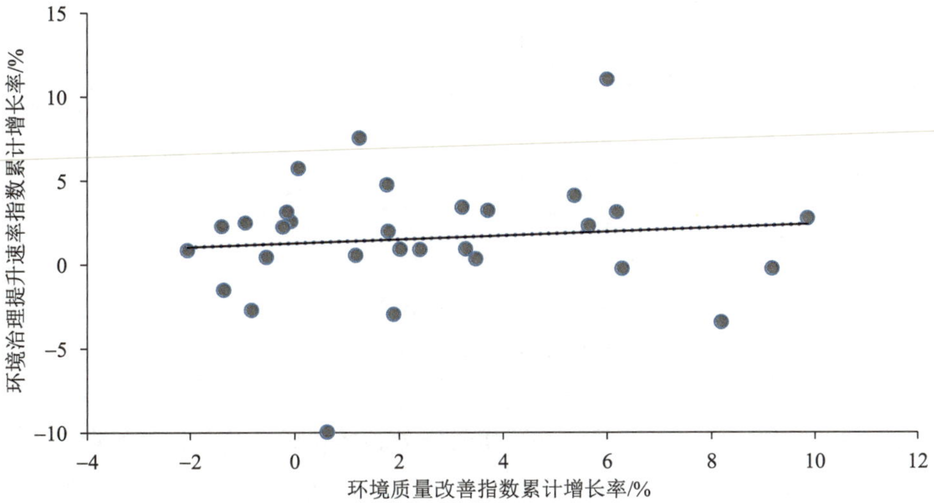

图3-58 环境治理提升速率指数与环境质量改善指数累计增长率的相关关系

（二）经济增长质量与环境质量改善

经济增长质量和环境质量改善是绿色发展的两个重要维度，实现经济和环境的双赢是绿色发展的基本目标。然而在绿色转型的过程中，往往会经历经济增长质量与环境质量改善的相持阶段。为分析经济增长质量与环境质量改善之间的关系，取30个省（区、市）2013—2016年经济增长质量指数和环境质量改善指数的4年平均值绘制散点图（图3-59），其中，横轴为经济增长质量指数，纵轴为环境质量改善指数。根据经济增长质量和环境质量改善状况，可以将30个省（区、市）划分为四类地区：一是环境与增长双赢型，即经济增长质量指数和环境质量改善指数都较高，如广东、重庆、福建、湖北、湖南、安徽；二是环境质量短板型，即增长经济质量指数较高，但是环境质量改善指数较低，如上海、北京、天津、浙江、江苏、山东；三是经济增长质量短板型，即环境质量改善指数较高，但经济增长质量指数较低，大部分的西部省（区、市）都属于该类，如青海、贵州、甘肃、云南、宁夏、内蒙古、新疆、广西、江西、吉林、四川、黑龙江、海南；四是环境与增长相持型，即经济增长质量指数较低，环境质量改善指数也比较低，如山西、河北、河南、辽宁、陕西。

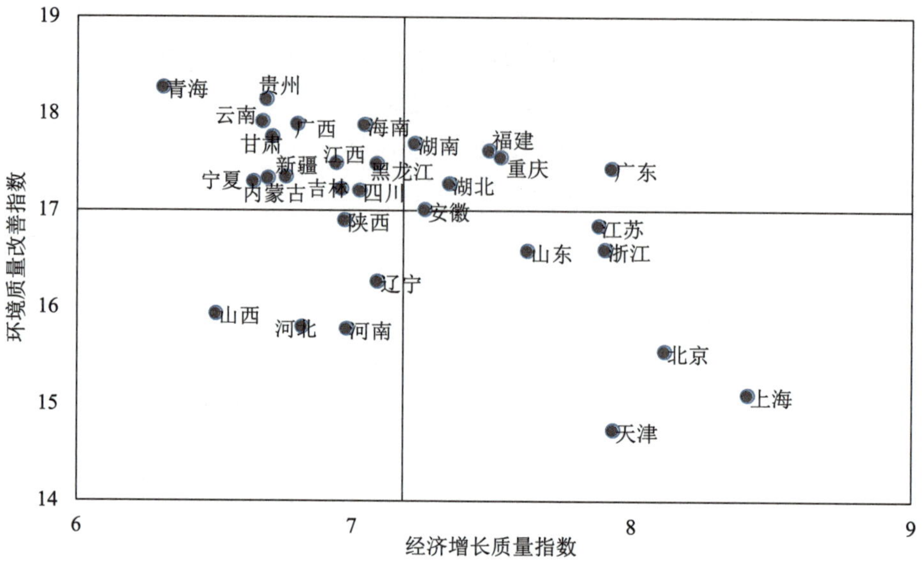

图 3-59　经济增长质量与环境质量改善之间的关系

通过对 30 个省（区、市）经济增长质量指数和环境质量改善指数的观察，可以发现，在部分省（区、市）实现高环境质量改善和高经济增长质量的同时，仍然有一些省（区、市）尚未在经济增长质量和环境质量改善间实现平衡。为了进一步观察经济增长质量与环境质量改善的关系，我们进一步考察经济增长质量指数年度增长率与环境质量改善指数年度增长率的关系（横轴为环境质量改善累计增长率，纵轴为经济增长质量累计增长率）。从图 3-60 可以看出，环境质量改善指数变化与经济增长质量指数变化呈现正相关相关关系，这在某种程度上能够反映出经济增长与环境质量改善的协同推进。

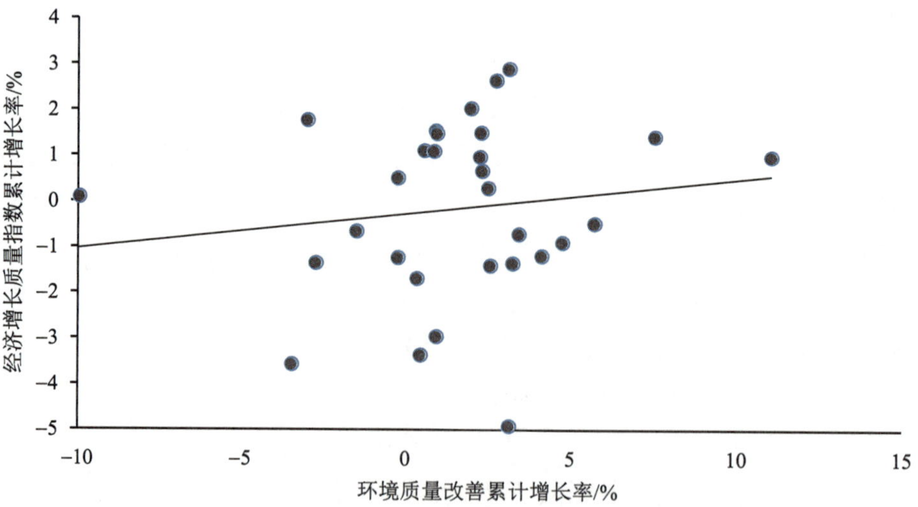

图 3-60　经济增长质量指数与环境质量改善指数累计增长率的相关关系

六、主要结论

基于2013—2016年30个省（区、市）绿色发展指数的测算和分析，可以得出如下几个方面的基本结论。

（一）绿色发展总体进展较为明显

从全国平均水平来看，绿色发展综合指数由2013年的81.17上升到2016年的81.58。其中东部地区的绿色发展指数由81.77上升到82.29，中部地区由80.95上升到81.42，西部地区由80.74上升到81.00。从时间段来看，2014年，绿色发展出现暂时性下降，但是2014—2016年，绿色发展指数呈现大幅上升趋势，绿色发展成效较为明显。

（二）东部地区的绿色发展水平整体领先于中西部地区

分区域来看，东中西部地区的绿色发展指数存在一定差异，地域分化特征明显，且相互间的差距拉大。从绿色发展的一级指数来看，这种差距主要体现在经济增长质量指数和资源利用提升速率指数上。2016年东部地区的资源利用提升速率指数均值为24.54，分别比中部和西部地区高0.7%和0.1%。2016年东部地区的经济增长质量指数均值为7.67，分别比中部和西部地区高8.0%和12.6%。但是中西部地区在环境质量改善和生态保护水平上相对于东部地区具有一定的优势。

（三）省际的绿色发展水平呈现分化趋势

从30个省（区、市）绿色发展综合指数变化的趋势来看，省际的差异逐步拉大。在省（区、市）发展动态上，在大部分省（区、市）的发展指数得到明显提升的同时，依然有个别省（区、市）的绿色发展出现退化。这种绿色发展的整体变化突出表现在环境治理提升速率、经济增长质量两方面。在环境治理提升速率指数上，最低值由2013年的11.22上升到2016年的12.25，最高值则由2013年的13.91上升到2016年的15.26。在经济增长质量指数上，最低值由2013年的6.38下降到2016年的6.30，最高值则由2013年的8.29上升到2016年的8.53。最低值和最高值持续拉大，反映了省际绿色发展水平的分化趋势。

（四）绿色发展各个维度的进展存在不平衡特征

除上述分析呈现的地区间和省际绿色发展存在的较大差异之外，不同省（区、市）在不同的绿色发展维度上也存在比较明显的差别，反映出了绿色发展的不平衡特征。从绿色发展各个一级指标来看，不同领域的进展差别明显。2013—2016 年，各地区在环境治理提升速率和绿色生活水平领域的进展明显。环境质量改善、经济增长质量和生态保护水平方面的进展虽然存在进展，但是相对而言并不突出。而各地区在资源利用提升速率方面的进展甚至出现退化。此外，每个省（区、市）都在本报告测度的资源利用提升速率、环境治理提升速率、环境质量改善、生态保护水平、经济增长质量和绿色生活水平领域或多或少地存在突出的短板。这种各维度变化趋势的较大差异，反映了绿色发展进程的不平衡特征。

（五）环境治理提升对环境质量的改善效应显现

通过环境质量改善指数与环境治理提升速率指数关系的分析发现，当前我国基本上形成了针对环境质量高低不同的差异有序的环境治理格局，即环境质量改善越不足的地区，环境治理提升速率越快，且已不存在环境质量改善较差但环境治理提升速率缓慢的情况。环境治理提升速率指数和环境质量改善指数年度变化的正向关系，说明随着环境治理提升速率力度的逐步加大，其对环境质量改善的促进作用日益显现。

（六）环境与增长的协调在挑战中前进

实现环境与经济的双赢是绿色发展的基本要求。基于经济增长质量指数和环境质量改善指数的关系，我们发现，仅有个别省（区、市）在实现经济增长质量提升的同时保持环境质量改善。大部分省（区、市）要么存在环境质量改善短板，要么存在经济增长质量短板，同时还有几个省（区、市）存在环境质量改善和经济增长质量的双重短板。这表明我国大部分省（区、市）仍然处于经济增长和环境质量改善的相持阶段，环境质量改善和经济增长质量提升还未在全局层面实现相互促进的良性互动。与此同时，部分省（区、市）已经实现经济增长质量与环境质量改善的协调，这也说明了生态环境保护与经济增长能够在协调中前进。从经济增长质量与环境质量改善年度变化的相关关系来看，环境质量改善指数变化与经济增长质量指数变化呈现正相关关系，这在某种程度上能够反映出经济增长与环境质量改善的协同推进。

第四章 区域性省际绿色发展变动趋势

通过第三章的分析，我们发现各省（区、市）的绿色发展都具有自身的特征。为了进一步识别各省（区、市）在绿色发展具体领域面临的优势和挑战，本章针对每个省（区、市）的绿色发展进行深入剖析。由于在各类别中，资源利用提升速率、环境治理提升速率、环境质量改善和经济增长质量的权重较大，且变化趋势比较明显，为此本章主要针对这 4 个一级指数的相关指标进行具体分析。

一、华北五省（区、市）

（一）北京市

从图 4-1 可以看出，2013—2016 年北京市绿色发展指数在波动中有所增长，环境治理提升速率呈现增长态势，反映出了环境治理力度的提升。由于权重的原因，生态保护水平和经济增长质量指数虽然所占比重较低，但是其呈现上升态势。相比较而言，资源利用提升速率和绿色生活水平方面的进展稍显滞后。

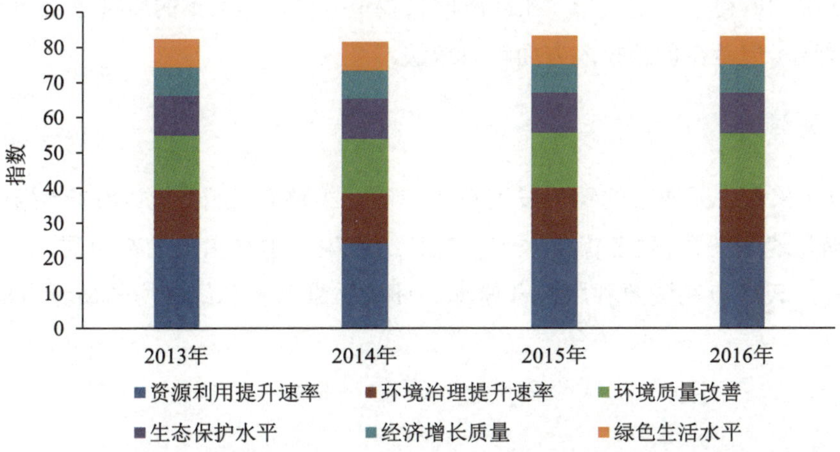

图 4-1 2013—2016 年北京市绿色发展指数的变化趋势

根据各一级指数所包含的指标内容，资源利用提升速率指标可以归纳为能源、水资源、土地资源利用以及固体废物利用 4 个方面。环境治理提升速率指标主要反映的是水污染物、空气污染物的减排情况和环境基础设施建设情况。环境质量改善指标综合反映空气质量、水环境质量和耕地环境质量。经济增长质量指数反映经济增长、经济结构和创新情况。北京市各绿色发展分类指数的情况如图 4-2 所示。

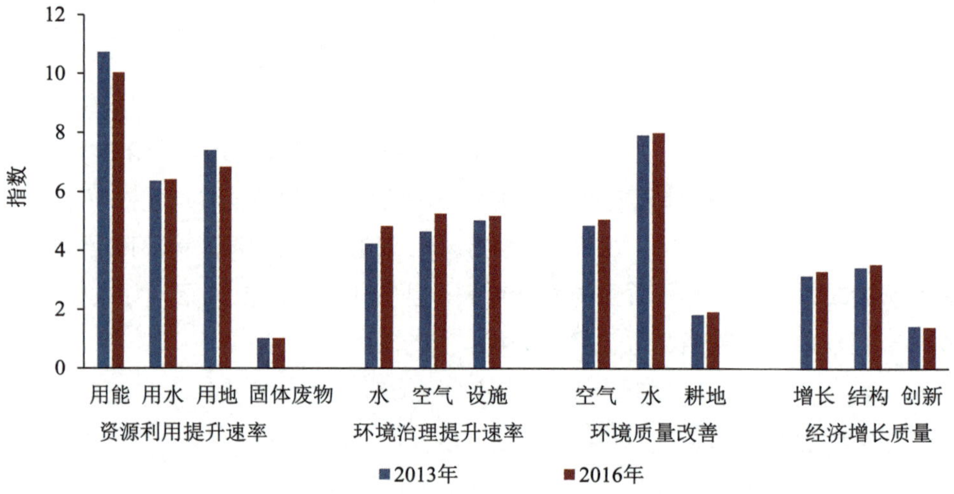

图 4-2　2013 年和 2016 年北京市各绿色发展分类指数的情况

在资源利用提升速率方面，除水资源外，北京市在能源、土地资源利用和固体废物利用方面都呈现了下降趋势，综合反映了资源利用提升速率的减缓。在环境治理提升速率方面，2016 年北京市在空气污染物控制和水污染控制方面均取得了明显的进步，同时环境基础设施有所改善。在环境质量改善方面，相对于 2013 年，北京市的空气、水和耕地质量状况均取得了一定改善。在经济增长质量方面，北京市的经济增长和产业结构都取得了提升，但是在创新投入方面略有放缓。

（二）天津市

从图 4-3 来看，天津市的绿色发展总体在波动中略有上升。与 2013 年相比，其在环境治理提升速率指数、生态保护水平指数和绿色生活水平指数上都取得了一定进展。相比较而言，天津市在资源利用提升速率、环境质量改善和经济增长质量方面的进展稍显滞后。

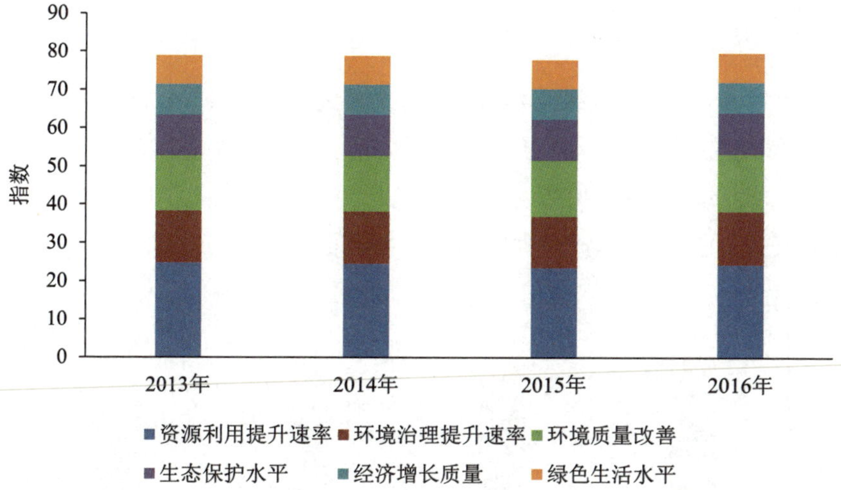

图 4-3　2013—2016 年天津市绿色发展指数的变化趋势

天津市各绿色发展分类指数的情况如图 4-4 所示。在资源利用提升速率方面，天津市在能源和固体废物利用上呈现上升趋势，反映了其在能源消耗领域取得明显进展。然而，其在土地资源和水资源利用方面减缓，说明其在用水和用地方面具有较大的潜力。在环境治理提升速率方面，2016 年天津市在水污染物控制和空气污染物控制方面取得了进步，但在环境基础设施方面的努力仍然不够。在环境质量改善方面，相对于 2013 年，天津市的空气、水和耕地污染状况均得到了改善，其中空气和水环境质量的改善最为明显。在经济增长质量方面，天津市的经济增长结构得到了优化，但是在产业结构和创新投入方面相对滞后。

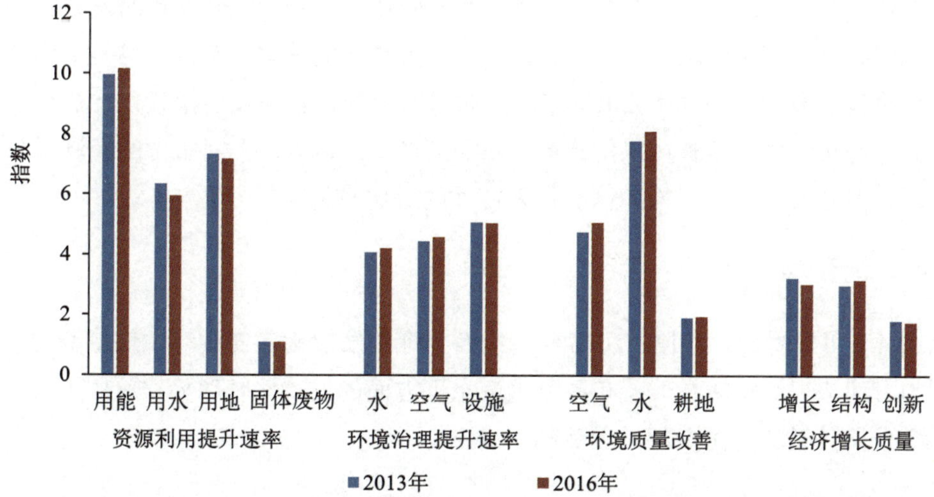

图 4-4　2013 年和 2016 年天津市各绿色发展分类指数的情况

（三）河北省

从图 4-5 可以看出，河北省绿色发展指数总体上呈现上升趋势，环境治理提升速率、环境质量改善和绿色生活水平呈现出明显增长态势，反映出了环境治理力度提升和生态环境质量改善。此外，2013—2016 年，河北省在经济增长质量方面的进展也较为明显。相比较而言，生态保护水平和资源利用提升速率方面的进展稍显滞后。

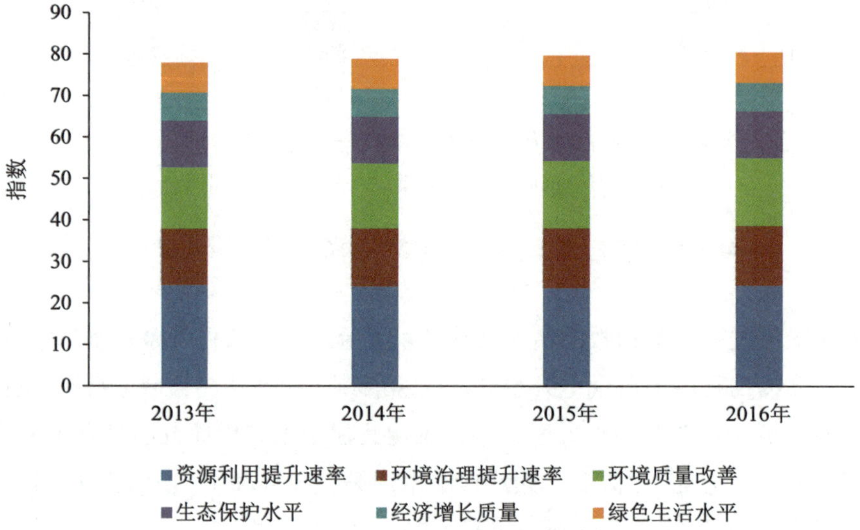

图 4-5　2013—2016 年河北省绿色发展指数的变化趋势

在资源利用提升速率方面，河北省在水资源和固体废物利用上呈现上升趋势，在土地资源和能源利用方面则进展缓慢；在环境治理提升速率方面，2016 年河北省在水污染物和空气污染物控制方面均取得了明显的进步，同时环境基础设施方面也得到明显改善；在环境质量改善方面，相对于 2013 年，河北省的空气、水环境质量改善均取得了大幅度的提升，耕地环境质量整体保持稳定；在经济增长质量方面，河北省的经济增长速度有所放缓，但是其在产业结构和创新投入方面的进展较为明显（图 4-6）。

（四）山西省

从图 4-7 可以看出，2013—2016 年，山西省绿色发展指数在波动中保持稳定，在资源利用提升速率、环境质量改善和绿色生活水平方面的波动比较明显。总体来看，山西省在绿色发展各领域的进展相对滞后和不稳定。

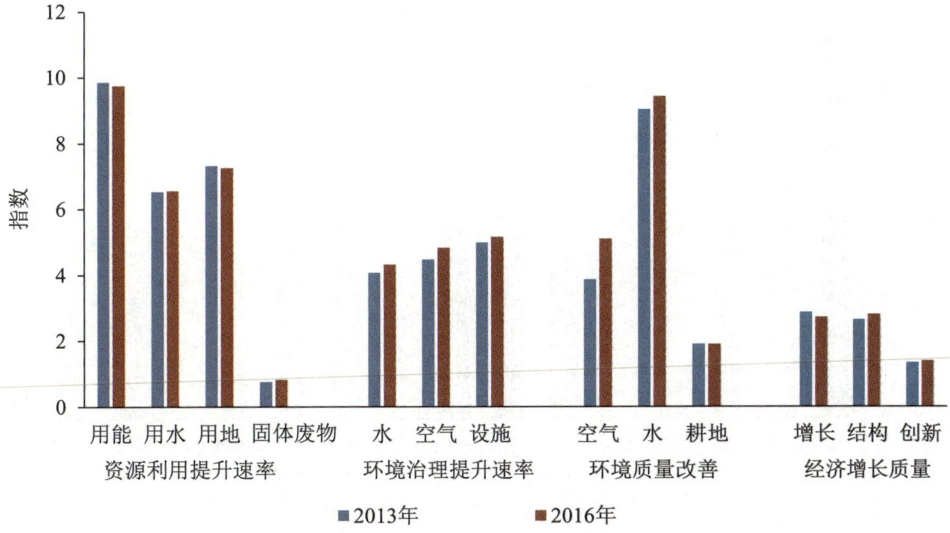

图 4-6 2013 年和 2016 年河北省各绿色发展分类指数的情况

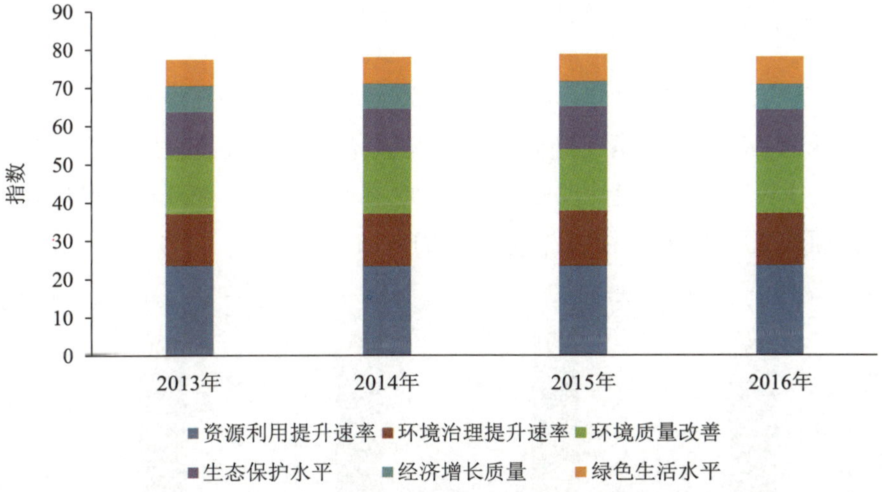

图 4-7 2013—2016 年山西省绿色发展指数的变化趋势

在资源利用提升速率方面，山西省在能源利用方面的进展较为明显，但是在土地资源和水资源利用方面则进展缓慢；在环境治理提升速率方面，2016 年山西省在水污染物和环境基础设施方面均取得了进步，大气污染物减排速率有所放缓；在环境质量改善方面，相对于 2013 年，山西省的空气、水和耕地污染状况均取得了一定程度的改善，其中水和空气质量的改善最为明显；在经济增长质量方面，山西省的产业结构取得了明显的提升，但是在经济增长速度和创新投入方面的成绩并不理想（图 4-8）。

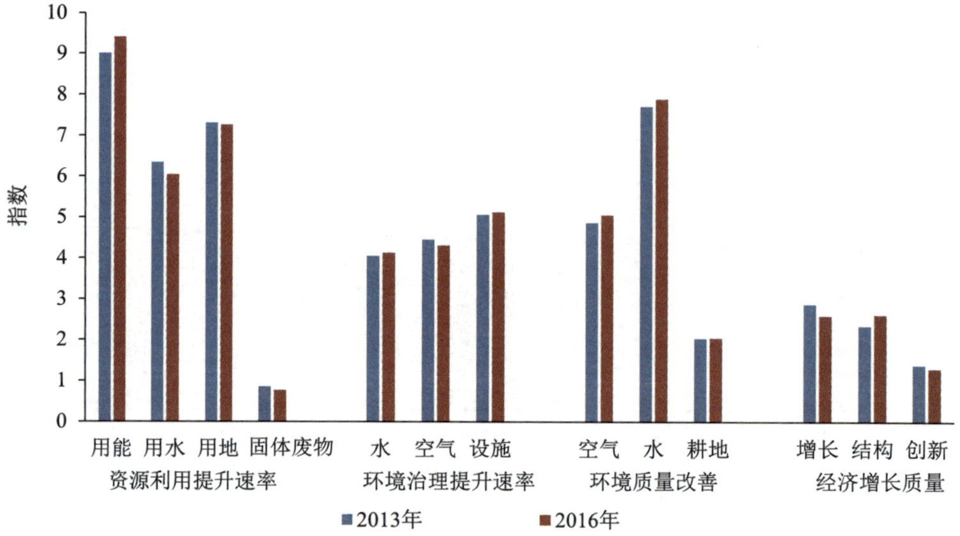

图 4-8　2013 年和 2016 年山西省各绿色发展分类指数的情况

（五）内蒙古自治区

从图 4-9 来看，2013—2016 年，内蒙古自治区绿色发展指数在波动中保持稳定，经济增长质量和绿色生活水平均呈现出明显增长态势，反映出了经济发展水平和人民生活水平的提高。相比较而言，环境治理提升速率、生态保护水平、资源利用提升速率和环境质量改善方面的进展略微滞后，且伴有一定的波动。

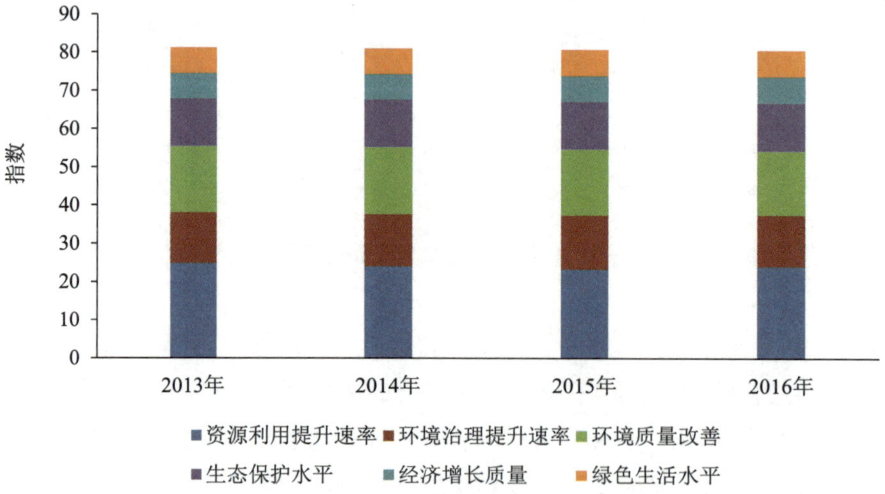

图 4-9　2013—2016 年内蒙古自治区绿色发展指数的变化趋势

在资源利用提升速率方面，内蒙古自治区在用地上略有上升，在固体废物、能源和水资源利用方面则进展不足，综合反映了资源利用提升速率的放缓；在环境治理提升速率方面，2016 年内蒙古自治区在空气污染物控制和环境基础设施方面均取得了进步，但在水污染控制方面有所下降；在环境质量改善方面，相对于 2013 年，内蒙古自治区的空气和耕地污染状况无明显变化，但在水污染状况有所加剧，尤其是水环境质量的下降最为明显；在经济增长质量方面，内蒙古自治区的经济增长速度有所放缓，但是产业结构和创新投入方面取得了较为明显的提升（图 4-10）。

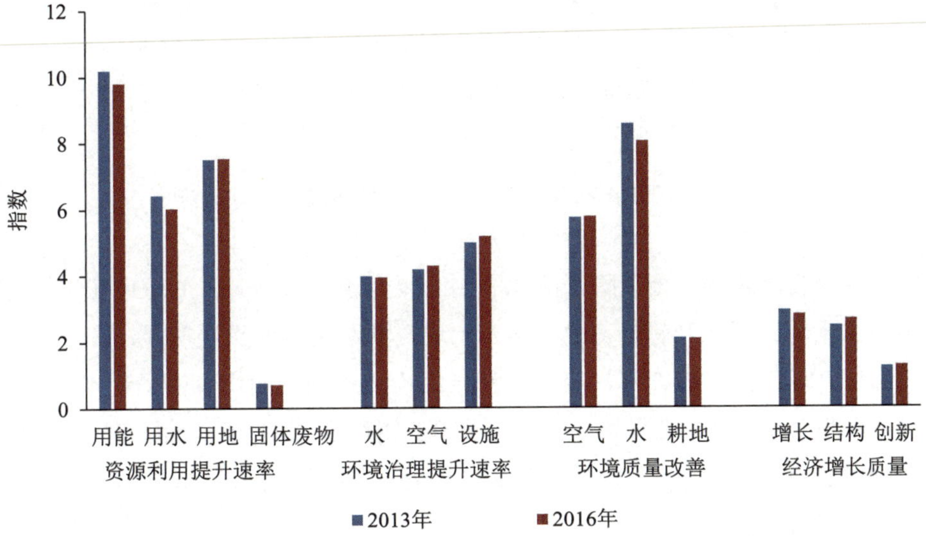

图 4-10　2013 年和 2016 年内蒙古自治区各绿色发展分类指数的情况

二、华东七省（市）

（一）上海市

从图 4-11 来看，2013—2016 年，上海市绿色发展指数在波动中有所进展，但是并不明显。其中，在资源利用提升速率和经济增长质量方面呈现出明显增长态势。相比较而言，环境治理提升速率、生态保护水平、环境质量改善和绿色生活水平方面的进展略微滞后，且伴有一定的波动。

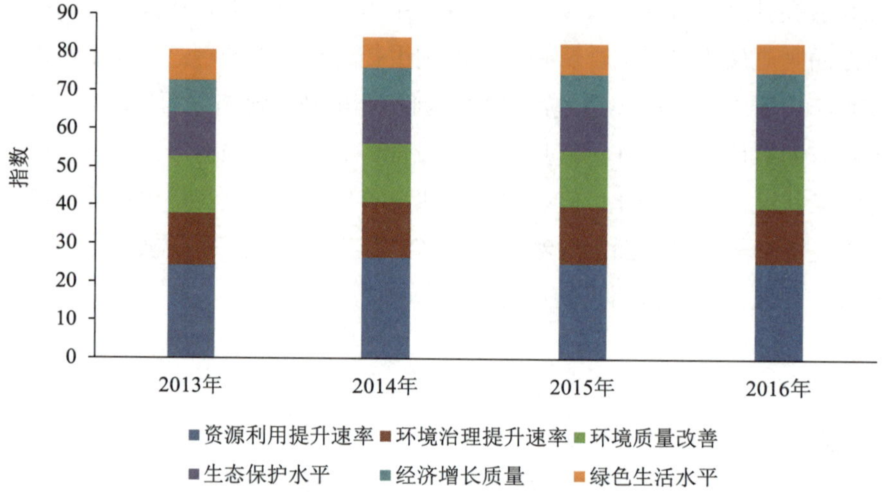

图 4-11　2013—2016 年上海市绿色发展指数的变化趋势

在资源利用提升速率方面，除在能源利用上提升速率放缓外，上海市在水资源和土地资源利用上呈现大幅上升趋势，尤其是在土地资源利用方面进展明显；在环境治理提升速率方面，2016 年上海市在水污染物和空气污染物控制方面均取得了进步，同时环境基础设施方面也有所改善；在环境质量改善方面，相对于 2013 年，上海市的空气质量、水质量和耕地污染状况均取得了较为明显的改善；在经济增长质量方面，上海市的经济增长速度和产业结构方面取得了明显的提升，但是在创新投入方面的提升相对滞后（图 4-12）。

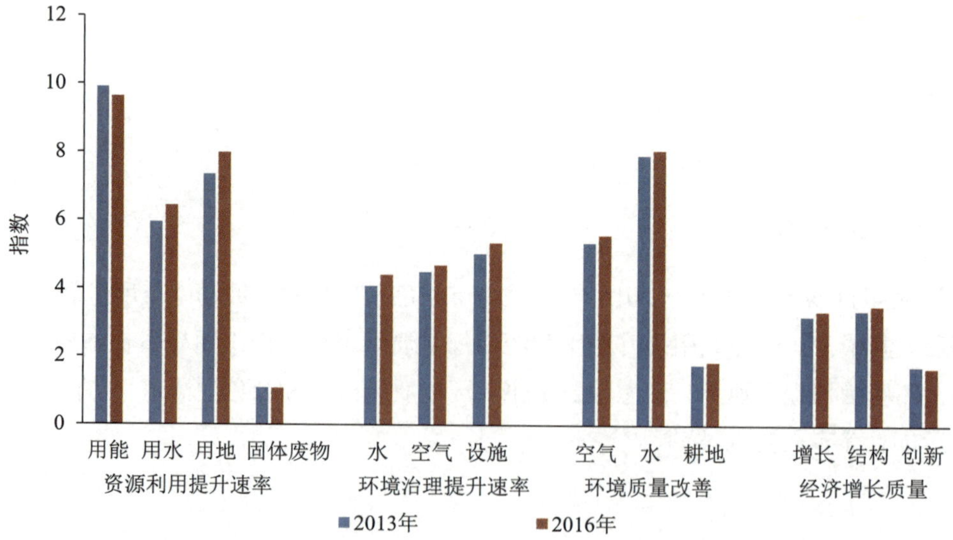

图 4-12　2013 年和 2016 年上海市各绿色发展分类指数的情况

（二）江苏省

从图 4-13 来看，2013—2016 年，江苏省绿色发展指数保持相对稳定的上升趋势。环境质量改善、经济增长质量和绿色生活水平呈现出明显增长态势，反映出了环境质量的改善以及整体经济增长质量的优化提升。相比较而言，环境治理提升速率、生态保护水平和资源利用提升速率方面的进展略微滞后。

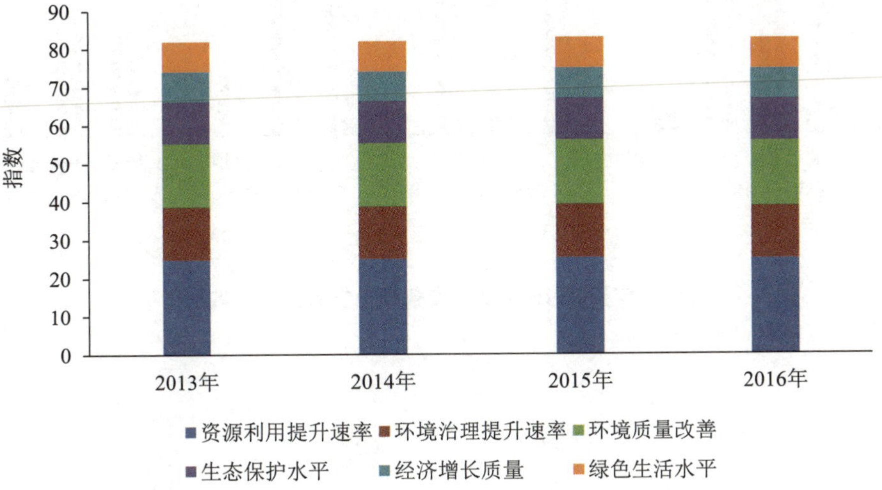

图 4-13　2013—2016 年江苏省绿色发展指数的变化趋势

在资源利用提升速率方面，江苏省在能源和固体废物利用方面提升速率放缓，在水资源、土地资源利用上呈现上升趋势；在环境治理提升速率方面，2016 年江苏省在环境基础设施方面有所改善，但在水和空气污染物控制方面提升速率略有放缓；在环境质量改善方面，相对于 2013 年，江苏省在水量和空气质量方面取得了较为明显的改善，但在耕地质量方面的进展不容乐观；在经济增长质量方面，江苏省在创新投入和产业结构方面取得了提升，但是在经济增长速度方面的提升相对滞后（图 4-14）。

（三）浙江省

从图 4-15 来看，2013—2016 年，浙江省的绿色发展指数保持相对稳定的上升趋势。环境质量改善、经济增长质量和绿色生活水平呈现出明显增长态势，反映出了环境质量的改善、经济增长结构的优化和生活质量的提升。相比较而言，环境治理提升速率、生态保护水平、资源利用提升速率方面的进展略微滞后。

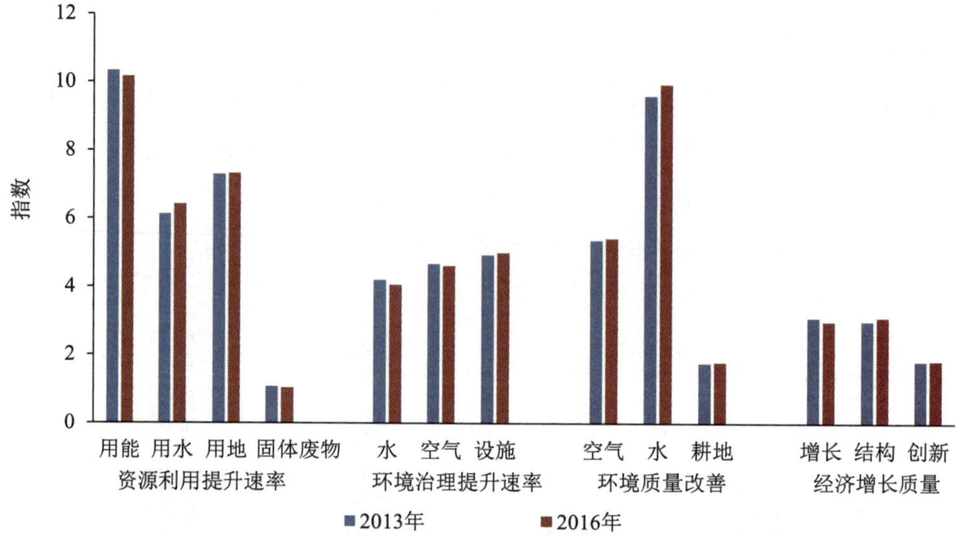

图 4-14　2013 年和 2016 年江苏省各绿色发展分类指数的情况

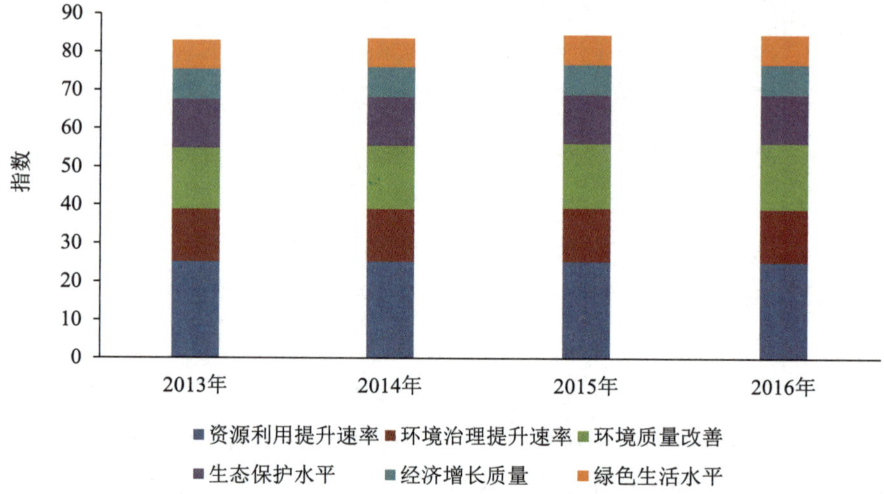

图 4-15　2013—2016 年浙江省绿色发展指数的变化趋势

在资源利用提升速率方面，浙江省在能源和固体废物利用方面进展不足，在水资源、土地资源利用上呈现上升趋势；在环境治理提升速率方面，2016 年浙江省在水污染物和空气污染物控制方面取得了一定的进步，同时在环境基础设施方面也有所改善；在环境质量改善方面，相对于 2013 年，浙江省的水、空气和耕地质量方面有所改善，尤其是空气质量的改善最为明显；在经济增长质量方面，浙江省在创新投入和产业结构方面取得了明显的提升，但是经济增长速度有所放缓（图 4-16）。

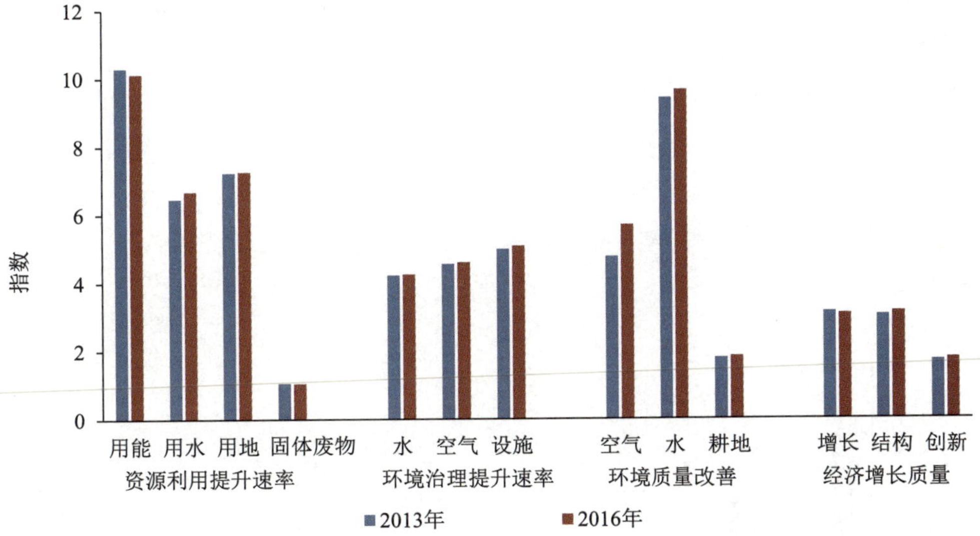

图 4-16　2013 年和 2016 年浙江省各绿色发展分类指数的情况

（四）安徽省

从图 4-17 来看，安徽省绿色发展指数总体呈上升趋势。经济增长质量和绿色生活水平呈现出明显增长态势，反映出了绿色生活水平的提高以及增长结构的优化提升。同时，生态保护水平、环境质量改善、环境治理提升速率也取得一定进展，但资源利用提升速率方面的进展略微滞后，且有一定程度的波动。

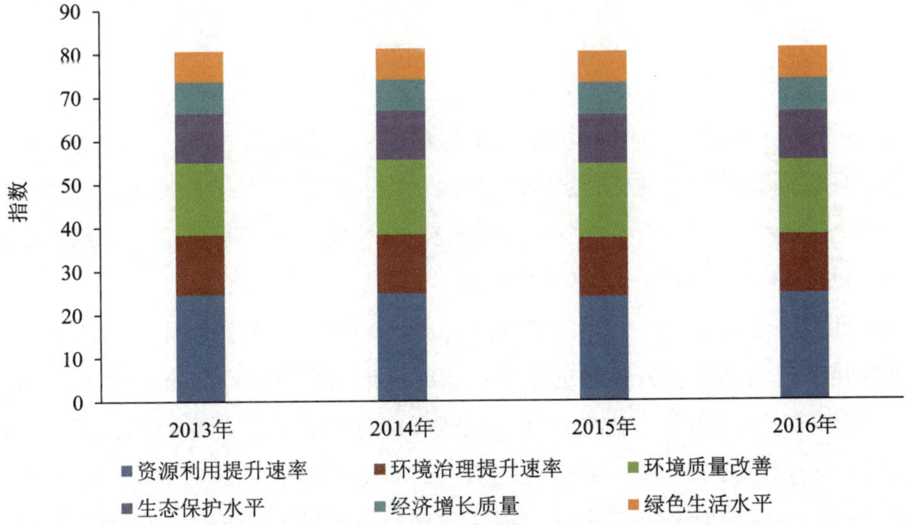

图 4-17　2013—2016 年安徽省绿色发展指数的变化趋势

在资源利用提升速率方面，除在土地资源利用上略有上升外，安徽省在能源、水资源和固体废物利用方面的提升速率均有所放缓；在环境治理提升速率方面，2016 年安徽省在水污染物减排方面成效显著，在空气污染物控制方面成效并不显著，同时环境基础设施水平方面也略有下降；在环境质量改善方面，相对于 2013 年，安徽省在水、空气和耕地质量方面有所改善，尤其是空气质量的改善最为明显；在经济增长质量方面，安徽省在创新投入和产业结构方面均取得了明显的提升，但经济增长速度有所放缓（图 4-18）。

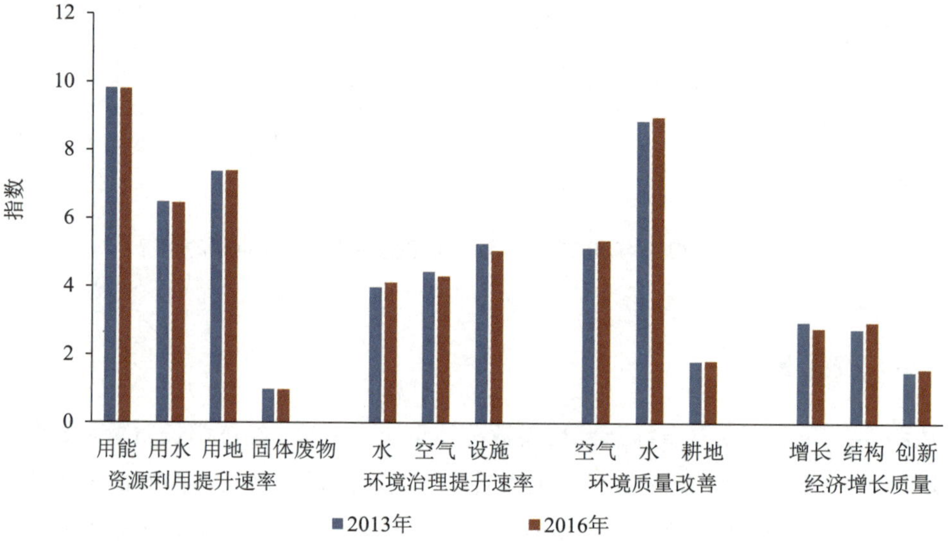

图 4-18 2013 年和 2016 年安徽省各绿色发展分类指数的情况

（五）福建省

从图 4-19 来看，2013—2016 年，福建省绿色发展指数总体呈现上升趋势。环境治理提升速率、环境质量改善、生态保护水平和经济增长质量呈现增长态势，反映了生态环境质量的改善和绿色生活水平的提高。相比较而言，资源利用提升速率和绿色生活水平方面的进展略微滞后，且有一定程度的波动。

在资源利用提升速率方面，福建省在能源、土地资源、水资源利用方面均有一定的上升，综合反映了资源利用提升速率的上升；在环境治理提升速率方面，2016 年福建省在空气污染物控制方面取得了一定的进步，同时环境基础设施方面也有所改善；在环境质量改善方面，相对于 2013 年，福建省的空气、耕地环境质量保持稳定，在水环境质量方面有所改善；在经济增长质量方面，福建省的经济增速有所放缓，创新投入和产业结构方面取得了提升（图 4-20）。

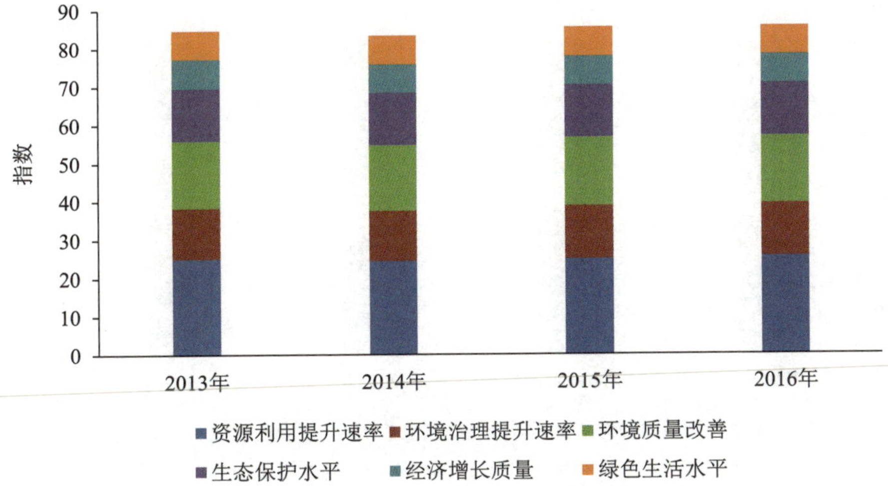

图 4-19 2013—2016 年福建省绿色发展指数的变化趋势

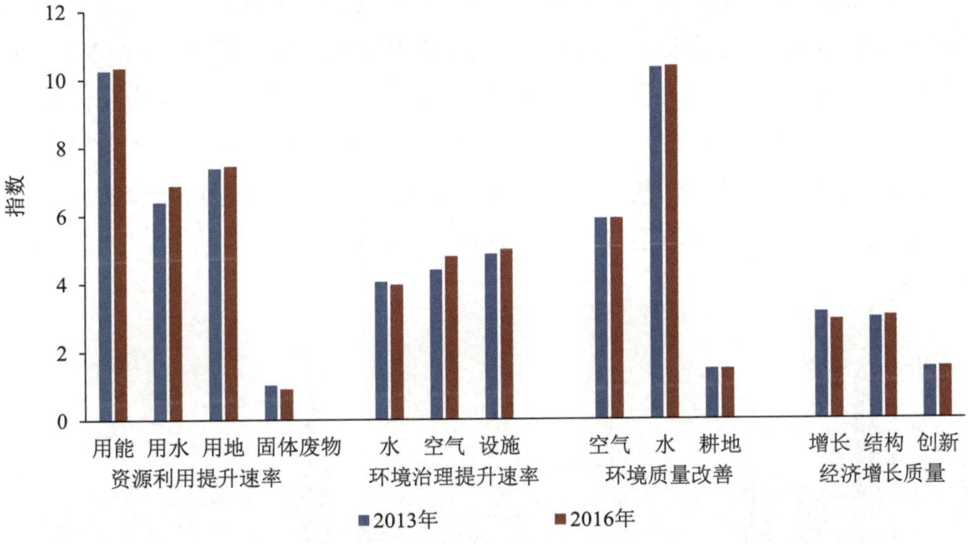

图 4-20 2013 年和 2016 年福建省各绿色发展分类指数的情况

（六）江西省

从图 4-21 来看，2013—2016 年，江西省绿色发展指数在波动中有所上升。资源利用提升速率、经济增长质量和绿色生活水平呈现增长态势，反映了资源利用效率的提升、绿色生活水平的提高以及增长结构的优化提升。相比较而言，环境治理提升速率、环境质量改善和生态保护水平方面的进展略微滞后，且有一定程度的波动。

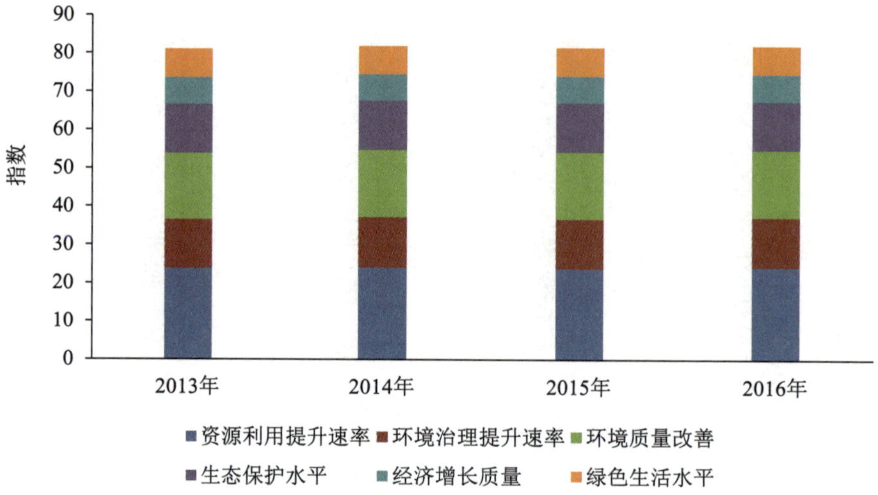

图 4-21　2013—2016 年江西省绿色发展指数的变化趋势

在资源利用提升速率方面，江西省在能源、水资源利用方面均有一定的上升，在土地资源和固体废物利用方面提升速率有所放缓；在环境治理提升速率方面，2016 年江西省在空气污染物控制方面取得了一定的进步，同时环境基础设施方面也有所改善，但水污染物减排速率有所放缓；在环境质量改善方面，相对于 2013 年，江西省的水、空气和耕地质量方面均有所改善，其中空气质量的改善最为明显；在经济增长质量方面，江西省在创新投入和产业结构方面取得了明显的提升（图 4-22）。

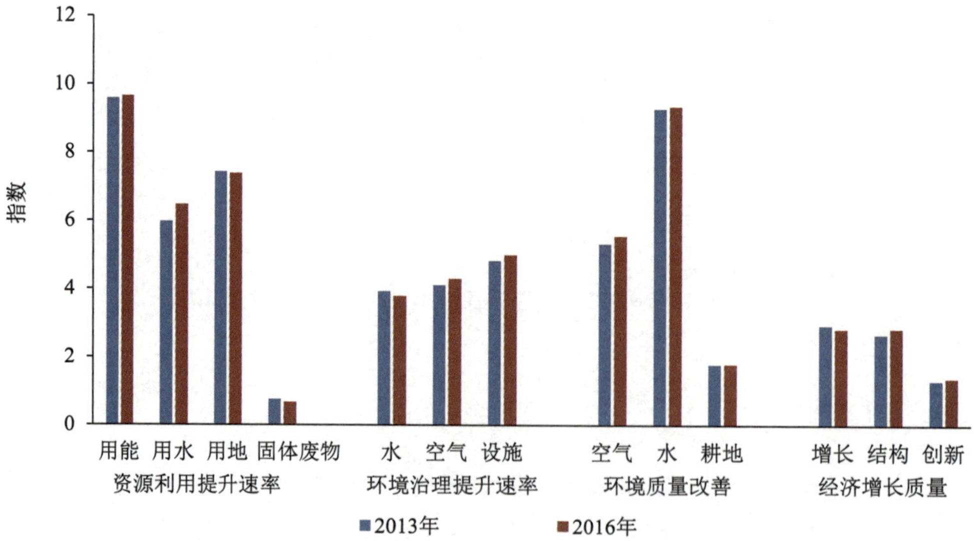

图 4-22　2013 年和 2016 年江西省各绿色发展分类指数的情况

（七）山东省

从图 4-23 来看，2013—2016 年，山东省绿色发展指数在波动中呈现上升趋势。2016 年环境治理提升速率、环境质量改善和绿色生活水平较 2013 年均有所提升，反映了环境治理力度的加大、环境质量的改善和绿色生活水平的提高。相比较而言，资源利用提升速率、生态保护水平和经济增长质量的进展略显滞后。

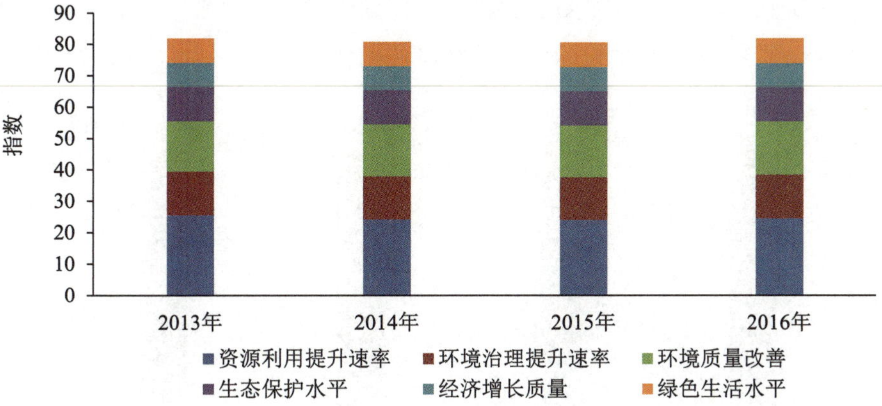

图 4-23　2013—2016 年山东省绿色发展指数的变化趋势

在资源利用提升速率方面，山东省在能源、土地资源、水资源和固体废物利用方面进展不足；在环境治理提升速率方面，2016 年山东省在空气污染物控制方面取得了明显进步，但在水污染物控制和环境基础设施方面提升不足；在环境质量改善方面，相对于 2013 年，山东省的水、空气和耕地质量方面有所改善，其中空气质量改善最为明显；在经济增长质量方面，山东省在产业结构和创新投入方面取得了明显的提升（图 4-24）。

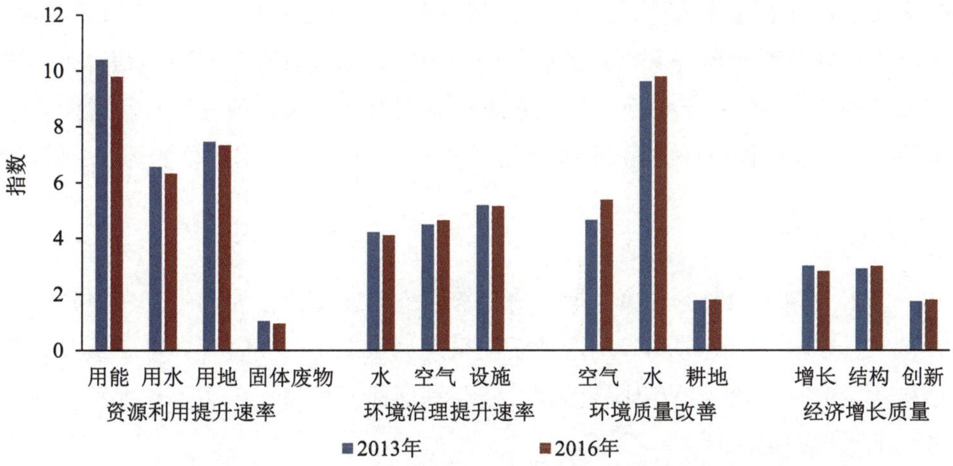

图 4-24　2013 年和 2016 年山东省各绿色发展分类指数的情况

三、华中三省

（一）河南省

从图 4-25 来看，2013—2016 年，河南省绿色发展指数总体呈现上升趋势，资源利用提升速率有所加快，环境治理力度逐步加大，环境质量日益改善。与此同时，河南省的生态保护水平、经济增长质量和绿色生活水平逐渐优化。

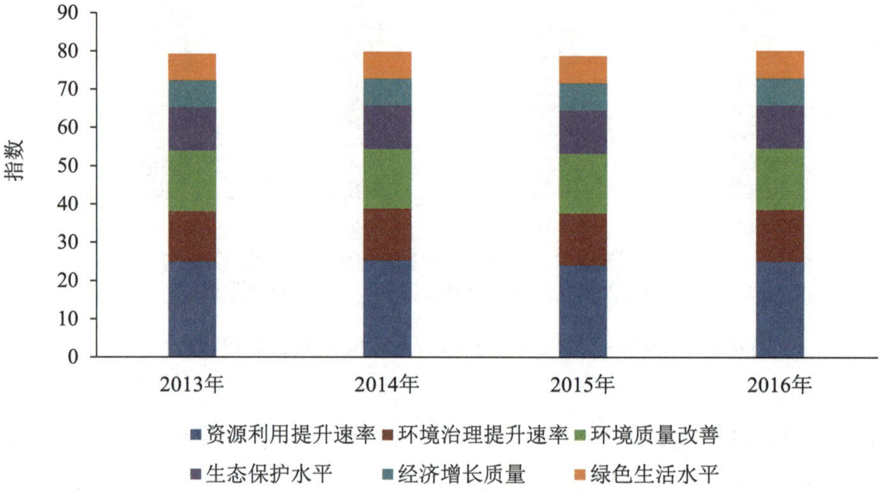

图 4-25　2013—2016 年河南省绿色发展指数的变化趋势

从 2013 年与 2016 年的数据对比来看，河南省在能源、土地资源利用方面均有所上升；在环境治理提升速率方面，2016 年河南省在空气污染物控制方面取得了明显进步，且环境基础设施方面有所提升，但在水污染物控制方面提升速率有所放缓；在环境质量改善方面，相对于 2013 年，河南省在水质量方面有所改善，但在空气和耕地质量方面有所下降；在经济增长质量方面，河南省在产业结构方面取得了明显的提升（图 4-26）。

（二）湖北省

从图 4-27 来看，2013—2016 年，湖北省绿色发展指数在波动中有所上升。环境治理提升速率、环境质量改善和经济增长质量呈现增长态势，反映了环境质量改善和经济增长结构质量的优化提升。相比较而言，资源利用提升速率、生态保护水平和绿色生活水平方面的进展略微滞后。

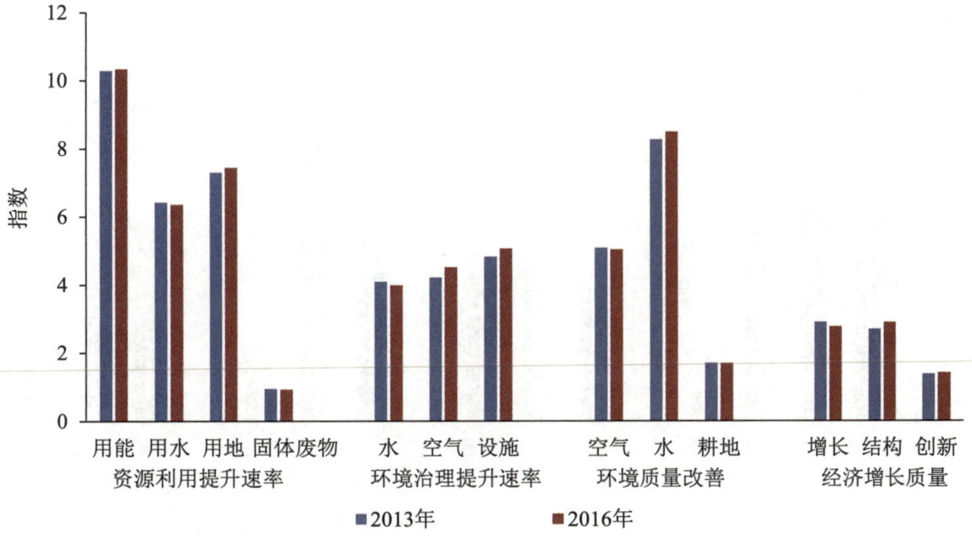

图 4-26　2013 年和 2016 年河南省各绿色发展分类指数的情况

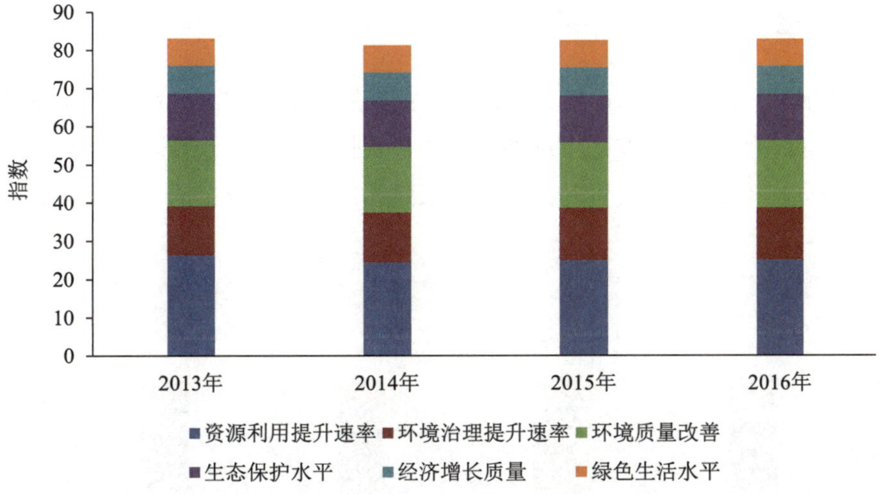

图 4-27　2013—2016 年湖北省绿色发展指数的变化趋势

从 2013 年与 2016 年的数据对比来看，在资源利用提升速率方面，湖北省在能源、水资源、土地资源和固体废物利用方面提升速率有所放缓；在环境治理提升速率方面，2016 年湖北省在空气污染物控制方面取得了明显进步，且环境基础设施方面有所提升，但在水污染物减排方面面临压力；在环境质量改善方面，湖北省的水、空气和耕地质量方面均有所改善，尤其以空气质量的改善最为明显；在经济增长质量方面，湖北省在经济增长和创新投入方面有所放缓，但在产业结构方面取得了明显的提升（图 4-28）。

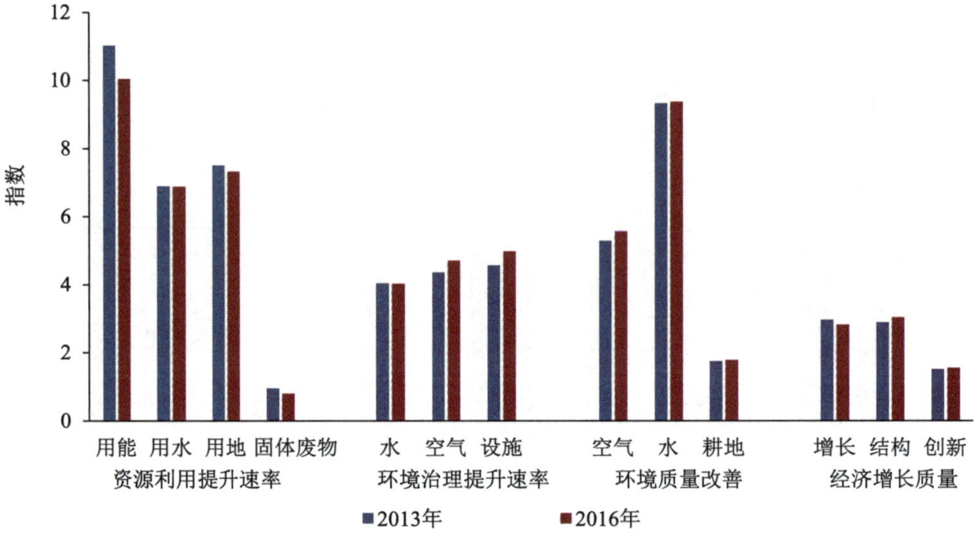

图 4-28 2013 年和 2016 年湖北省各绿色发展分类指数的情况

（三）湖南省

从图 4-29 来看，2013—2016 年，湖南省绿色发展指数呈现上升趋势。除资源利用提升速率、生态保护水平呈现波动下降的趋势外，其他指数均呈现增长态势，反映了环境治理力度的加强、生态环境质量的改善和增长结构质量的优化提升，以及绿色生活水平的提高。

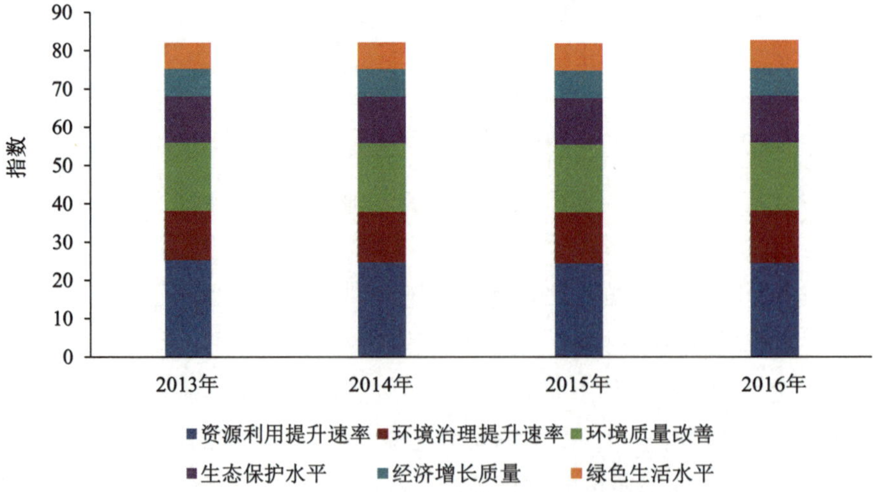

图 4-29 2013—2016 年湖南省绿色发展指数的变化趋势

从 2013 年与 2016 年的数据对比来看，在资源利用提升速率方面，湖南省在能源、水资源、土地资源和固体废物利用方面均有所下降，综合反映了资源利用提升速率的下降；在环境治理提升速率方面，2016 年湖南省在水污染物和空气污染物控制方面均取得了明显进步，且环境基础设施方面有所提升；在环境质量改善方面，湖南省在水环境和耕地质量方面均有小幅度的改善，但空气质量略有下降；在经济增长质量方面，湖南省在产业结构和创新投入方面取得了明显的提升（图 4-30）。

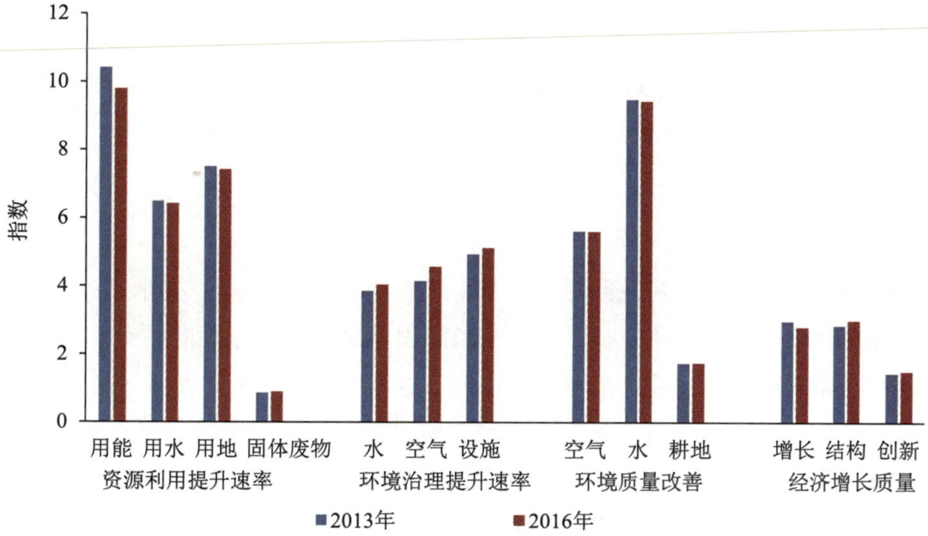

图 4-30 2013 年和 2016 年湖南省各绿色发展分类指数的情况

四、华南三省（区）

（一）广东省

从图 4-31 来看，2013—2016 年，广东省绿色发展指数总体呈现下降趋势。生态保护水平、经济增长质量和绿色生活水平呈现增长态势，反映了生态质量的改善和增长结构质量的优化提升，以及绿色生活水平的提高。但资源利用提升速率、环境治理提升速率和环境质量改善方面的进展较为滞后。

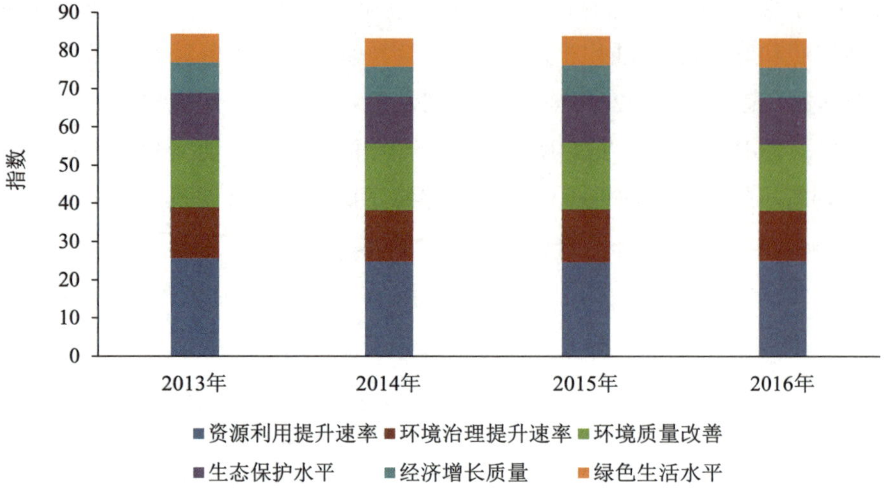

图 4-31　2013—2016 年广东省绿色发展指数的变化趋势

从 2013 年与 2016 年的数据对比来看，在资源利用提升速率方面，除在水资源利用方面有所提升外，广东省在能源、土地资源和固体废物利用方面的提升不足，综合反映了资源利用提升速率的放缓；在环境治理提升速率方面，广东省在水污染物和空气污染物控制方面提升不足，环境基础设施方面有所提升；在环境质量改善方面，与 2013 年相比，2016 年广东省的空气、水和耕地质量方面均略有下降；在经济增长质量方面，广东省的产业结构取得了明显的提升，但是经济增长速度有所放缓（图 4-32）。

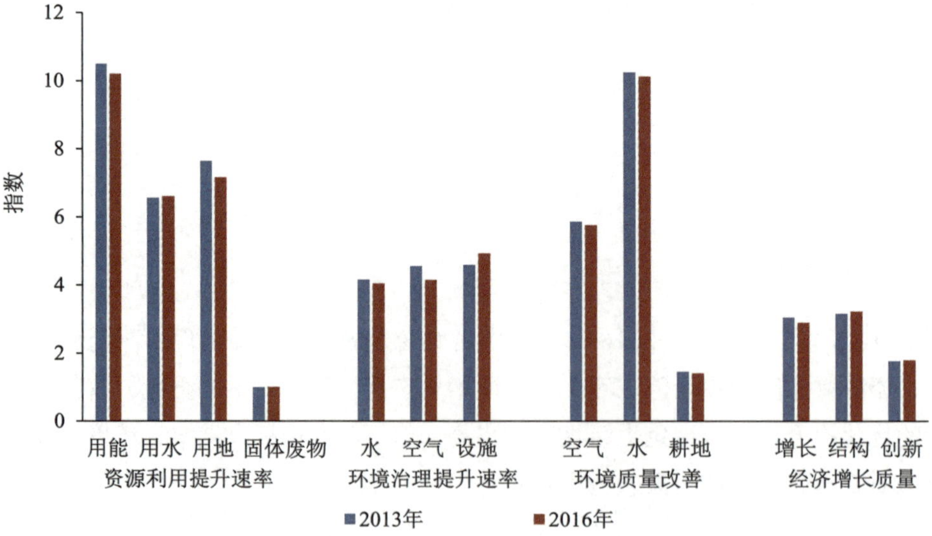

图 4-32　2013 年和 2016 年广东省各绿色发展分类指数的情况

（二）广西壮族自治区

从图 4-33 来看，2013—2016 年，广西壮族自治区的绿色发展指数呈现波动态势。环境治理提升速率、生态保护水平和绿色生活水平呈现增长态势，反映了资源利用的提升、环境治理力度的加大、生态质量的改善和绿色生活水平的提高。相比较而言，经济增长质量和环境质量改善方面的进展略微滞后。

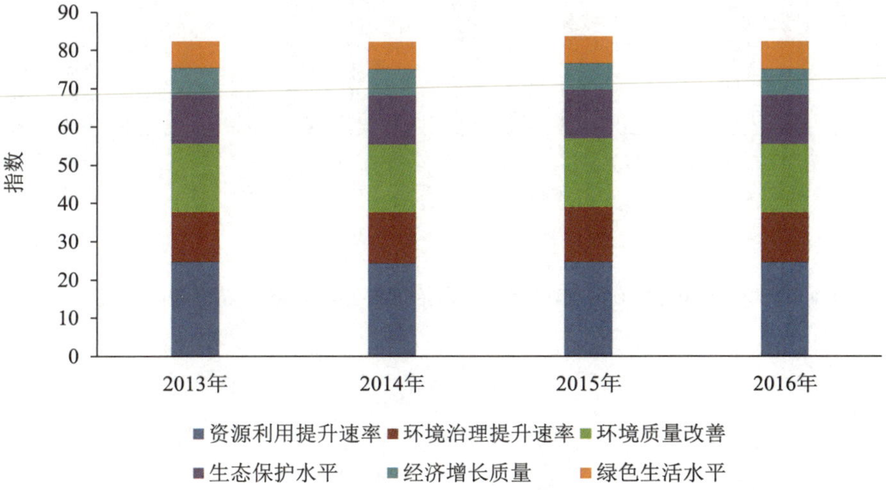

图 4-33　2013—2016 年广西壮族自治区绿色发展指数的变化趋势

从 2013 年与 2016 年的数据对比来看，在资源利用提升速率方面，除在水资源利用方面有所提升外，广西壮族自治区在能源、土地资源和固体废物利用方面提升不足；在环境治理提升速率方面，广西壮族自治区在空气污染物控制方面取得了明显进步，环境基础设施方面有所提升，但在水污染物控制方面有所下降；在环境质量改善方面，广西壮族自治区的空气质量有所改善，但水和耕地质量方面均略有下降；在经济增长质量方面，广西壮族自治区在产业结构方面取得了一定的提升，但是在经济增长速度和创新投入方面相对滞后（图 4-34）。

（三）海南省

从图 4-35 来看，2013—2016 年，海南省的绿色发展指数上升趋势并不明显。环境治理提升速率、环境质量改善和绿色生活水平呈现增长态势，反映了环境治理力度的加大、环境质量的改善和绿色生活水平的提高。相比较而言，资源利用提升速率、生态保护水平、经济增长质量方面的进展略微滞后。

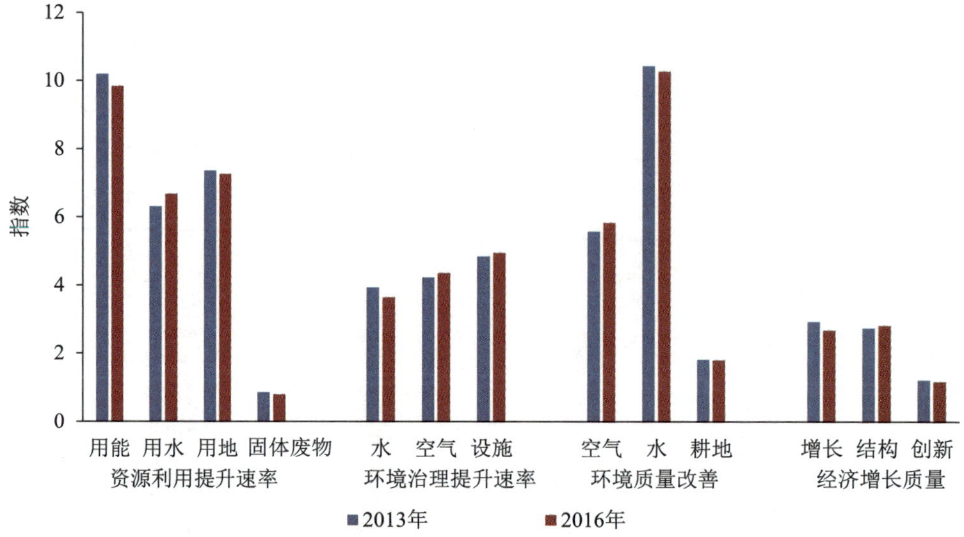

图 4-34　2013 年和 2016 年广西壮族自治区各绿色发展分类指数的情况

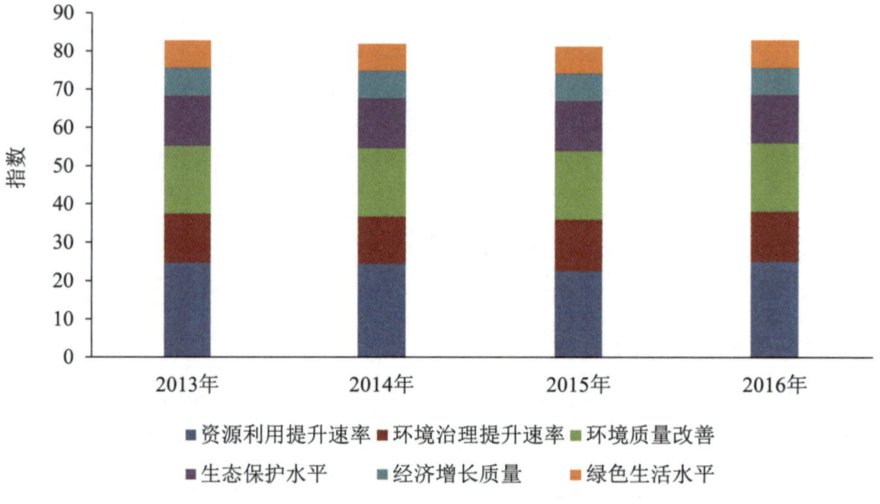

图 4-35　2013—2016 年海南省绿色发展指数的变化趋势

从 2013 年与 2016 年的数据对比来看，在资源利用提升速率方面，除在土地资源利用方面有所提升外，海南省在能源、水资源和固体废物利用方面提升不足；在环境治理提升速率方面，海南省在水污染物和空气污染物控制方面均取得了明显进步，并且环境基础设施方面有所提升；在环境质量改善方面，海南省的空气质量有所改善，但水质量方面略有下降；在经济增长质量方面，海南省在产业结构方面取得了一定的提升，但是在经济增长速度和创新投入方面的提升相对滞后（图 4-36）。

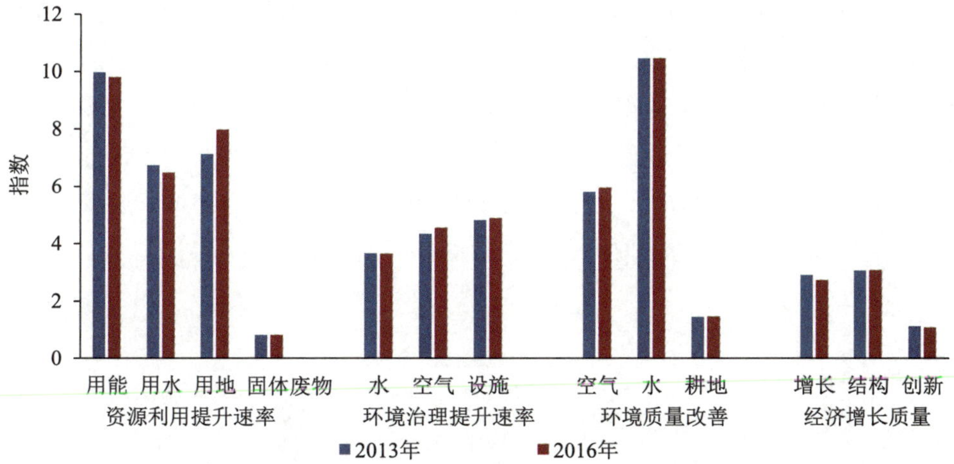

图 4-36 2013 年和 2016 年海南省各绿色发展分类指数的情况

五、西南四省（市）①

（一）重庆市

从图 4-37 来看，2013—2016 年，重庆市绿色发展指数在波动中呈现下降趋势。绿色生活水平、生态保护水平和经济增长质量呈现增长态势，反映了生态环境质量的改善和增长结构的优化提升。相比较而言，环境质量改善、资源利用提升速率、环境治理提升速率方面的进展略微滞后。

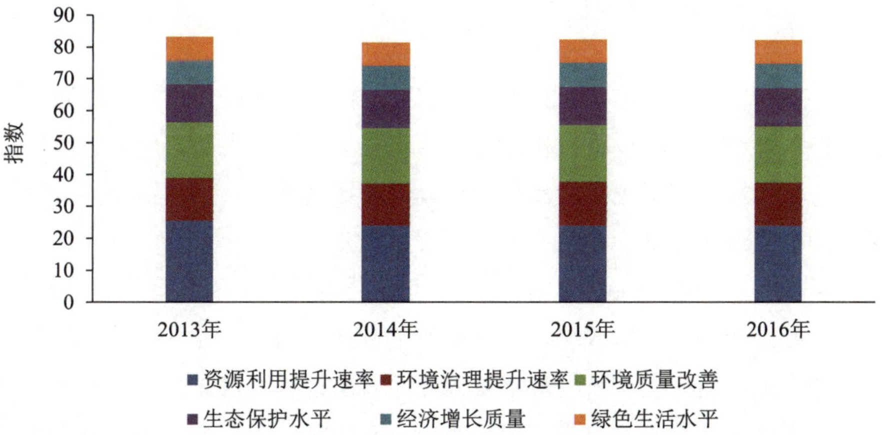

图 4-37 2013—2016 年重庆市绿色发展指数的变化趋势

① 由于西藏自治区数据缺失，本书只研究了重庆市、云南省、贵州省和四川省。

从 2013 年与 2016 年的数据对比来看，在资源利用提升速率方面，除在水资源利用提升速率方面有所提升外，重庆市在能源、土地资源和固体废物利用方面提升不足；在环境治理提升速率方面，重庆市在空气污染物控制方面均取得了一定的进步，但在水污染物减排速率有所放缓，环境基础设施方面也有所滞后；在环境质量改善方面，重庆市的空气和水环境质量有所改善，但耕地质量方面略有下降；在经济增长质量方面，重庆市在产业结构和创新投入方面取得了一定的提升（图 4-38）。

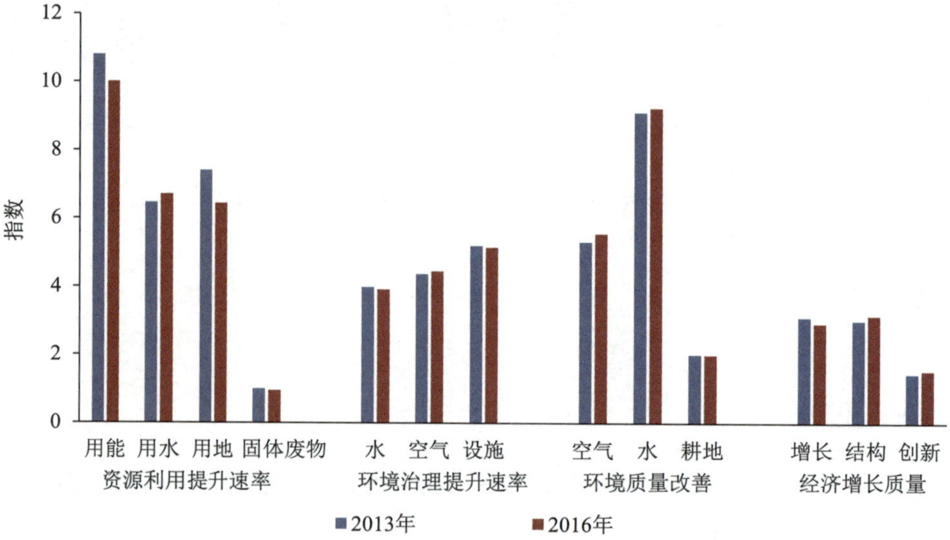

图 4-38　2013 年和 2016 年重庆市各绿色发展分类指数的情况

（二）四川省

从图 4-39 来看，2013—2016 年四川省绿色发展指数总体较为稳定。资源利用提升速率、生态保护水平、经济增长质量和绿色生活水平呈现增长态势，反映生态质量的改善、增长结构的优化提升和绿色生活水平的提高。相比较而言，环境治理提升速率、环境质量改善方面的进展略微滞后，且有一定幅度的波动。

从 2013 年与 2016 年的数据对比来看，在资源利用提升速率方面，四川省在能源、水资源、土地资源方面提升速率放缓，综合反映了资源利用提升速率的放缓趋势；在环境治理提升速率方面，四川省在环境基础设施方面有所改善，但在空气和水污染物方面减排速率有所放缓；在环境质量改善方面，四川省在空气质量有所改善，但水质量方面略有下降；在经济增长质量方面，四川省在产业结构和创新投入方面取得了一定的提升，但是在经济增长速度方面的提升相对滞后（图 4-40）。

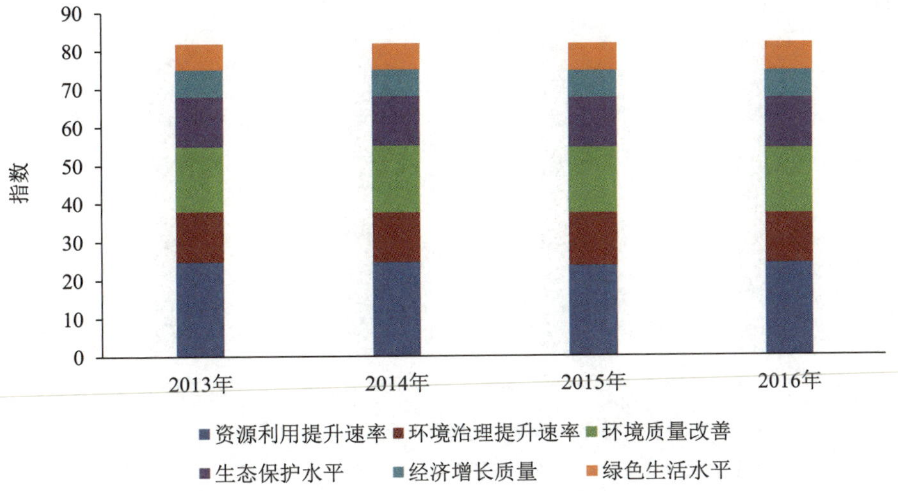

图 4-39　2013—2016 年四川省绿色发展指数的变化趋势

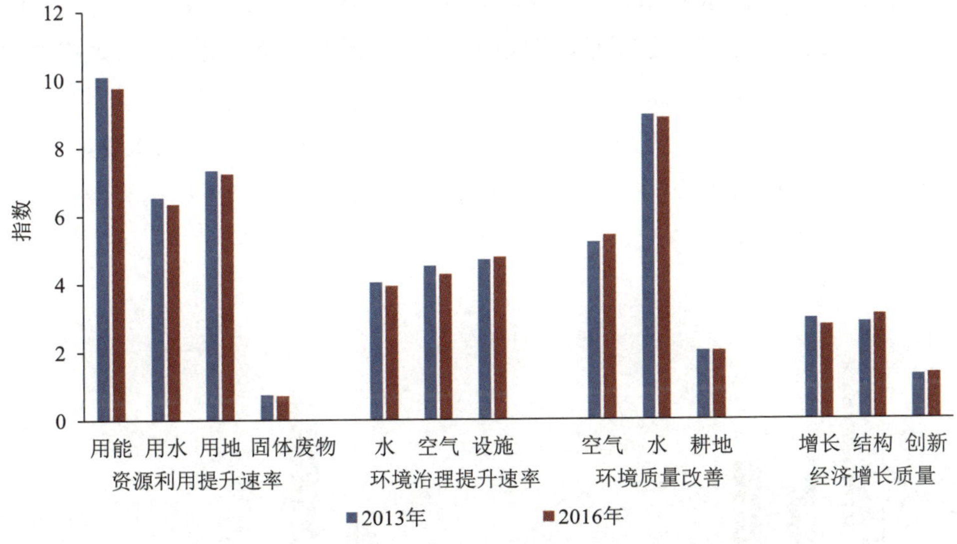

图 4-40　2013 年和 2016 年四川省各绿色发展分类指数的情况

（三）贵州省

从图 4-41 来看，2013—2016 年，贵州省绿色发展指数总体呈上升趋势。除在资源利用提升速率、环境治理提升速率方面的进展略微滞后外，其他指数均呈现增长态势，反映了生态环境质量的改善和绿色生活水平的提高。

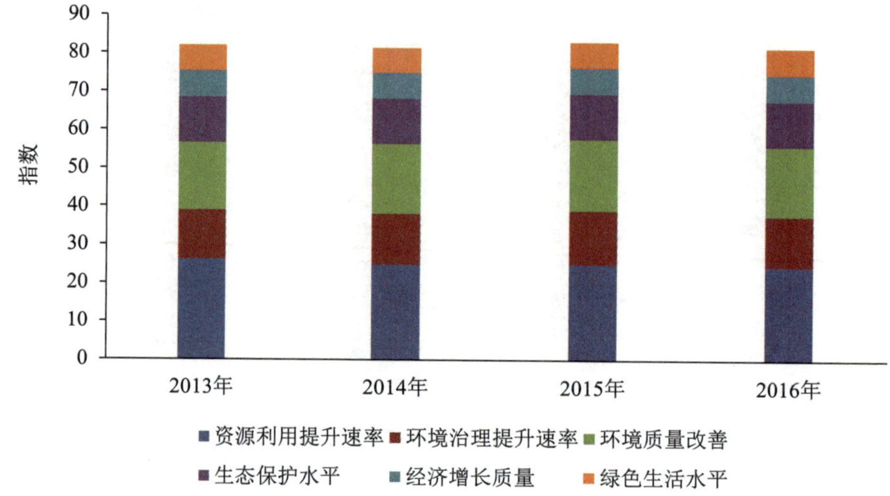

图 4-41 2013—2016 年贵州省绿色发展指数的变化趋势

从 2013 年与 2016 年的数据对比来看，在资源利用提升速率方面，贵州省在能源、水资源、土地资源利用方面提升速率出现明显放缓，反映了资源利用提升速率的放缓趋势；在环境治理提升速率方面，贵州省在水污染物控制方面取得了大幅的进步，同时在环境基础设施方面也有所改善；在环境质量改善方面，贵州省的空气和水质量大幅改善，但在耕地质量方面略有下降；在经济增长质量方面，贵州省在产业结构和创新投入方面取得了一定的提升（图 4-42）。

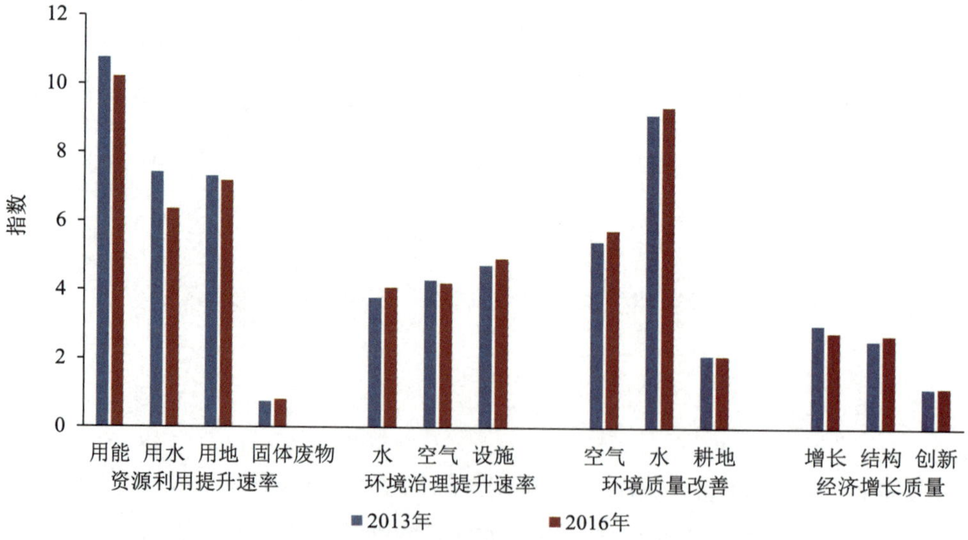

图 4-42 2013 年和 2016 年贵州省各绿色发展分类指数的情况

（四）云南省

从图 4-43 来看，2013—2016 年，云南省绿色发展指数总体呈上升趋势。除在资源利用提升速率、环境治理提升速率方面的进展略微滞后外，其他一级指数均呈现增长态势，反映了生态环境质量的改善和绿色生活水平的提高。

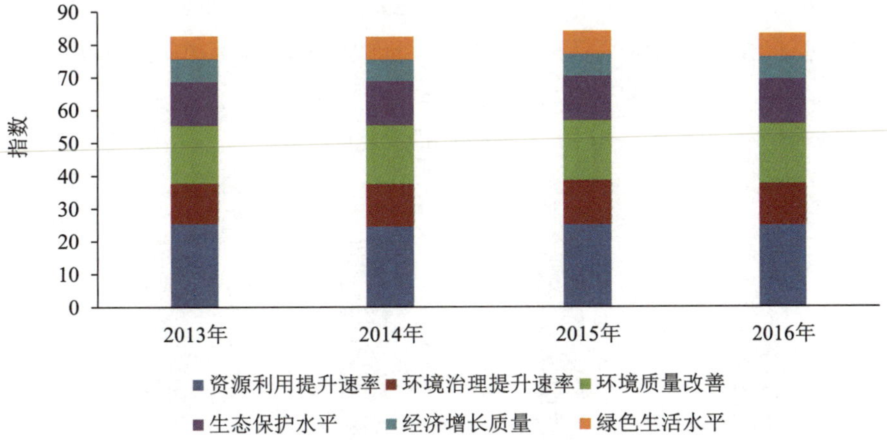

图 4-43　2013—2016 年云南省绿色发展指数的变化趋势

从 2013 年与 2016 年的数据对比来看，在资源利用提升速率方面，云南省在能源、水资源、土地资源利用提升速率方面提升速率均有所放缓，综合反映了资源利用提升不足；在环境治理提升速率方面，云南省在水污染物控制方面取得了一定的进步，环境基础设施方面也有所改善；在环境质量改善方面，云南省的空气和水质量有所改善，但在耕地质量方面略有下降；在经济增长质量方面，云南省在产业结构和创新投入方面取得了一定的提升，但是在经济增长方面的提升相对滞后（图 4-44）。

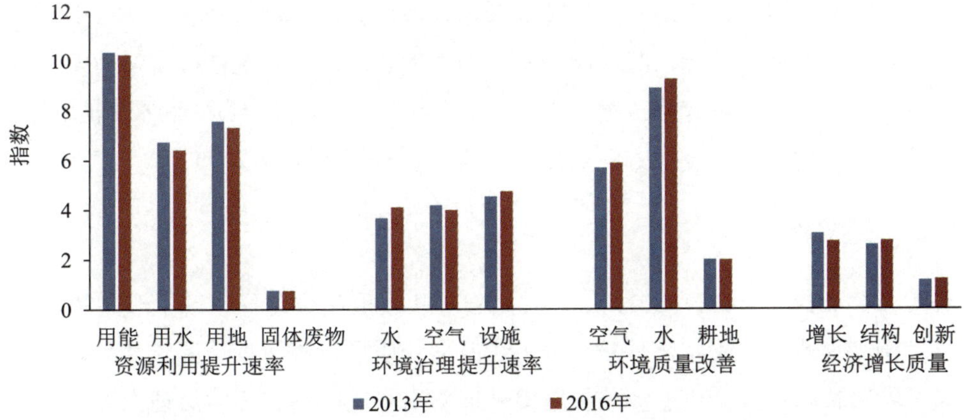

图 4-44　2013 年和 2016 年云南省各绿色发展分类指数的情况

六、西北五省（区）

（一）陕西省

从图 4-45 来看，2013—2016 年，陕西省绿色发展指数略有下降。资源利用提升速率、环境质量改善和绿色生活水平呈现增长态势，反映了资源利用提升速率水平的提高、环境质量改善的提升、生态质量的改善和绿色生活水平的提高。相比较而言，环境治理提升速率、经济增长质量、生态保护水平方面进展不足。

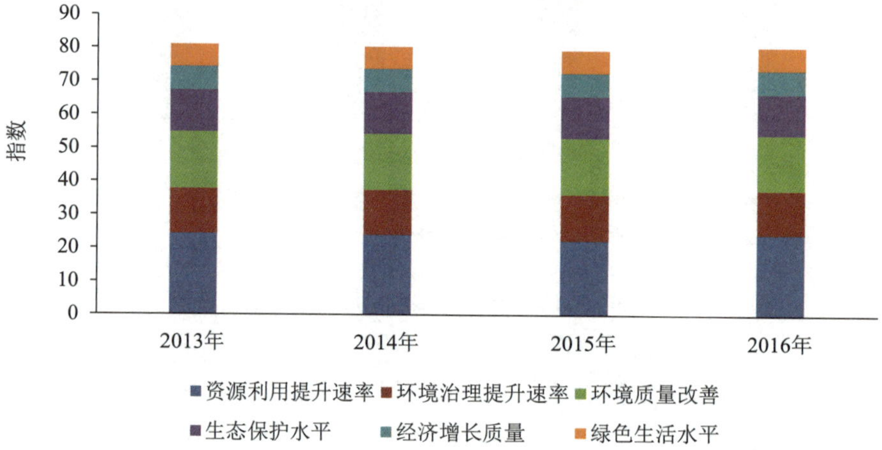

图 4-45　2013—2016 年陕西省绿色发展指数的变化趋势

从 2013 年与 2016 年的数据对比来看，在资源利用提升速率方面，陕西省除在固体废物利用方面略有上升外，在能源、水资源、土地资源利用方面提升速率均有所放缓，综合反映了资源利用提升不足；在环境治理提升速率方面，陕西省在空气污染物和水污染物排放减少速率有所放缓，但环境基础设施方面有所改善；在环境质量改善方面，陕西省的耕地质量和水质量有所改善，但在空气质量方面略有下降；在经济增长质量方面，陕西省在产业结构和创新投入方面取得了一定的提升（图 4-46）。

（二）甘肃省

从图 4-47 来看，2013—2016 年，甘肃省绿色发展指数总体呈现上升趋势，尤其是 2016 年上升趋势明显。除生态保护水平、经济增长质量指数呈现下降态势外，其他一级指标均呈现增长态势，反映了资源利用提升速率水平的提高、环境治理力度的加大、生态环境质量的改善和绿色生活水平的提高。

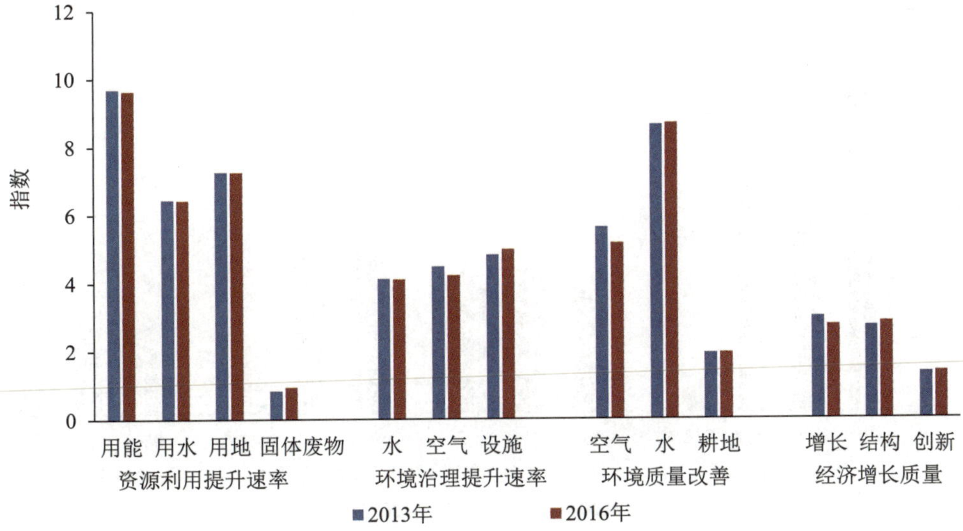

图 4-46　2013 年和 2016 年陕西省各绿色发展分类指数的情况

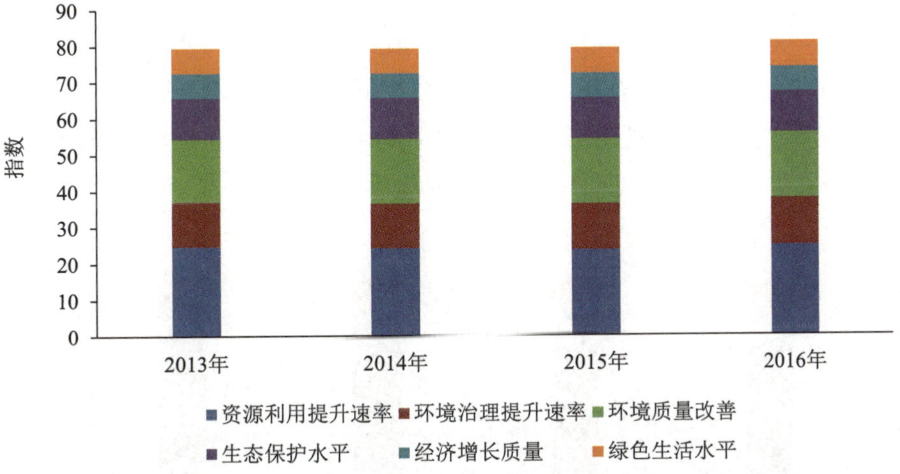

图 4-47　2013—2016 年甘肃省绿色发展指数的变化趋势

从 2013 年与 2016 年的数据对比来看，在资源利用提升速率方面，甘肃省在水资源、土地资源和固体废物利用提升速率略有放缓，在能源利用方面有所上升；在环境治理提升速率方面，甘肃省在环境基础设施方面有明显改善，但在水和大气污染物排放量减少速率方面有所放缓；在环境质量改善方面，甘肃省的空气质量和水质量均有所改善，但在耕地质量方面略有下降；在经济增长质量方面，甘肃省在产业结构和创新投入方面取得了一定的提升（图 4-48）。

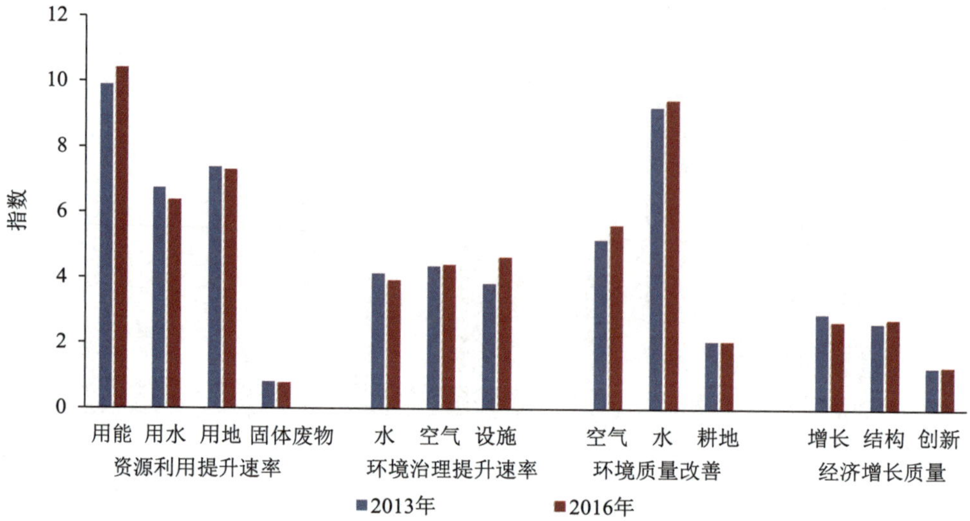

图 4-48　2013 年和 2016 年甘肃省各绿色发展分类指数的情况

（三）青海省

从图 4-49 来看，2013—2016 年，青海省绿色发展指数总体呈现上升趋势。资源利用提升速率、环境治理提升速率、生态保护水平和绿色生活水平呈现出明显增长态势，相比较而言，环境质量改善和经济增长质量方面进展不足。

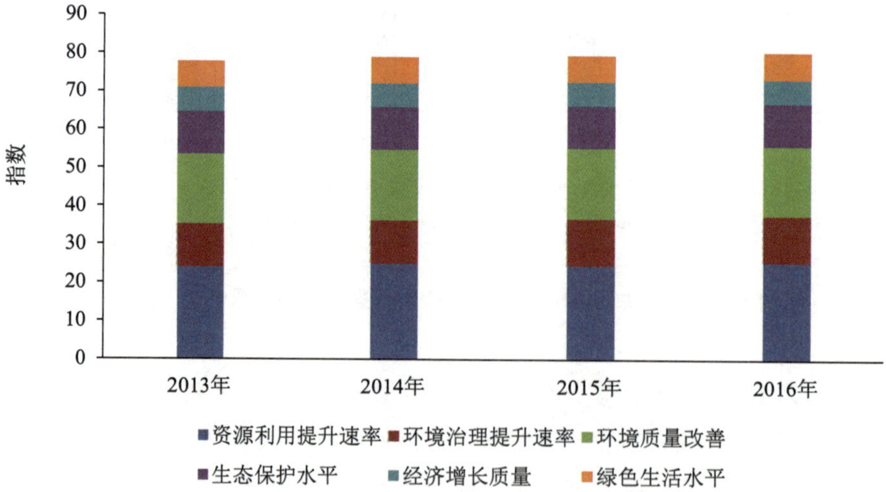

图 4-49　2013—2016 年青海省绿色发展指数的变化趋势

从 2013 年与 2016 年的数据对比来看，在资源利用提升速率方面，青海省在土地资源、能源、水资源、固体废物利用方面均有上升，综合反映了资源利用提升速率的上升；在环境治理提升速率方面，青海省在空气污染物控制方面有明显提升，环境基础设施方面也在改善；在环境质量改善方面，青海省的空气质量和耕地质量均有所改善，但在水质量方面有所下降；在经济增长质量方面，青海省在产业结构方面取得了一定的提升，但是在经济增长速度和创新投入方面的提升相对滞后（图 4-50）。

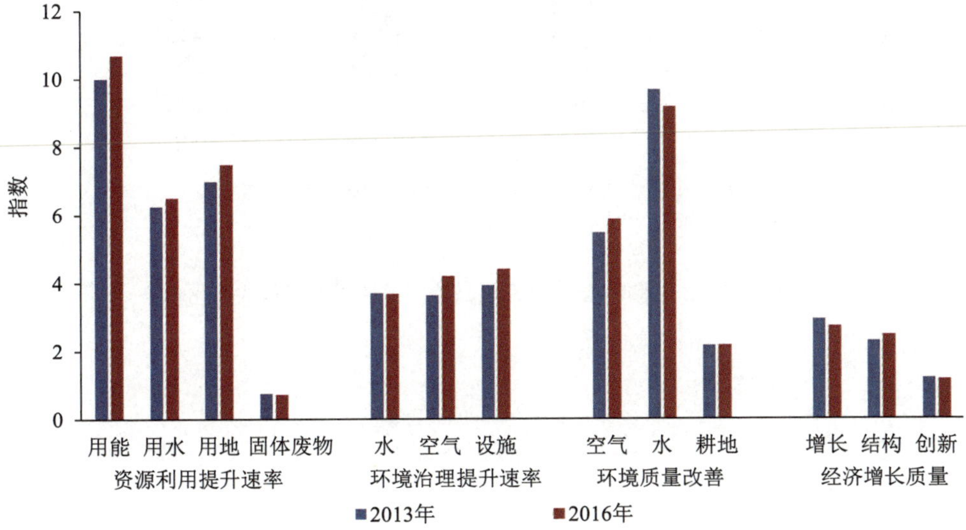

图 4-50　2013 年和 2016 年青海省各绿色发展分类指数的情况

（四）宁夏回族自治区

从图 4-51 来看，2013—2016 年，宁夏回族自治区绿色发展指数在波动中呈现下降趋势。资源利用提升速率、经济增长质量和绿色生活水平呈现出增长态势，相比较而言，环境质量改善、生态保护水平和环境治理提升速率方面进展不足。

从 2013 年与 2016 年的数据对比来看，在资源利用提升速率方面，宁夏回族自治区在土地资源、能源、水资源利用方面均有上升，固体废物利用方面有所下降；在环境治理提升速率方面，宁夏回族自治区的环境基础设施方面在改善，但在水污染物和空气污染物排放量减少速率方面有所放缓；在环境质量改善方面，宁夏回族自治区的空气质量和耕地质量均有所改善，但在水质量方面有明显的下降；在经济增长质量方面，宁夏回族自治区在产业结构和创新投入方面取得了一定的提升，但是在经济增长速度方面的提升相对滞后（图 4-52）。

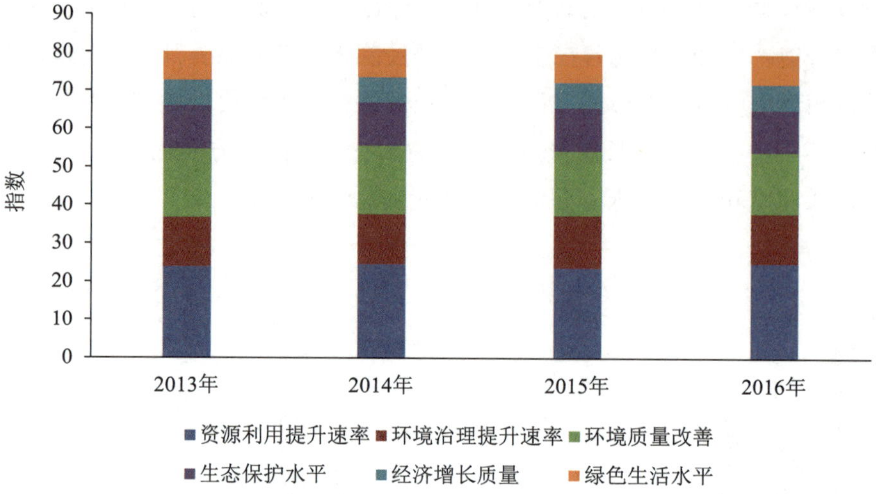

图 4-51　2013—2016 年宁夏回族自治区绿色发展指数的变化趋势

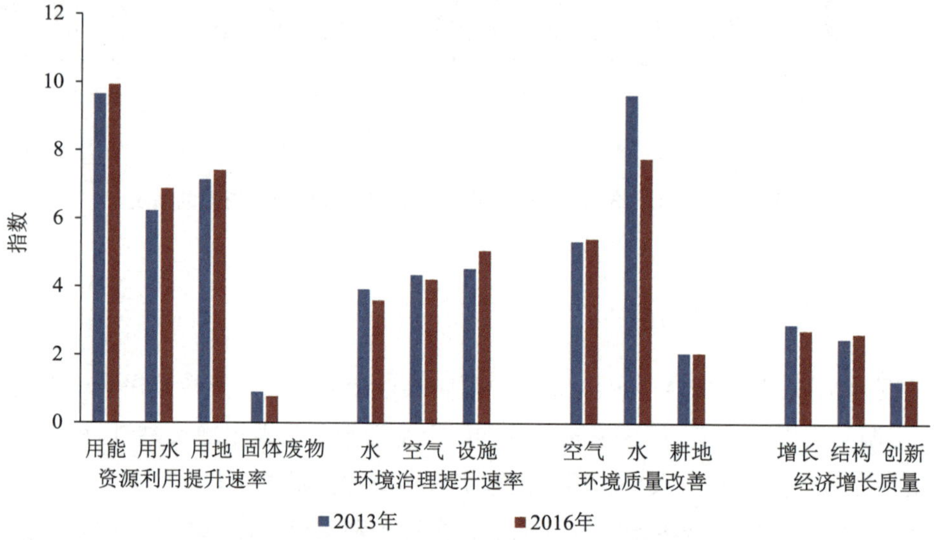

图 4-52　2013 年和 2016 年宁夏回族自治区各绿色发展分类指数的情况

（五）新疆维吾尔自治区

从图 4-53 来看，2013—2016 年，新疆维吾尔自治区绿色发展指数呈现波动趋势。资源利用提升速率、生态保护水平和绿色生活水平呈现增长态势，反映了资源利用提升速率水平的提升以及绿色生活水平的提高。相比较而言，环境治理提升速率、环境质量改善和经济增长质量方面进展不足。

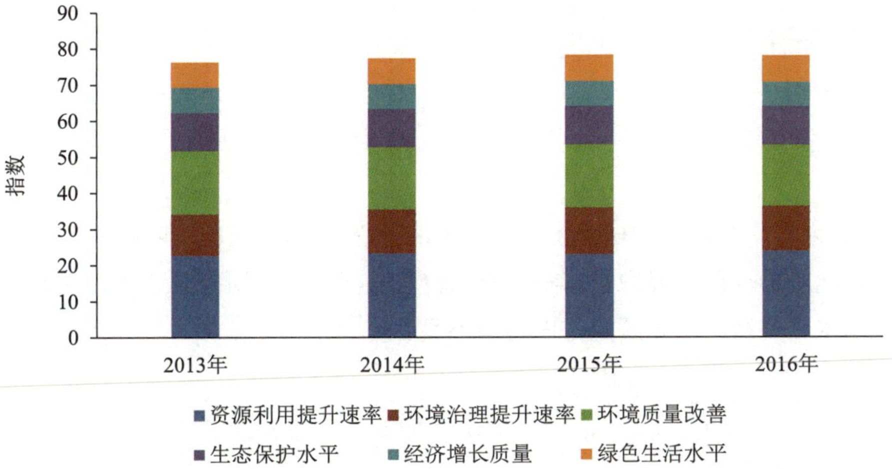

图 4-53　2013—2016 年新疆维吾尔自治区绿色发展指数的变化趋势

从 2013 年与 2016 年的数据对比来看，在资源利用提升速率方面，除在水资源、固体废物利用上进展不足外，新疆维吾尔自治区在土地资源、能源利用方面均有上升；在环境治理提升速率方面，新疆维吾尔自治区的空气污染物控制方面有所上升，环境基础设施方面有所改善；在环境质量改善方面，新疆维吾尔自治区水质量有所改善，但空气质量和耕地质量有所下降；在经济增长质量方面，新疆维吾尔自治区在创新投入和产业结构方面略有提升，但是在经济增长速度方面有所下降（图 4-54）。

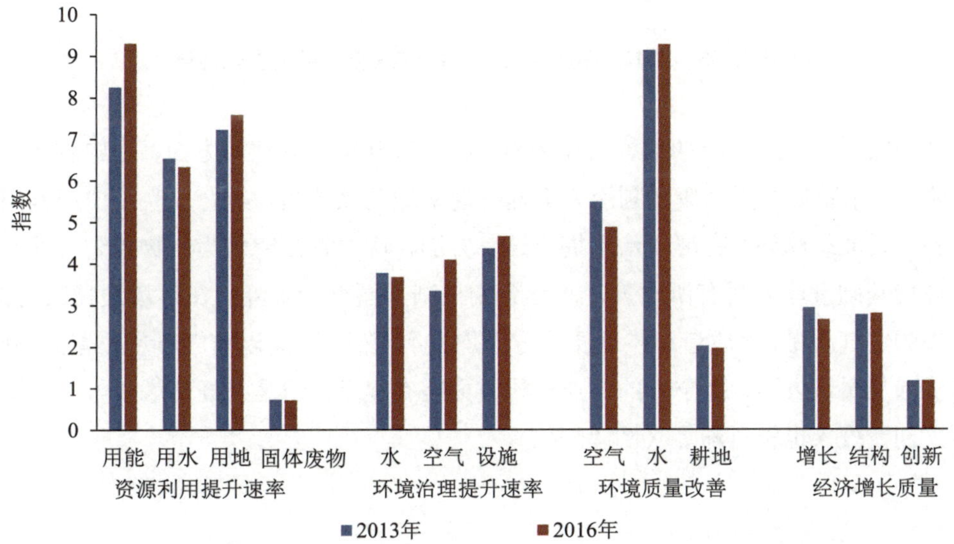

图 4-54　2013 年和 2016 年新疆维吾尔自治区各绿色发展分类指数的情况

七、东北三省

（一）辽宁省

从图 4-55 来看，2013—2016 年，辽宁省的绿色发展指数呈现下降趋势。环境治理提升速率、环境质量改善呈现增长态势，相比较而言，资源利用提升速率、生态保护水平、绿色生活水平和经济增长质量方面进展不足。

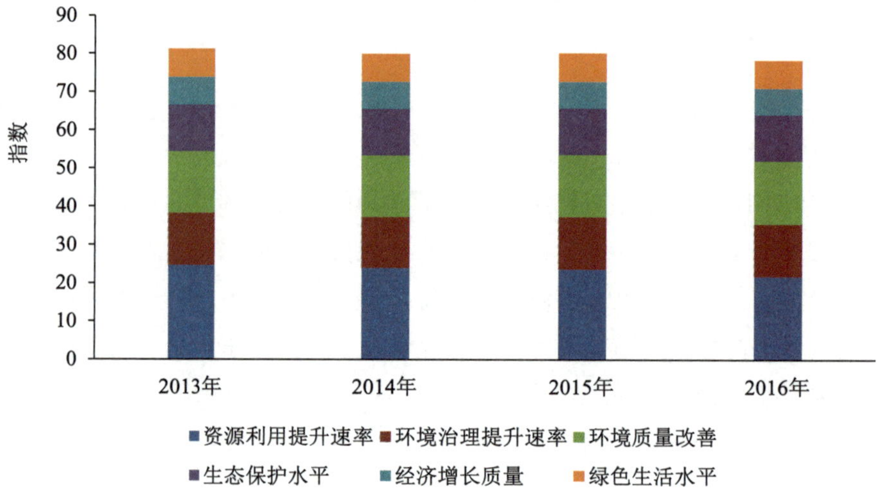

图 4-55　2013—2016 年辽宁省绿色发展指数的变化趋势

从 2013 年与 2016 年的数据对比来看，在资源利用提升速率方面，辽宁省在土地资源、能源、水资源、固体废物利用方面提升速率均明显放缓，综合反映了资源利用提升速率的明显放缓趋势；在环境治理提升速率方面，辽宁省在空气污染物控制方面有所上升，环境基础设施方面有所改善，水污染物控制方面有所下降；在环境质量改善方面，辽宁省的空气质量、水质量和耕地质量方面均有所上升，尤其以空气质量改善最为明显；在经济增长质量方面，辽宁省的产业结构方面略有提升，但是在经济增长方面下降趋势明显，创新投入也相对滞后（图 4-56）。

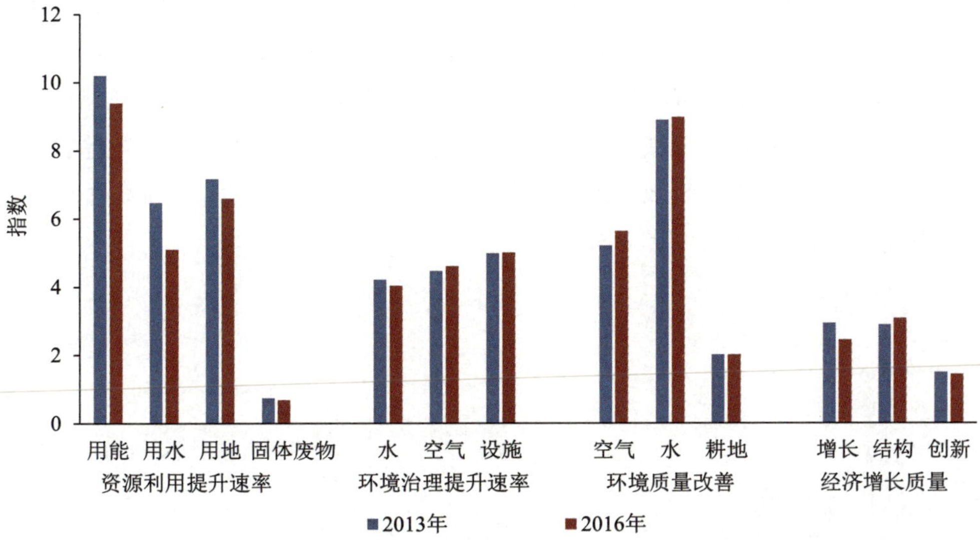

图 4-56　2013 年和 2016 年辽宁省各绿色发展分类指数的情况

（二）吉林省

从图 4-57 来看，2013—2016 年，吉林省的绿色发展指数总体呈现上升趋势。环境治理提升速率、环境质量改善、生态保护水平、绿色生活水平呈现增长态势，反映了生态环境质量的改善和生活水平的提高。相比较而言，在资源利用提升速率和经济增长质量方面的进展不足。

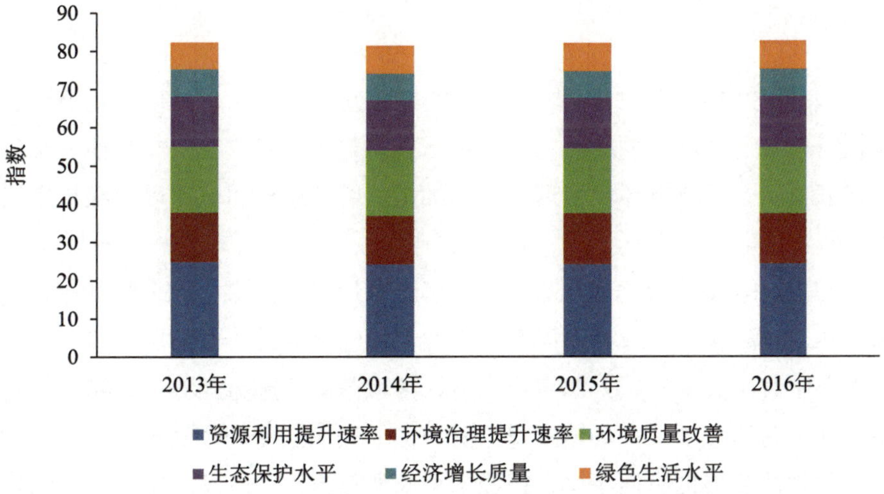

图 4-57　2013—2016 年吉林省绿色发展指数的变化趋势

从2013年与2016年的数据对比来看，在资源利用提升速率方面，吉林省在能源和固体废物利用提升速率方面有所放缓，在土地资源、水资源利用方面有小幅度的上升；在环境治理提升速率方面，吉林省在空气污染物控制方面有所上升，环境基础设施方面有所改善，但水污染物排放量减少速率有所放缓；在环境质量改善方面，吉林省的空气质量有所改善，在水质量和耕地质量方面有所下降；在经济增长质量方面，吉林省的产业结构和创新投入略有提升（图4-58）。

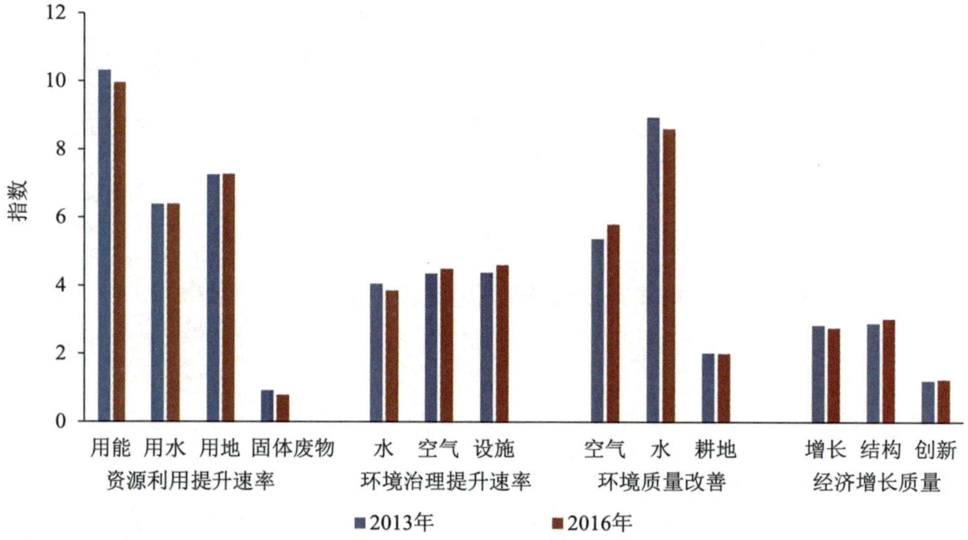

图4-58　2013年和2016年吉林省各绿色发展分类指数的情况

（三）黑龙江省

从图4-59来看，2013—2016年，黑龙江省的绿色发展指数总体呈现波动上升趋势。除资源利用提升速率、环境质量改善方面呈现下降态势外，黑龙江省在其他一级指数方面均呈现出增长态势，反映出环境治理力度的加大、增长结构的优化以及绿色生活水平的提高。

从2013年与2016年的数据对比来看，在资源利用提升速率方面，黑龙江省在土地资源、固体废物、能源和水资源利用提升速率方面均略有放缓；在环境治理提升速率方面，黑龙江省在空气污染物控制方面有所上升，环境基础设施方面有所改善，但水污染物排放量减少速率有所放缓；在环境质量改善方面，黑龙江省的空气质量有所改善，但是在水质量和耕地质量方面有所下降；在经济增长质量方面，黑龙江省在产业结构方面略有提升，但是在经济增长速度和创新投入方面相对滞后（图4-60）。

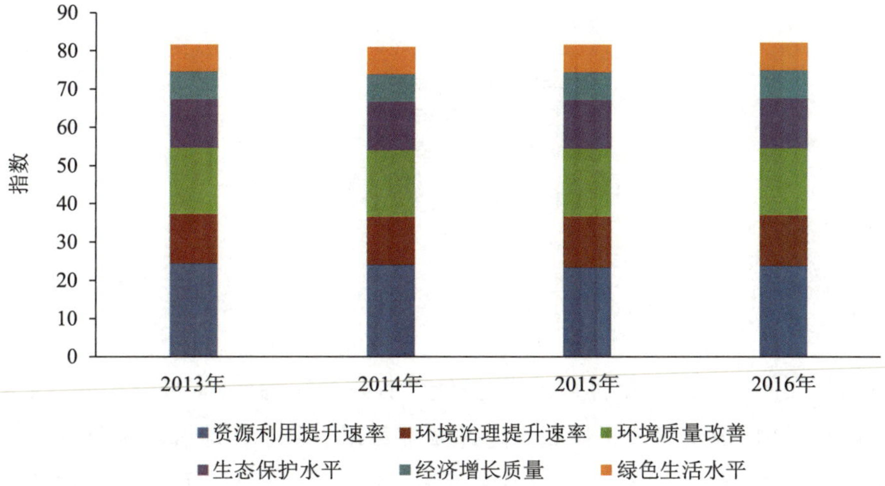

图 4-59 2013—2016 年黑龙江省绿色发展指数的变化趋势

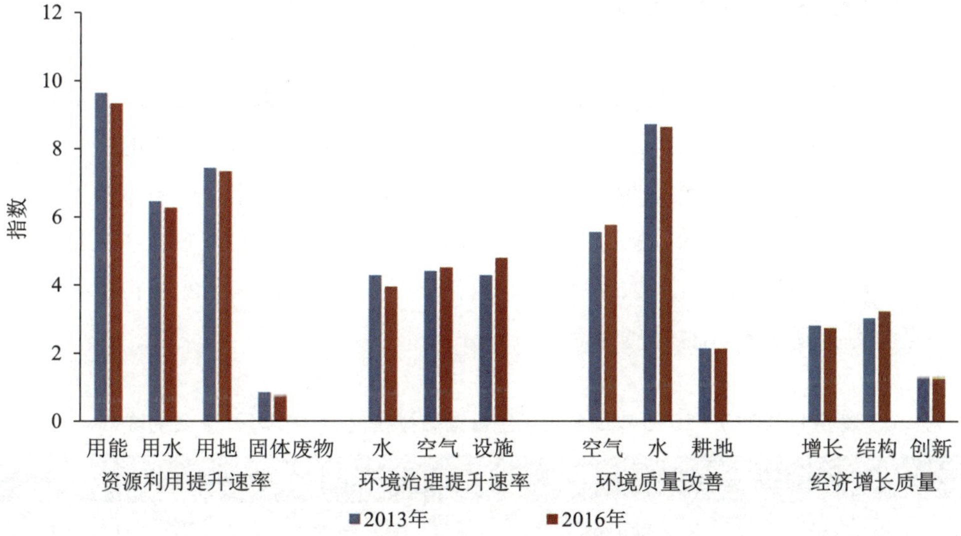

图 4-60 2013 年和 2016 年黑龙江省各绿色发展分类指数的情况

第五章
城市绿色发展评估结果

根据城市层面的绿色发展指标体系，考虑统计数据的完善性，本报告计算了全国248个[①]城市的绿色发展指数及其一级指数。通过城市数据的分析，能够对绿色发展的特征和总体趋势进行更加深入的分析，进一步佐证基于省（区、市）层面数据计算的绿色发展指数的空间分布格局。

一、绿色发展综合指数

表5-1汇报了2013—2015年绿色发展综合指数排在前20名和后20名的城市。其中，一些城市的排名相对稳定，如黄山市、丽水市、三明市、萍乡市等的绿色发展指数一直排在前20名，而吕梁市、保定市、临汾市、廊坊市、开封市、濮阳市等的绿色发展指数一直排在后20名。总的来看，排在前20名的城市主要分布在安徽省、广东省、福建省、浙江省、江西省、云南省、广西壮族自治区等；排在后20名的城市主要分布在河南省、河北省、辽宁省、吉林省等。

表5-1　2013—2015年绿色发展综合指数排在前20名和后20名的城市

排名	2013年	2014年	2015年
1	黄山市	云浮市	张家界市
2	梅州市	黄山市	三明市
3	丽水市	张家界市	黄山市
4	莆田市	丽水市	杭州市
5	三明市	韶关市	河源市
6	萍乡市	南昌市	丽水市
7	哈尔滨市	萍乡市	株洲市

① 由于很多城市存在指标数据的缺失，通过删减最后留下统计数据相对完善的248个城市样本。

排名	2013年	2014年	2015年
8	鹰潭市	三明市	深圳市
9	梧州市	长沙市	池州市
10	杭州市	杭州市	临沧市
11	珠海市	河池市	龙岩市
12	南平市	随州市	梅州市
13	商洛市	抚州市	郴州市
14	桂林市	株洲市	哈尔滨市
15	汉中市	衢州市	桂林市
16	抚州市	广州市	普洱市
17	龙岩市	海口市	新余市
18	新余市	安康市	吉安市
19	牡丹江市	威海市	萍乡市
20	吉安市	北海市	安康市
…	……	……	……
229	荆州市	太原市	廊坊市
230	阜新市	庆阳市	沧州市
231	开封市	阜新市	铁岭市
232	保定市	开封市	石家庄市
233	许昌市	辽阳市	邢台市
234	太原市	天津市	长春市
235	天津市	鹤壁市	亳州市
236	阳泉市	焦作市	葫芦岛市
237	安阳市	鞍山市	阜阳市
238	濮阳市	亳州市	鸡西市
239	长春市	张掖市	安阳市
240	石家庄市	吕梁市	焦作市
241	焦作市	阳泉市	阜新市
242	临汾市	赤峰市	淮北市
243	嘉兴市	邢台市	开封市
244	沧州市	濮阳市	眉山市

排名	2013 年	2014 年	2015 年
245	廊坊市	临汾市	吕梁市
246	乌海市	沧州市	新乡市
247	吕梁市	廊坊市	临汾市
248	邢台市	铁岭市	濮阳市

进一步分别计算2013—2015年各城市绿色发展综合指数的均值，绘制排在前20名和后20名的城市，见图5-1。2013—2015年各城市绿色发展综合指数的均值为79.3，排在前20名的城市为黄山市、三明市、丽水市、张家界市、杭州市、萍乡市、龙岩市、株洲市、南平市、抚州市、哈尔滨市、梅州市、新余市、桂林市、吉安市、韶关市、安康市、衢州市、威海市、舟山市；排在后20名的城市为乌海市、荆州市、淮北市、阜阳市、天津市、长春市、亳州市、阜新市、新乡市、阳泉市、安阳市、开封市、铁岭市、焦作市、沧州市、临汾市、廊坊市、吕梁市、邢台市、濮阳市。

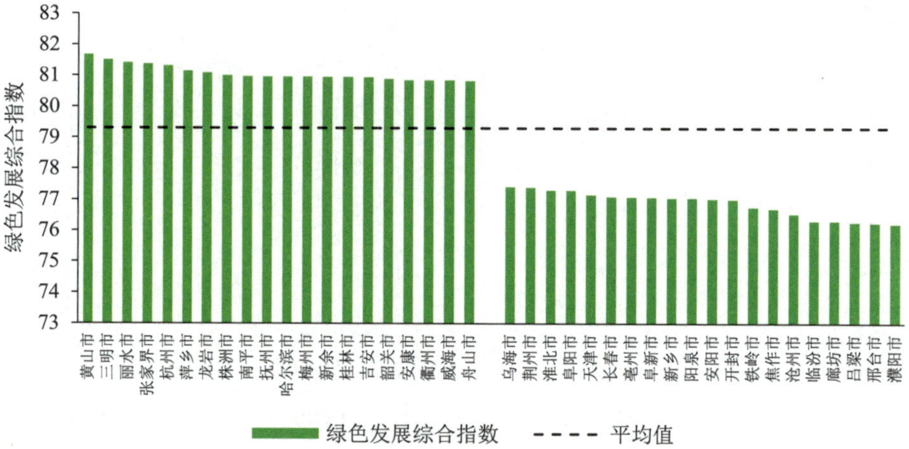

图5-1　2013—2015年绿色发展综合指数均值排在前20名和后20名的城市

从城市层面绿色发展指数的空间分布来看（图5-2、图5-3），排名靠前的城市多集中在生态环境基础相对较好且经济发展水平相对较高的地区。2013—2015年，绿色发展的空间格局略有变动，东南和西南地区的绿色发展水平得到提升，而华北和东北地区一些城市的绿色发展指数排名出现退化。这种城市绿色发展的空间分布格局变动与省（区、市）层面的绿色发展空间分布格局变动是比较一致的。

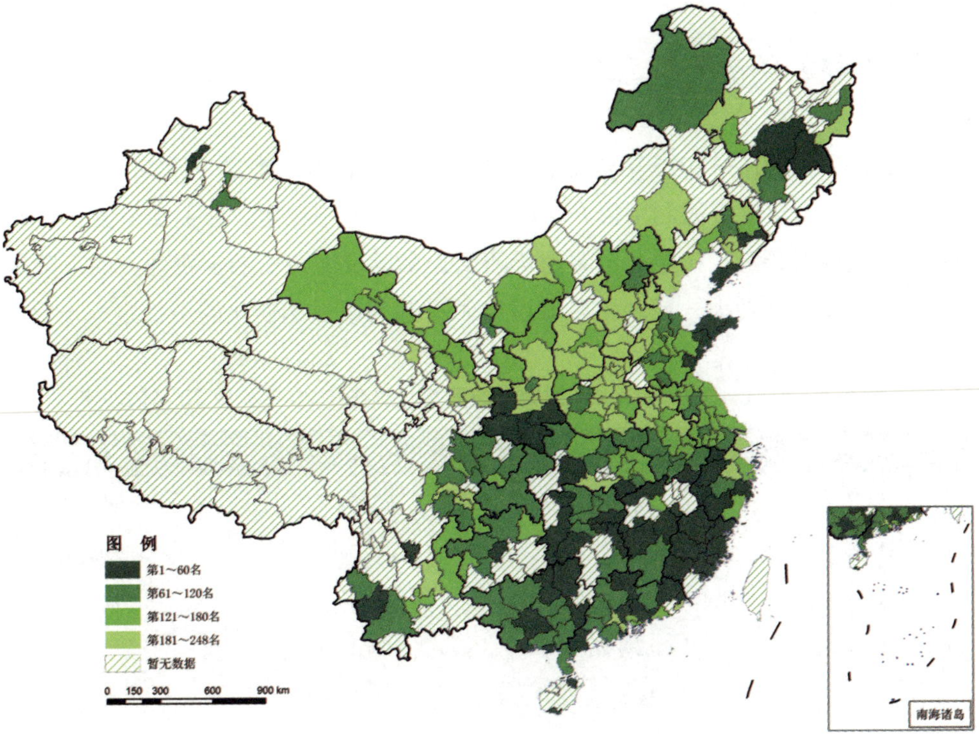

图 5-2 2013 年城市绿色发展综合指数的地理分布

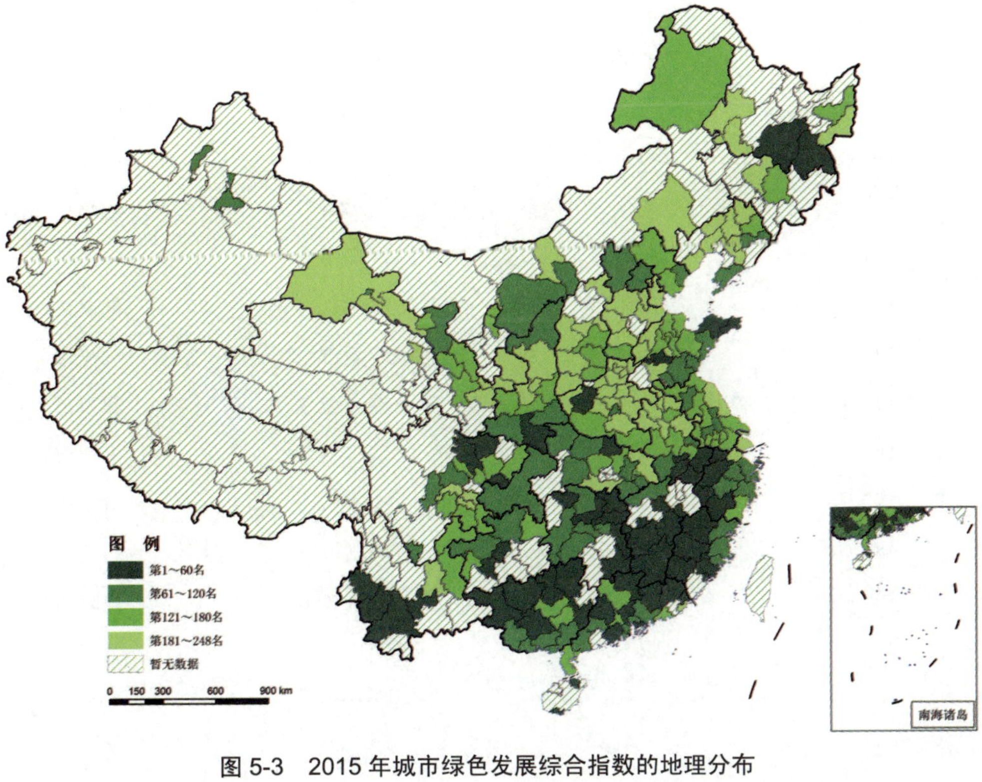

图 5-3 2015 年城市绿色发展综合指数的地理分布

二、资源利用提升速率指数

表 5-2 汇报了 2013—2015 年资源利用提升速率指数排在前 20 名和后 20 名的城市。总的来说，各城市年度资源利用提升速率指数的排名并不稳定。这主要是由于我们在测算中采用的是相对指标，如能源资源消费的增长率以及能源资源消费强度的下降率。这些指标年度变化差异较大，反映出各城市能源资源利用效率变化的不稳定。

表 5-2　2013—2015 年资源利用提升速率指数排在前 20 名和后 20 名的城市

排名	2013 年	2014 年	2015 年
1	沈阳市	石家庄市	漯河市
2	梅州市	乌海市	榆林市
3	莆田市	广州市	河源市
4	鄂州市	眉山市	三明市
5	珠海市	岳阳市	廊坊市
6	葫芦岛市	开封市	临沧市
7	滨州市	云浮市	临沂市
8	湘潭市	平凉市	昭通市
9	青岛市	河池市	潮州市
10	自贡市	长春市	江门市
11	潮州市	清远市	池州市
12	周口市	淮安市	中山市
13	信阳市	阜阳市	鹤壁市
14	梧州市	聊城市	武汉市
15	开封市	邢台市	北京市
16	鸡西市	南昌市	郴州市
17	哈尔滨市	安康市	黄石市
18	濮阳市	泸州市	商丘市
19	铜川市	乌鲁木齐市	益阳市
20	鹰潭市	铜川市	肇庆市
…	……	……	……
229	玉溪市	昭通市	新乡市

排名	2013 年	2014 年	2015 年
230	曲靖市	北京市	盐城市
231	漯河市	达州市	克拉玛依市
232	河池市	定西市	衢州市
233	邯郸市	赣州市	乌海市
234	吕梁市	鞍山市	阜新市
235	金昌市	黄石市	承德市
236	阳泉市	秦皇岛市	开封市
237	平凉市	临沧市	金昌市
238	普洱市	吉林市	铜仁市
239	唐山市	鄂州市	吕梁市
240	嘉峪关市	榆林市	大庆市
241	雅安市	中山市	六安市
242	广安市	普洱市	双鸭山市
243	佛山市	庆阳市	吉林市
244	鄂尔多斯市	德州市	攀枝花市
245	绍兴市	漯河市	清远市
246	汕尾市	肇庆市	酒泉市
247	乌海市	张掖市	鸡西市
248	中山市	铁岭市	石家庄市

计算 2013—2015 年各城市资源利用提升速率指数的均值，绘制排在前 20 名和后 20 名的城市，见图 5-4。2013—2015 年各城市资源利用提升速率指数的均值为 24.51，排在前 20 名的城市为沈阳市、潮州市、廊坊市、铜川市、三明市、珠海市、岳阳市、淮安市、广州市、江门市、潍坊市、自贡市、眉山市、商丘市、泸州市、临沂市、湘潭市、哈尔滨市、池州市、武汉市；排在后 20 名的城市为嘉峪关市、广安市、承德市、本溪市、攀枝花市、德州市、肇庆市、鞍山市、吕梁市、普洱市、金昌市、张掖市、乌海市、吉林市、双鸭山市、汕尾市、酒泉市、庆阳市、铁岭市、中山市。

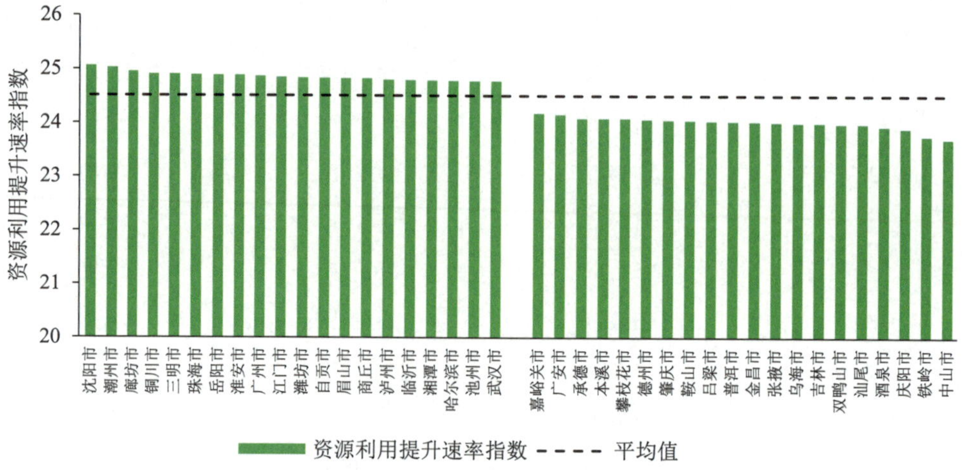

图 5-4　2013—2015 年资源利用提升速率指数均值排在前 20 名和后 20 名的城市

从空间分布来看，城市资源利用提升速率指数并未呈现出比较规律性的分布特征，高资源利用指数城市的分布比较分散，这也反映出各城市的资源利用尚未呈现出稳定的良性趋势（图 5-5、图 5-6）。

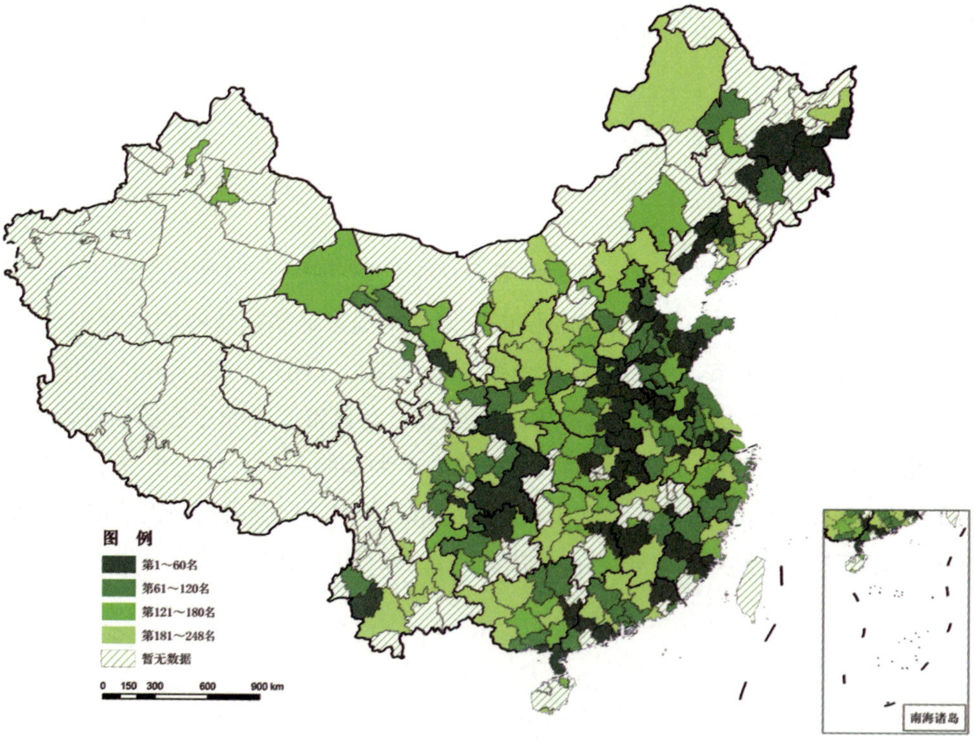

图 5-5　2013 年城市资源利用提升速率指数的地理分布

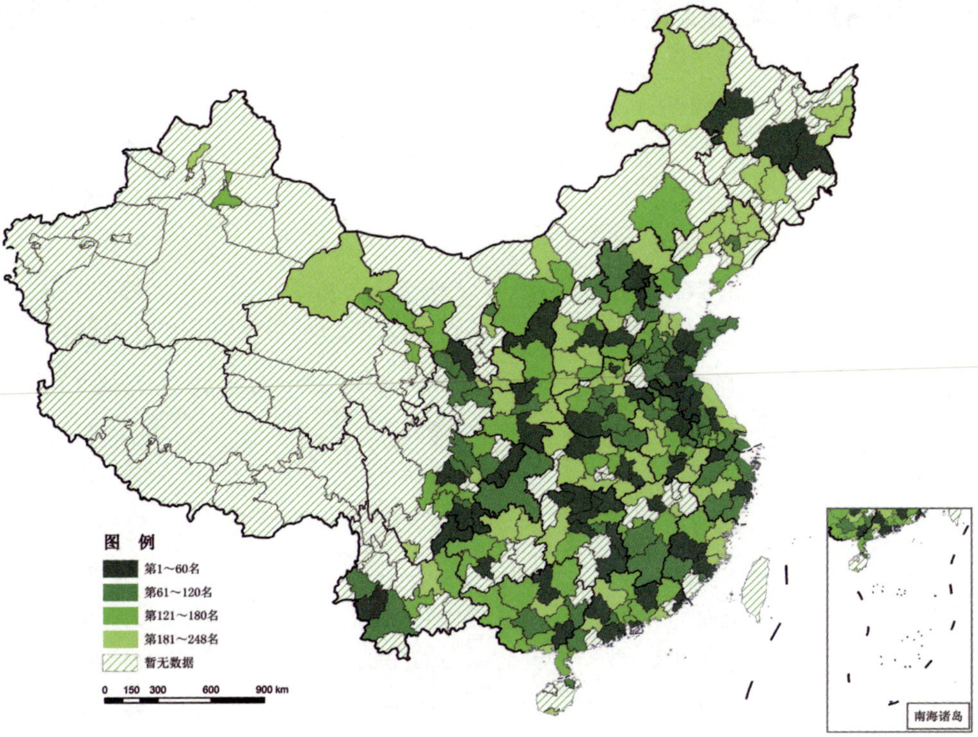

图 5-6 2015 年城市资源利用提升速率指数的地理分布

三、环境治理提升速率指数

表 5-3 汇报了 2013—2015 年环境治理提升速率指数排在前 20 名和排在后 20 名的城市，环境治理提升速率指数的年度排名波动较大，说明城市之间的环境治理力度有所不同。综合而言，2013—2015 年，抚顺市、合肥市、克拉玛依市在前 20 名中出现的频率较高，即这几个城市环境治理力度较大且持续性较强；开封市、兰州市、齐齐哈尔市、赣州市在后 20 名中出现的频率较高，即这些城市的环境治理提升速率相对放缓。

表 5-3 2013—2015 年环境治理提升速率指数排在前 20 名和后 20 名的城市

排名	2013 年	2014 年	2015 年
1	聊城市	南昌市	渭南市
2	抚顺市	十堰市	抚顺市
3	宜宾市	克拉玛依市	唐山市
4	本溪市	绍兴市	张家界市

排名	2013 年	2014 年	2015 年
5	达州市	昆明市	德阳市
6	亳州市	宜昌市	秦皇岛市
7	中山市	台州市	株洲市
8	珠海市	广安市	克拉玛依市
9	唐山市	三亚市	赤峰市
10	合肥市	铁岭市	随州市
11	西安市	日照市	石家庄市
12	银川市	淮北市	深圳市
13	湖州市	泰安市	北京市
14	嘉兴市	银川市	西安市
15	济南市	三门峡市	邯郸市
16	白银市	唐山市	武威市
17	淮北市	濮阳市	合肥市
18	杭州市	邯郸市	保定市
19	辽阳市	长沙市	绵阳市
20	莱芜市	威海市	广州市
…	……	……	……
229	开封市	锦州市	九江市
230	临汾市	天水市	昭通市
231	池州市	滨州市	崇左市
232	汕头市	双鸭山市	泸州市
233	齐齐哈尔市	定西市	荆州市
234	玉溪市	吉林市	定西市
235	崇左市	平凉市	铜川市
236	随州市	开封市	柳州市
237	内江市	昭通市	阜阳市
238	黄冈市	崇左市	防城港市
239	吕梁市	贵港市	宜宾市
240	廊坊市	鸡西市	贵港市
241	牡丹江市	防城港市	淮安市
242	兰州市	齐齐哈尔市	韶关市
243	昭通市	牡丹江市	湛江市
244	张家界市	廊坊市	黄冈市

排名	2013 年	2014 年	2015 年
245	定西市	攀枝花市	赣州市
246	天水市	赤峰市	兰州市
247	赣州市	赣州市	齐齐哈尔市
248	铜仁市	兰州市	庆阳市

计算 2013—2015 年各城市环境治理提升速率的均值，绘制前 20 名和后 20 名的城市，见图 5-7。2013—2015 年各城市环境治理提升速率指数的均值为 13.43，排在前 20 名的城市为克拉玛依市、唐山市、聊城市、绍兴市、南昌市、抚顺市、邯郸市、渭南市、合肥市、西安市、秦皇岛市、杭州市、十堰市、北京市、泰安市、银川市、济宁市、本溪市、威海市、淄博市，说明这些城市环境治理力度相对较大；排在后 20 名的城市为吕梁市、淮安市、平凉市、庆阳市、荆州市、开封市、泸州市、铜仁市、防城港市、崇左市、黄冈市、廊坊市、贵港市、天水市、牡丹江市、昭通市、定西市、齐齐哈尔市、兰州市、赣州市，这些城市的环境治理力度相对较小。总体来看，环境治理提升速率指数城市间的差异较小，说明各地政府对环境质量该改善的重视。

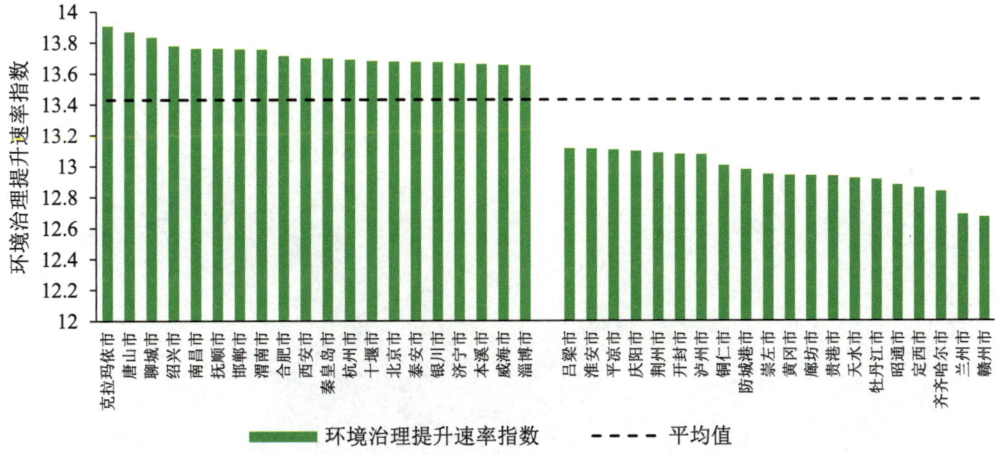

图 5-7　2013—2015 年环境治理提升速率指数均值排在前 20 名和后 20 名的城市

从城市环境治理提升速率指数的空间分布来看（图 5-8、图 5-9），京津冀及其周边地区、长三角、珠三角以及成渝地区是高环境治理提升速率指数城市的集聚区。与 2013 年相比，2015 年重点区域环境治理提升速率理指数的集聚特征更加明显，这也反映了针对重点区域环境治理的进一步强化。

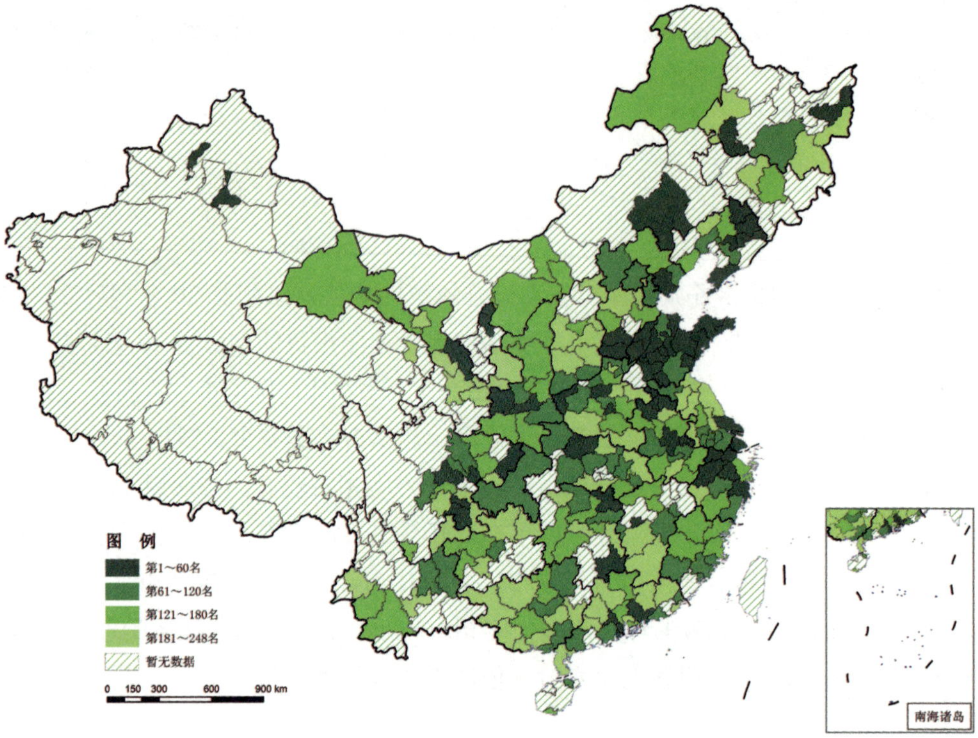

图 5-8　2013 年城市环境治理提升速率指数的地理分布

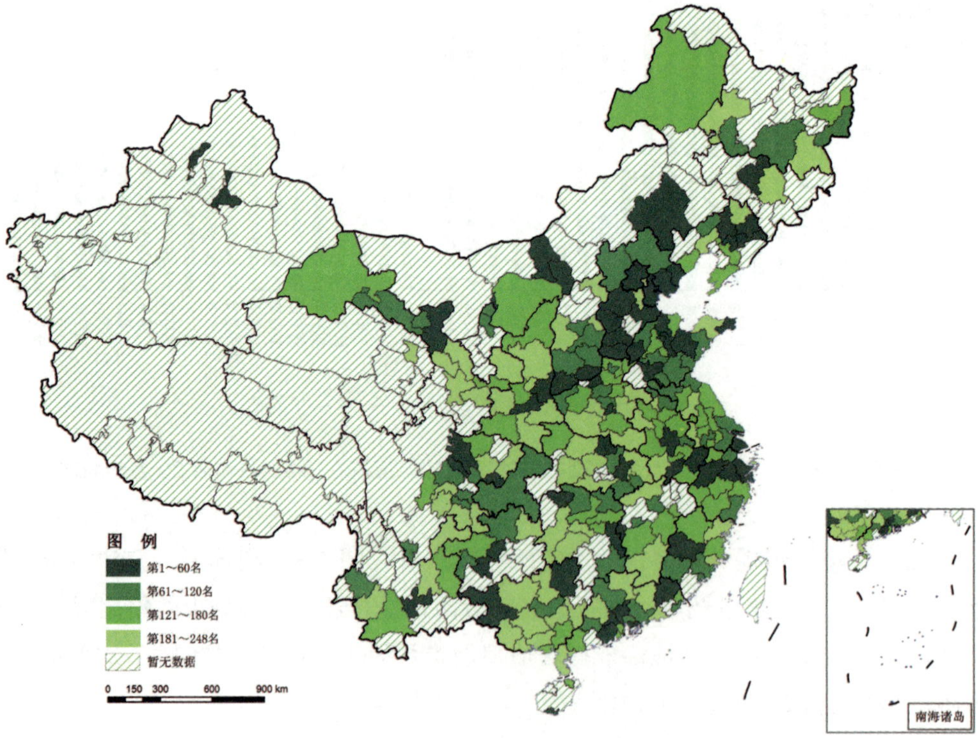

图 5-9　2015 年城市环境治理提升速率指数的地理分布

四、生态环境质量指数

2013—2015 年，生态环境质量指数排在前 20 名和排在后 20 名的城市见表 5-4。可以看出，排在前 20 名的城市和后 20 名的城市的分布格局有所波动。综合而言，2013—2015 年，三明市、丽水市、张家界市、牡丹江市在前 20 名中出现的频率较高，即这几个城市的生态环境质量较好；廊坊市、聊城市、邢台市、焦作市等城市 3 年一直处于后 20 名，即这些城市的生态环境质量相对较差。

表 5-4　2013—2015 年生态环境质量指数排在前 20 名和后 20 名的城市

排名	2013 年	2014 年	2015 年
1	黄山市	张家界市	丽水市
2	三明市	丽水市	黄山市
3	丽水市	赣州市	河源市
4	龙岩市	黄山市	梧州市
5	梧州市	南平市	赣州市
6	南平市	三明市	梅州市
7	河池市	邵阳市	普洱市
8	赣州市	韶关市	三明市
9	商洛市	龙岩市	张家界市
10	吉安市	河池市	韶关市
11	梅州市	衢州市	衢州市
12	怀化市	吉安市	桂林市
13	张家界市	商洛市	龙岩市
14	衢州市	梧州市	南平市
15	萍乡市	抚州市	河池市
16	普洱市	萍乡市	牡丹江市
17	桂林市	宁德市	吉安市
18	宁德市	河源市	安康市
19	牡丹江市	怀化市	宁德市
20	临沧市	牡丹江市	攀枝花市
…	……	……	……

排名	2013 年	2014 年	2015 年
229	许昌市	辽阳市	开封市
230	葫芦岛市	铁岭市	鹤壁市
231	新乡市	太原市	葫芦岛市
232	开封市	阜新市	聊城市
233	吕梁市	新乡市	宿州市
234	淮北市	开封市	长春市
235	太原市	聊城市	淮北市
236	上海市	上海市	亳州市
237	亳州市	沈阳市	眉山市
238	安阳市	临汾市	新乡市
239	聊城市	长春市	安阳市
240	焦作市	阳泉市	沈阳市
241	长春市	淮北市	上海市
242	廊坊市	亳州市	临汾市
243	天津市	焦作市	邢台市
244	石家庄市	天津市	焦作市
245	濮阳市	沧州市	沧州市
246	沧州市	濮阳市	廊坊市
247	邢台市	邢台市	天津市
248	嘉兴市	廊坊市	濮阳市

从生态环境质量指数 3 年的平均值来看（图 5-10），2013—2015 年，在 248 个城市中，排在前 20 名的城市有三明市、北海市、玉溪市、克拉玛依市、吉安市、防城港市、萍乡市、河池市、新余市、临沧市、鹰潭市、丽水市、抚州市、黄山市、商洛市、攀枝花市、赣州市、双鸭山市、广元市、宁德市，环境质量较好；排在后 20 名的城市是唐山市、开封市、自贡市、西安市、新乡市、鞍山市、沈阳市、临汾市、太原市、长春市、安阳市、嘉兴市、郑州市、石家庄市、濮阳市、焦作市、沧州市、聊城市、邢台市、廊坊市，环境质量较差。总体来看，生态环境质量好的城市间差距较小，生态环境质量差的城市间差异相对较大，部分城市的生态环境质量状况依然不容乐观。

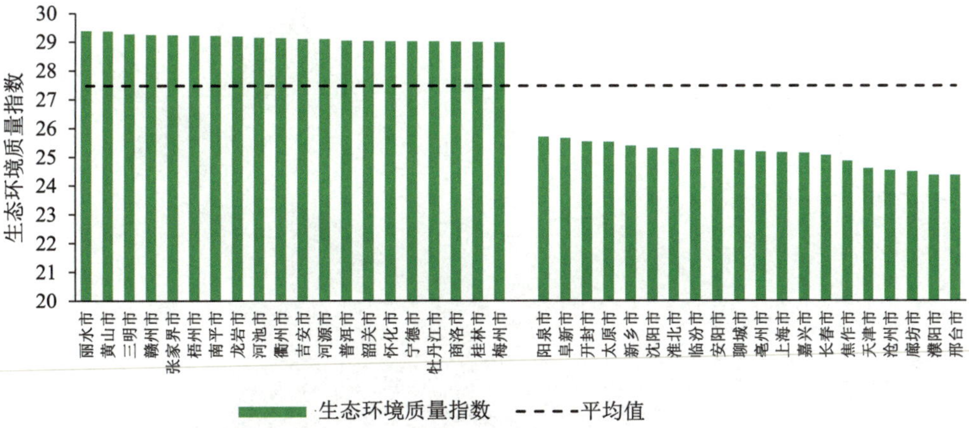

图 5-10　2013—2015 年生态环境质量指数均值排在前 20 名和后 20 名的城市

从生态环境质量指数的空间分布来看（图 5-11、图 5-12），南方地区的生态环境质量指数明显高于北方地区，且区域特征较为明显，如华北地区，尤其是京津冀及其周边城市的生态质量指数明显偏低，长三角地区部分城市的生态环境质量较低，大体能够反映实际整体环境质量的空间分布格局。

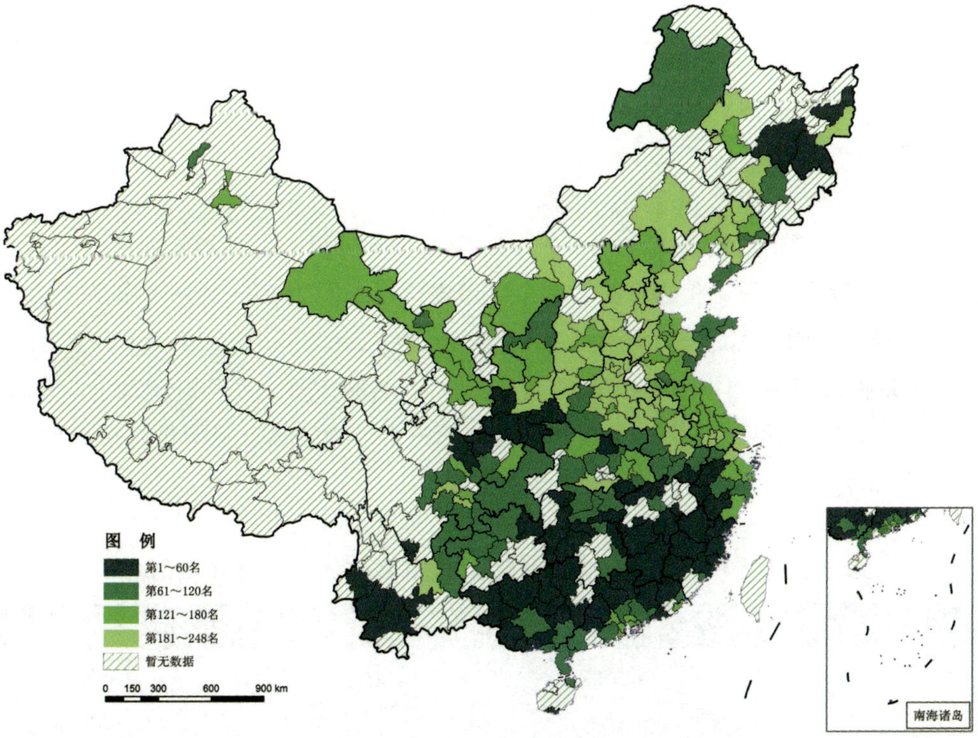

图 5-11　2013 年城市生态环境质量指数的地理分布

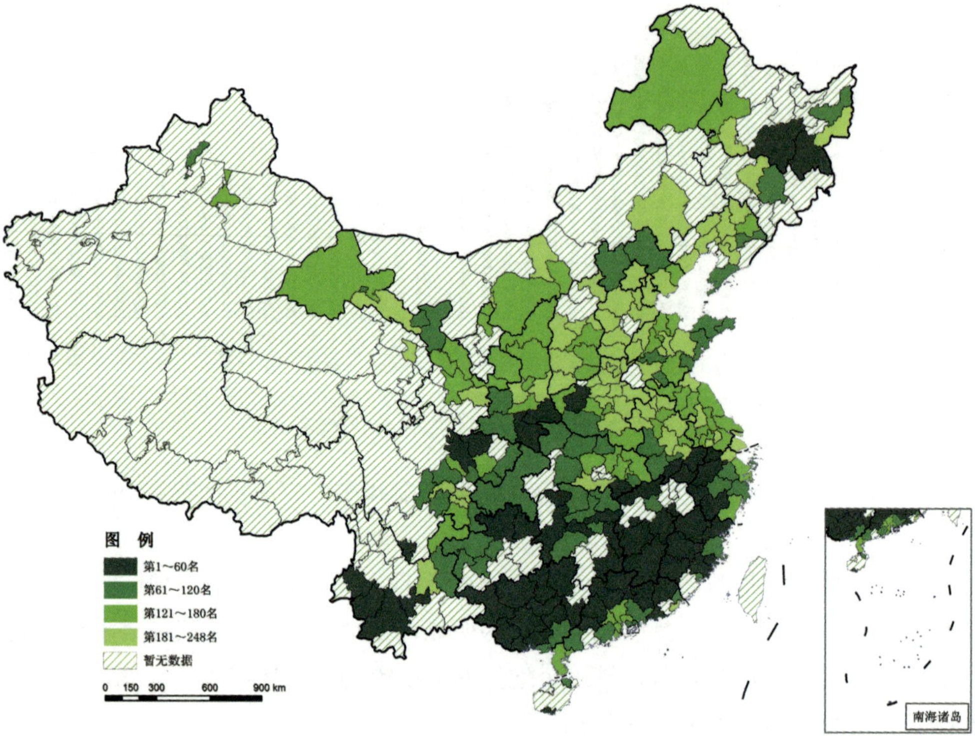

图 5-12　2015 年城市生态环境质量指数的地理分布

五、经济增长质量指数

经济增长质量指数主要关注城市的经济增长质量情况，包括增长速度、收入水平、经济结构和创新投入等。在计算的 248 个城市中，列出了 2013—2015 年排在前 20 名和排名后 20 名的城市，如表 5-5 所示。可以看出，北京市、广州市、深圳市、上海市的经济增长质量指数较高，3 年中均排在前六名；前 20 名城市排位变化波动较小，格局较为稳定；后 20 名城市变动较大，仅双鸭山市、达州市、内江市、吕梁市及漯河市 3 年内均处于后 20 名。

表 5-5　2013—2015 年经济增长质量指数排在前 20 名和后 20 名的城市

排名	2013 年	2014 年	2015 年
1	东莞市	北京市	北京市
2	北京市	云浮市	深圳市
3	广州市	深圳市	广州市

排名	2013 年	2014 年	2015 年
4	深圳市	广州市	杭州市
5	苏州市	上海市	上海市
6	南京市	南京市	珠海市
7	珠海市	苏州市	南京市
8	三亚市	杭州市	苏州市
9	上海市	无锡市	乌鲁木齐市
10	鄂尔多斯市	呼和浩特市	呼和浩特市
11	无锡市	珠海市	武汉市
12	天津市	常州市	常州市
13	呼和浩特市	海口市	无锡市
14	杭州市	武汉市	天津市
15	厦门市	乌鲁木齐市	鄂尔多斯市
16	中山市	天津市	三亚市
17	贵阳市	贵阳市	海口市
18	常州市	厦门市	贵阳市
19	海口市	鄂尔多斯市	太原市
20	武汉市	镇江市	东莞市
…	……	……	……
229	保定市	眉山市	葫芦岛市
230	邯郸市	乐山市	咸阳市
231	平凉市	阜新市	百色市
232	平顶山市	漯河市	宜宾市
233	达州市	遂宁市	鹤壁市
234	邢台市	宜宾市	双鸭山市
235	遂宁市	临沧市	漯河市
236	百色市	梧州市	临汾市
237	延安市	铁岭市	金昌市
238	内江市	延安市	大庆市
239	宜宾市	达州市	长治市
240	长治市	周口市	来宾市
241	双鸭山市	鸡西市	南充市

排名	2013 年	2014 年	2015 年
242	雅安市	淮南市	内江市
243	漯河市	南充市	延安市
244	临汾市	内江市	曲靖市
245	金昌市	曲靖市	达州市
246	来宾市	昭通市	铁岭市
247	吕梁市	吕梁市	阜新市
248	嘉峪关市	双鸭山市	吕梁市

从经济增长质量指数 3 年的平均值来看（图 5-13），2013—2015 年，在 248 个城市中，排在前 20 名的城市依次是北京市、广州市、深圳市、苏州市、上海市、南京市、东莞市、杭州市、珠海市、无锡市、呼和浩特市、天津市、常州市、鄂尔多斯市、乌鲁木齐市、三亚市、武汉市、海口市、贵阳市和厦门市；排在后 20 名的城市依次是雅安市、淮南市、遂宁市、百色市、长治市、鸡西市、曲靖市、临汾市、宜宾市、金昌市、阜新市、南充市、来宾市、漯河市、延安市、铁岭市、内江市、达州市、双鸭山市和吕梁市。城市间经济增长质量指数地理分布较为集中，地区间差距较大。

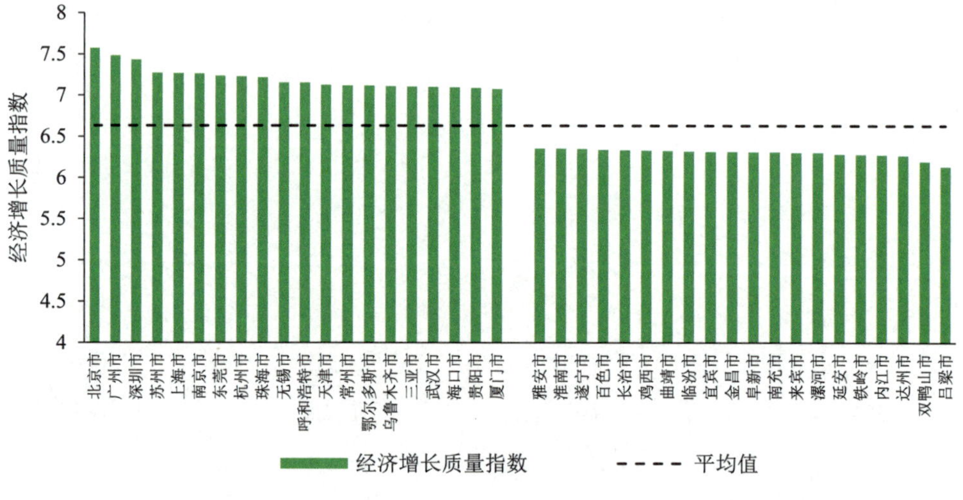

图 5-13　2013—2015 年经济增长质量指数均值排在前 20 名和后 20 名的城市

通过将城市经济增长质量指数绘制在地图上，可以看出，2013—2015 年城市经济增长质量指数的空间分布格局并没有发生大的变化（图 5-14、图 5-15）。总的来看，东部沿海地区的经济增长质量指数相对较高，尤其是京津、山东半岛、长三角、珠三角以及成渝地区，呈现明显的地理集聚特征。

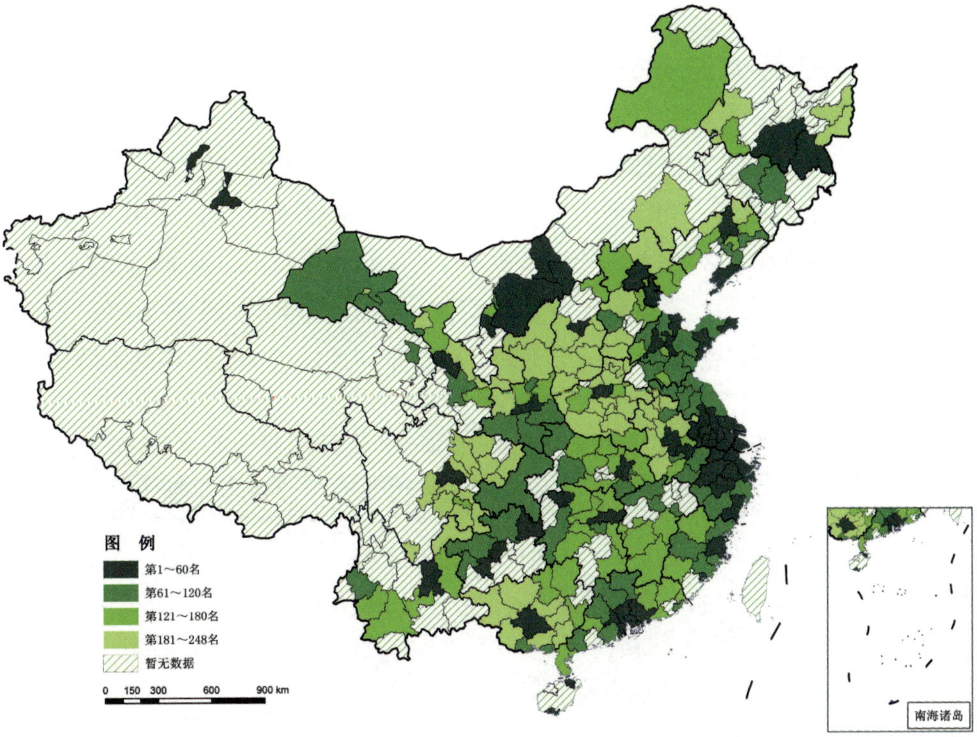

图 5-14 2013 年城市经济增长质量指数的地理分布

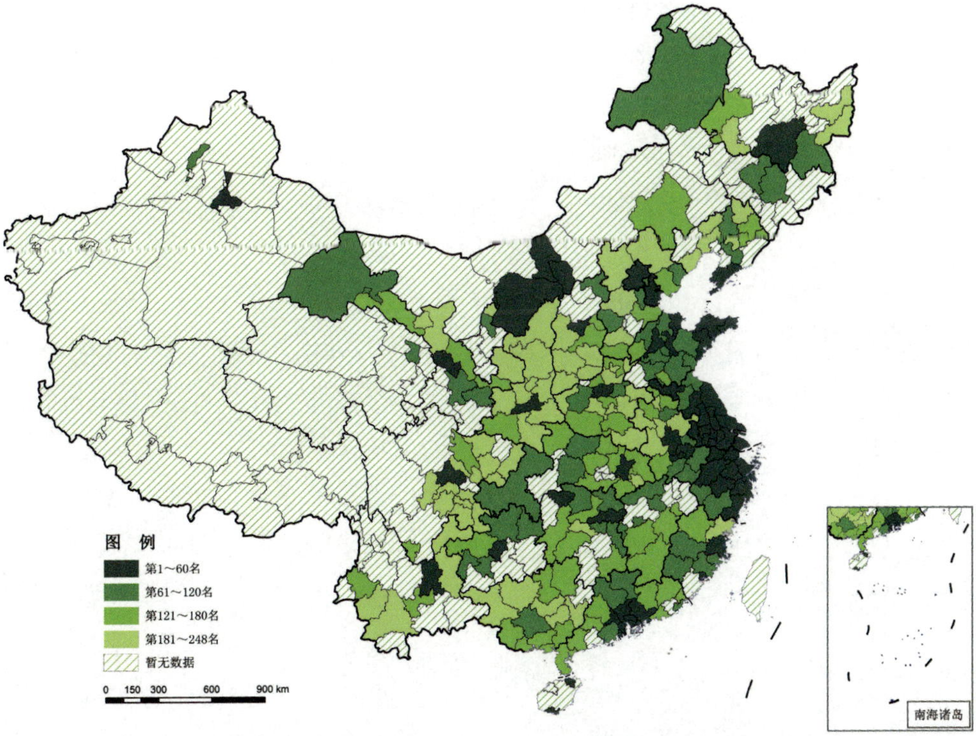

图 5-15 2015 年城市经济增长质量指数的地理分布

六、绿色生活水平指数

绿色生活水平指数主要关注城市社会生活方式的绿色化程度，包括人均能源消耗、绿色出行、城区绿化程度和人均绿地面积等。在计算的 248 个城市中，列出了 2013—2015 年排在前 20 名和排在后 20 名的城市，如表 5-6 所示。可以看出，前 20 名的城市 3 年中变化波动较大，仅黄山市、克拉玛依市、大庆市 3 个城市 3 年均处于前 20 名；排在后 20 名的城市同样变化较大，仅温州市、三亚市、长沙市和佛山市 3 年内均处于后 20 名。

表 5-6　2013—2015 年绿色生活水平指数排在前 20 名和后 20 名的城市

排名	2013 年	2014 年	2015 年
1	呼伦贝尔市	鄂尔多斯市	本溪市
2	滁州市	北海市	黄山市
3	珠海市	随州市	鄂尔多斯市
4	宜昌市	黄山市	舟山市
5	宣城市	秦皇岛市	大庆市
6	淮安市	舟山市	珠海市
7	韶关市	大庆市	嘉峪关市
8	克拉玛依市	石嘴山市	东莞市
9	台州市	南京市	乌鲁木齐市
10	新余市	铜陵市	双鸭山市
11	吉安市	珠海市	南京市
12	嘉峪关市	克拉玛依市	克拉玛依市
13	大庆市	滨州市	银川市
14	黄山市	嘉峪关市	连云港市
15	随州市	南宁市	铜陵市
16	滨州市	东营市	东营市
17	日照市	本溪市	莱芜市
18	铁岭市	莱芜市	石嘴山市
19	安庆市	威海市	威海市
20	莱芜市	连云港市	新余市
…	……	……	……

排名	2013 年	2014 年	2015 年
229	遵义市	孝感市	西安市
230	安顺市	铜仁市	贵港市
231	苏州市	遵义市	怀化市
232	宁波市	杭州市	天津市
233	杭州市	温州市	成都市
234	铜仁市	厦门市	宁波市
235	温州市	贵阳市	孝感市
236	福州市	六盘水市	遵义市
237	上海市	惠州市	惠州市
238	贵阳市	成都市	温州市
239	厦门市	福州市	厦门市
240	武汉市	武汉市	西宁市
241	六盘水市	深圳市	南阳市
242	三亚市	三亚市	福州市
243	云浮市	长沙市	长沙市
244	庆阳市	清远市	汕尾市
245	长沙市	汕尾市	清远市
246	佛山市	中山市	中山市
247	深圳市	东莞市	三亚市
248	东莞市	佛山市	佛山市

从图 5-16 来看，2013—2015 年，在 248 个城市中，排在前 20 名的城市依次是黄山市、鄂尔多斯市、随州市、本溪市、大庆市、舟山市、珠海市、嘉峪关市、克拉玛依市、滁州市、秦皇岛市、北海市、南京市、石嘴山市、铜陵市、双鸭山市、乌鲁木齐市、滨州市、新余市、莱芜市；排在后 20 名的城市依次是南阳市、西宁市、惠州市、成都市、杭州市、贵阳市、宁波市、遵义市、六盘水市、温州市、厦门市、中山市、福州市、汕尾市、清远市、深圳市、东莞市、长沙市、三亚市、佛山市。

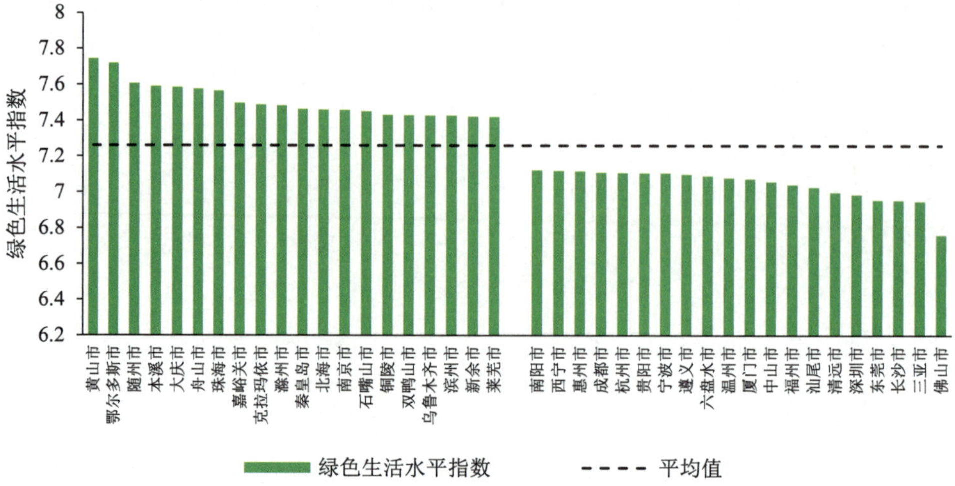

图 5-16　2013—2015 年绿色生活水平指数均值排在前 20 名和后 20 名的城市

从城市绿色生活水平指数的空间分布来看，城市绿色生活水平的空间分布较为分散，从 2013—2015 年绿色生活水平指数的空间分布格局发生了较为显著的变化，京津冀地区、珠三角地区城市的绿色生活水平指数有所提高（图 5-17、图 5-18）。

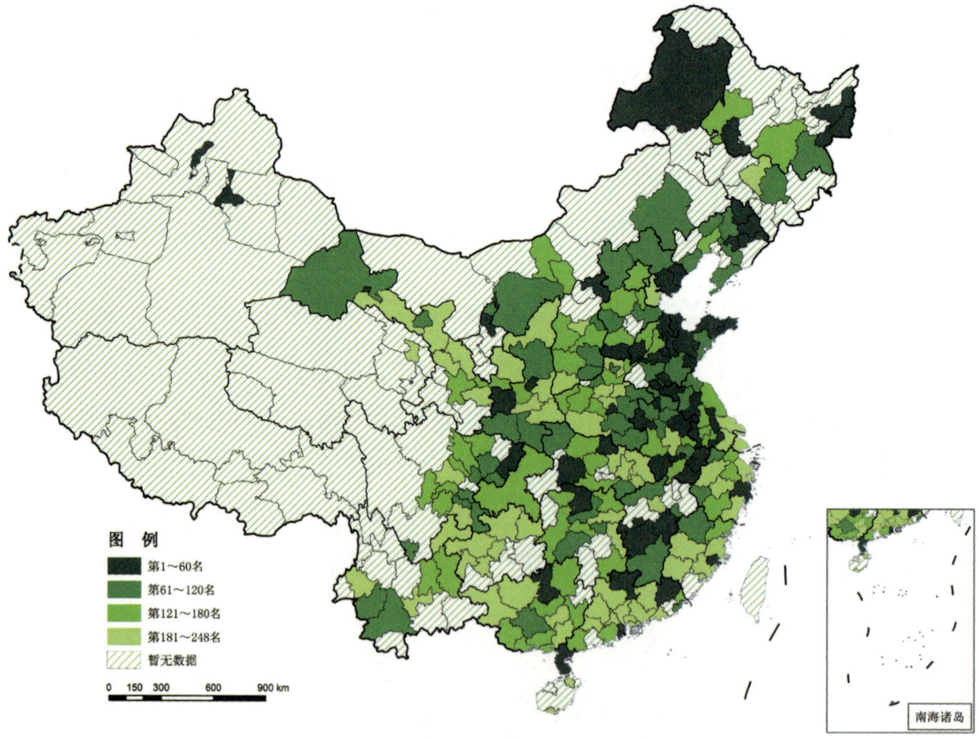

图 5-17　2013 年城市绿色生活水平指数的地理分布

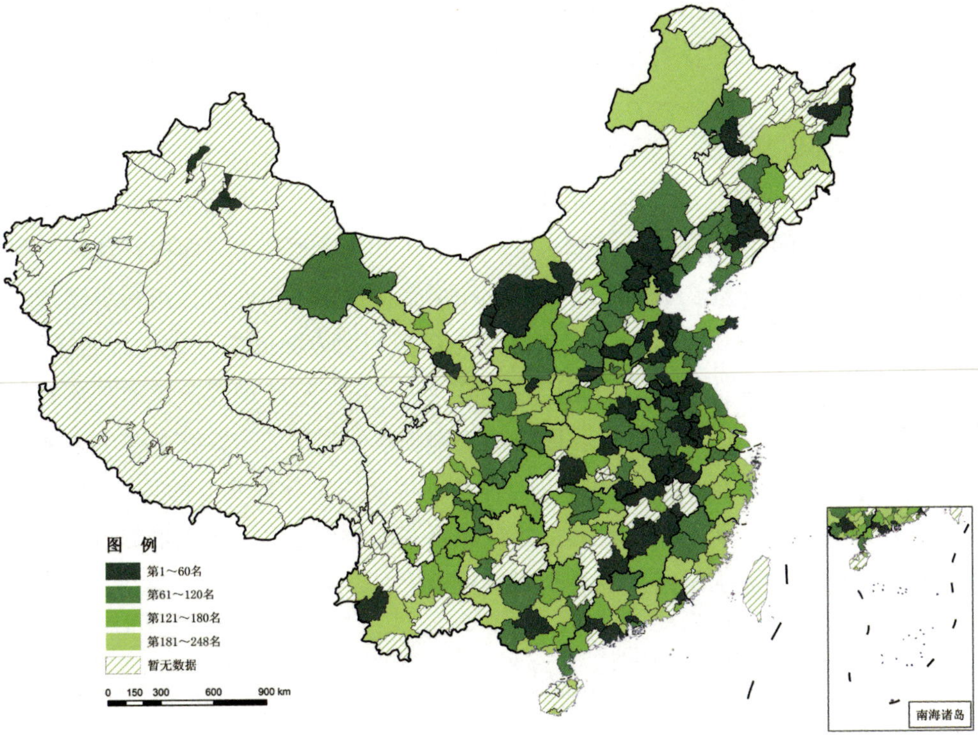

图 5-18 2015 年城市绿色生活水平指数的地理分布

七、主要结论

通过上述针对城市绿色发展综合指数及其一级指数计算结果的呈现和分析，对城市绿色发展的空间格局及其变动态势有了初步的判断和认识。同时，城市层面的绿色发展趋势与省级层面的测度结果基本一致，经过梳理总结，可以得出以下几个方面的结论。

1. 从空间格局上来看，绿色发展的空间集聚特征明显

在各城市绿色发展的地理分布上，绿色发展指数较高的城市主要分布在两类地区：一类是自然生态资源禀赋较好的区域，如浙江、江西、福建、湖南等省。这些省中，高绿色发展城市的出现频率较高。另一类是经济发展程度较高的城市，如北京、上海、深圳等城市，该类城市比重不高，多分布在长三角和珠三角区域。此外，在地理分布上，秦岭—淮河以南地区的绿色发展水平整体要高于秦岭—淮河以北地区，且这种集聚特征呈现逐步强化趋势。

2. 从变动态势上来看，各城市绿色发展整体进展不一

通过将各城市绿色发展排名变动进行比较，可以发现，部分城市的绿色发展整体水

平呈现比较明显的上升趋势，与此同时，也有部分城市的绿色发展水平出现退化。其中，绿色发展水平上升的城市主要分布在东南和西南地区，绿色发展水平退化的城市主要分布在华北和西北地区。

3. 从重点领域上来看，绿色发展各维度进展不平衡

各城市在资源利用提升速率、环境治理提升速率、生态环境质量、经济增长质量和绿色生活水平方面存在比较大的差异。第一，各城市在资源利用方面提升速率的整体进展不大，资源利用尚未呈现出比较明显的空间集聚特征，且各城市资源利用提升速率指数的排名变化较大，这都反映出各城市在优化资源利用方面尚未形成长效的优化机制，资源利用的变动趋势存在较大的不确定性。第二，城市环境治理提升速率指数的集聚特征根据明显，反映出环境治理重点区域特征突出的状况。第三，各城市在生态环境质量方面的差别较大，整体呈现改善趋势，但是各地域间生态环境质量的差别很大。第四，经济增长质量与绿色生活水平指数的空间分布格局相对固定和一致，东部沿海地区的经济增长质量和绿色生活水平指数明显高于其他地区。

第六章
城市绿色发展深层解构分析

基于城市层面绿色发展综合指数的计算，我们可以对城市间绿色发展状况进行深入的比较分析，进而对城市绿色发展的演变趋势和空间格局得出基本的判断和结论。

一、区域差异

与省际层面的绿色发展类似，本报告分别从东部、中部、西部三大区域和华东、华南、华北、华中、西南、西北、东北七大区域来分析城市绿色发展的空间格局变化。

（一）三大区域

根据东部、中部、西部的省（区、市），分别计算全国平均和东部、中部、西部地区城市绿色发展综合指数的均值。从全国均值的变化趋势来看，城市绿色发展综合指数整体呈现上升趋势，这与省级层面绿色发展综合指数的变化趋势一致（图 6-1）。但是分区域比较可以看出，西部城市的绿色发展综合指数最高，东部次之，中部最后。这与省（区、市）层面的测算结果略微存在差别，可能的原因是，城市指标体系剔除了一些欠缺数据的指标，生态环境质量相关指标的权重增大。

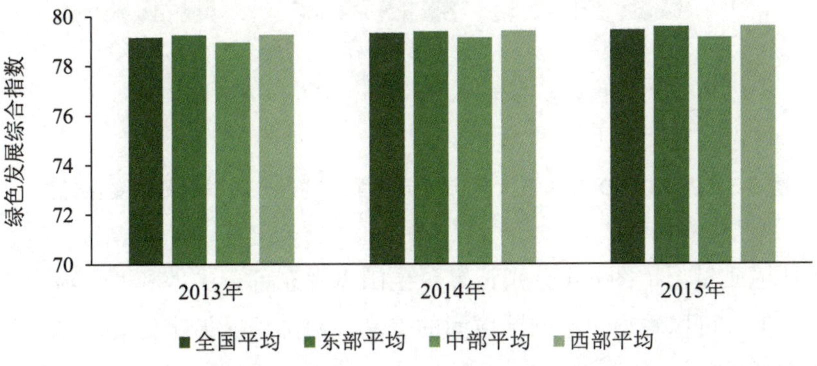

图 6-1　2013—2015 年三大区域城市绿色发展综合指数的变化趋势

在资源利用提升速率方面，图 6-2 分别计算了全国以及东部、中部和西部城市资源利用提升速率指数的平均值，可以看出，各区域资源利用提升速率指数的变化不大，资源利用水平基本保持稳定。三大区域间的资源利用提升速率指数差距不大，这也说明东部经济发展相对较高的地区的资源利用存在很大的提升空间。

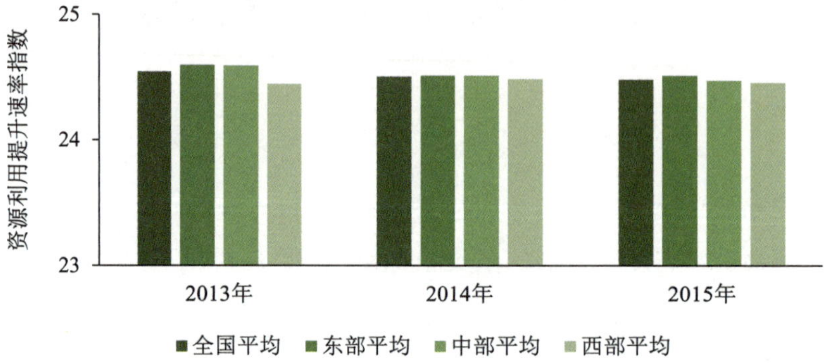

图 6-2　2013—2015 年三大区域城市资源利用提升速率指数的变化趋势

在环境治理提升速率上，图 6-3 分别计算了全国以及东部、中部和西部城市环境治理提升速率指数的平均值，可以看出，2013—2015 年环境治理提升速率呈现明显的上升趋势。分地区比较来看，东部地区的环境治理提升速率指数要相对高于中部和西部地区。

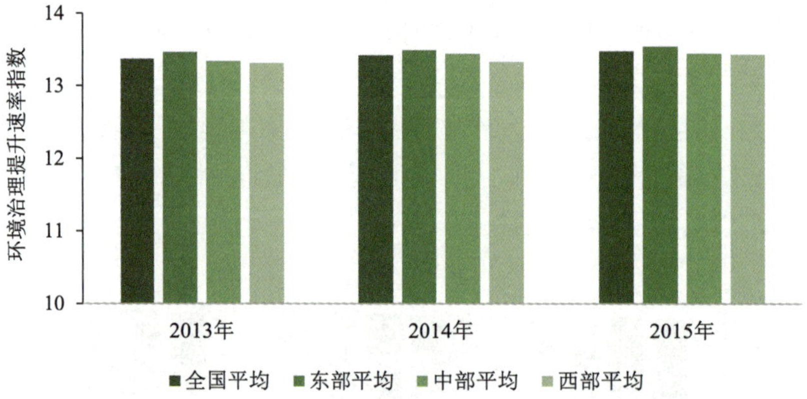

图 6-3　2013—2015 年三大区域城市环境治理提升速率指数的变化趋势

在生态环境质量上，图 6-4 分别计算了全国以及东部、中部和西部城市生态环境质量指数的平均值，可以看出，不同区域间的差别，西部地区城市生态环境质量指数明显高于东部和中部地区。

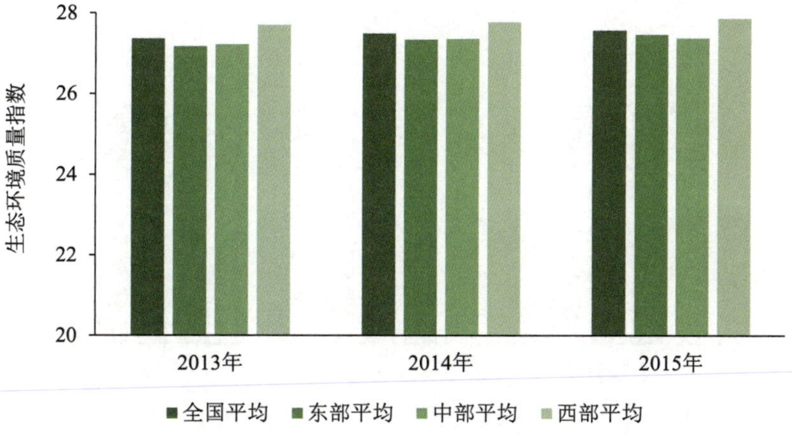

图 6-4　2013—2015 年三大区域城市生态环境质量指数的变化趋势

在经济增长质量上，通过计算全国以及东部、中部、西部地区城市经济增长质量指数的均值来看（图 6-5），2013—2015 年，城市的经济增长质量呈现上升趋势，其中东部和中部城市的上升趋势相对更加明显。分区域来看，东部城市的经济增长质量均值明显高于中部和西部地区。

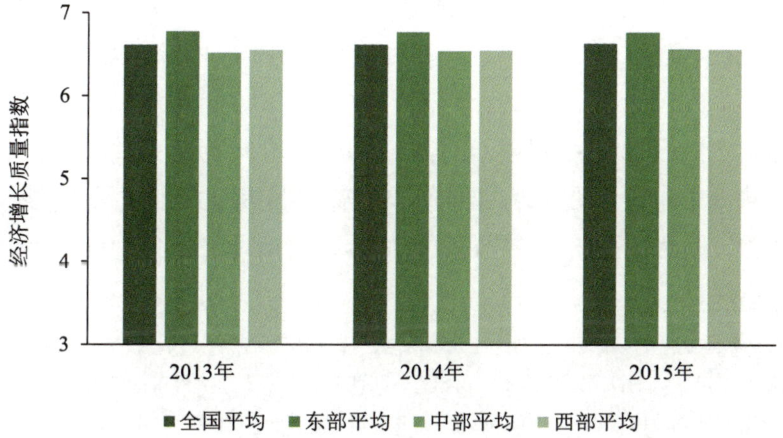

图 6-5　2013—2015 年三大区域城市经济增长质量指数的变化趋势

在绿色生活水平上，城市平均的绿色生活水平指数并未呈现上升趋势，相对于 2013 年，2015 年的绿色生活水平指数略微下降（图 6-6）。且从区域间的差别来看，中部地区的绿色生活水平指数相对高于其他地区。这与省（区、市）层面的评估结果略微不同，城市层面的绿色生活水平指标更多地在强调人均的资源消耗。

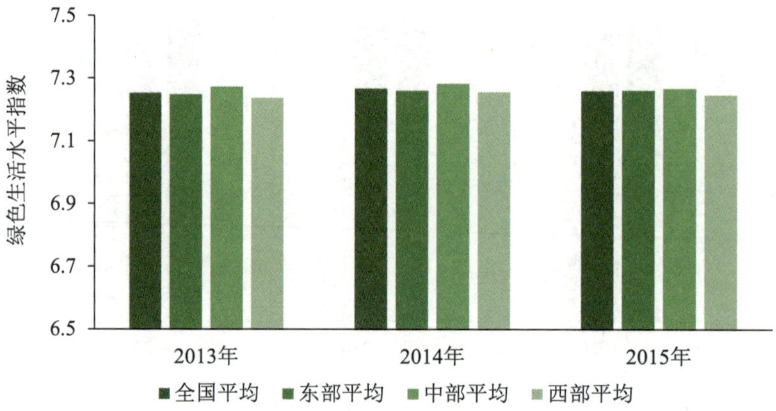

图 6-6　2013—2015 年三大区域城市绿色生活水平指数的变化趋势

（二）七大区域

根据华东、华南、华北、华中、东北、西南、西北七大区域的省（区、市）[①]，分别计算各地区城市绿色发展综合指数的均值[②]（图 6-7）。单独来看，华南、西南地区 2013—2015 年绿色发展情况表现出上升趋势；华东、华中、华北、西北地区 2013—2015 年绿色发展情况相对稳定；东北地区 2013—2015 年的绿色发展综合指数呈现了下降趋势。

整体来看，七大区域绿色发展综合指数 2013—2015 年相对水平没有较大变化，基本呈现出“两头高中间低”的态势，即华东、华南地区和西南地区绿色发展综合指数较高，华北、华中、东北和西北地区绿色发展综合指数相对较低。其中，华南地区绿色发

① 受数据所限，本报告在划分区域时没有考虑西藏自治区、台湾地区、香港特别行政区、澳门特别行政区和各种群岛。华东地区包含江苏省、浙江省、安徽省、福建省、江西省、山东省和上海市；华南地区包含广东省、广西壮族自治区、海南省；华北地区包含河北省、山西省、北京市、天津市和内蒙古自治区的部分地区（除了赤峰、通辽、呼伦贝尔、乌兰浩特、阿尔山、二连浩特市、锡林浩特市）；华中地区包含湖北省、湖南省、河南省；东北地区包含辽宁省、吉林省、黑龙江省和华北地区未包含的内蒙古其他各市；西南地区包含四川省、云南省、贵州省、重庆市以及陕南地区汉中市、安康市、商洛市；西北地区包含宁夏回族自治区、新疆维吾尔自治区及青海、陕西、甘肃三省。

② 受数据缺失的影响，各区域计算指数均值时不包含部分地级市城市。华东地区不包括漳州市、景德镇市、宜春市、上饶市和菏泽市；华南地区不包含阳江市、揭阳市、贺州市、三沙市和儋州市；华北地区不包含衡水市、朔州市、忻州市、巴彦卓尔市、乌兰察布市；华中地区不包含衡阳市和永州市；东北地区不包含丹东市、营口市、盘锦市、朝阳市、四平市、辽源市、通化市、白山市、松原市、白城市、鹤岗市、宜春市、佳木斯市、七台河市、黑河市、绥化市和通辽市；西南地区不包含巴中市、资阳市、丽江市、拉萨市、日喀则市、昌都市、林芝市和山南市；西北地区不包含陇南市、海东市、吴忠市、固原市、中卫市、吐鲁番市和哈密市。

展综合指数最高；华东和西南地区的绿色发展水平接近，西南地区绿色发展情况略微好于华南地区；华中、东北和西北地区绿色发展综合指数情况相差不大；绿色发展情况最差的是华北地区。

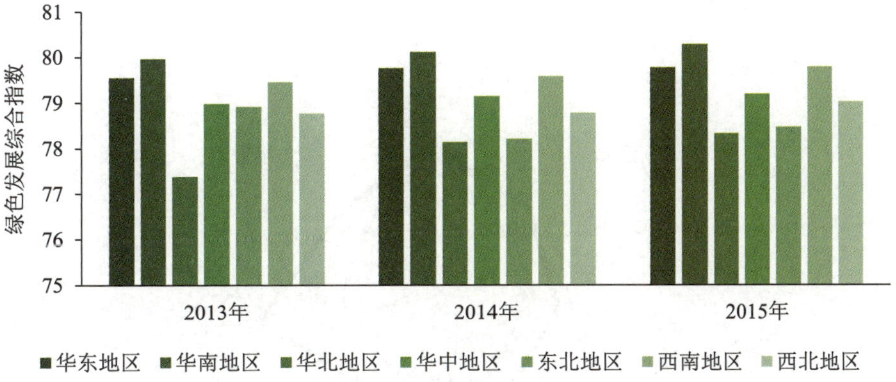

图 6-7　2013—2015 年区域绿色发展综合指数情况

为考察各个区域在资源利用提升速率、环境治理提升速率、生态环境质量、经济增长质量和绿色生活水平 6 个方面的差异，按照区域城市计算指数平均值进行分析。

从资源利用提升速率情况来看，整体上华中和华东地区资源利用提升速率指数相对较高，西北和西南地区资源利用提升速率指数相对较低（图 6-8）。从变化趋势来看，东北、西北和华北地区的资源利用提升速率指数在 2013—2015 年呈现了较为明显的下降，华南和西南地区的资源利用提升速率指数则呈现了小幅上升的趋势。

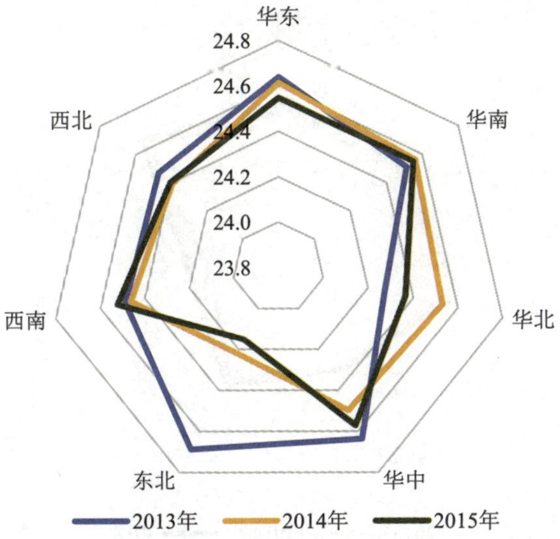

图 6-8　2013—2015 年七大区域资源利用提升速率指数情况

环境治理提升速率方面，从图 6-9 来看，2013—2015 年，各区域的环境治理提升速率指数都呈现出明显的增长趋势，其中华北、华南、西北和西南地区环境治理提升速率指数的上升幅度较大。从横向的比较来看，2015 年华北地区的环境治理提升速率指数最高，上升趋势更加明显。

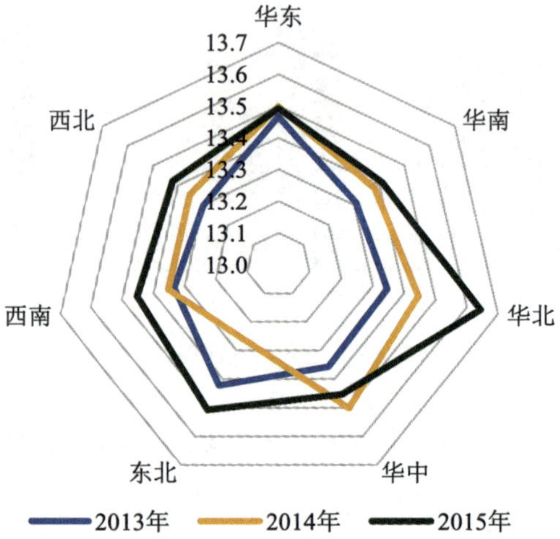

图 6-9　2013—2015 年七大区域环境治理提升速率指数情况

生态环境质量方面，从图 6-10 可以看出，2013—2015 年各区域情况相对稳定，变化不大。华北地区的生态环境质量指数相对较低，华南和西南地区的生态环境质量指数相对较高，东北地区的生态环境质量指数在 2013—2015 年出现了小幅下降。

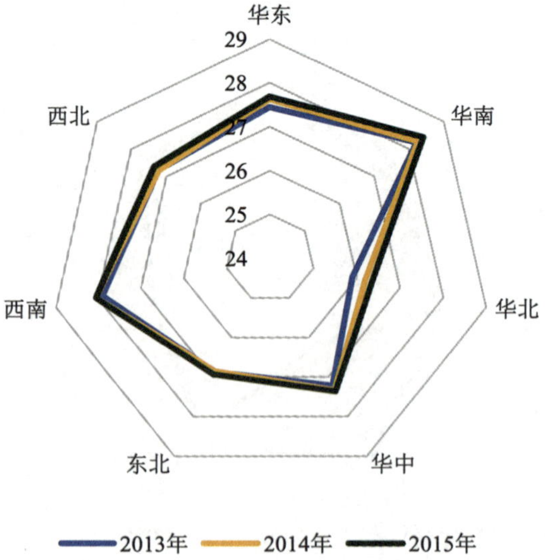

图 6-10　2013—2015 年七大区域生态环境质量指数情况

从区域经济增长质量指数来看，总体上各区域经济增长质量指数表现相对稳定，未出现明显的变化趋势（图 6-11）。2015 年经济增长质量指数由高到低依次是华东地区、华南地区、华北地区、西北地区、华中地区、西南地区和东北地区，东北地区 2013—2015 年经济增长质量有明显的下降。

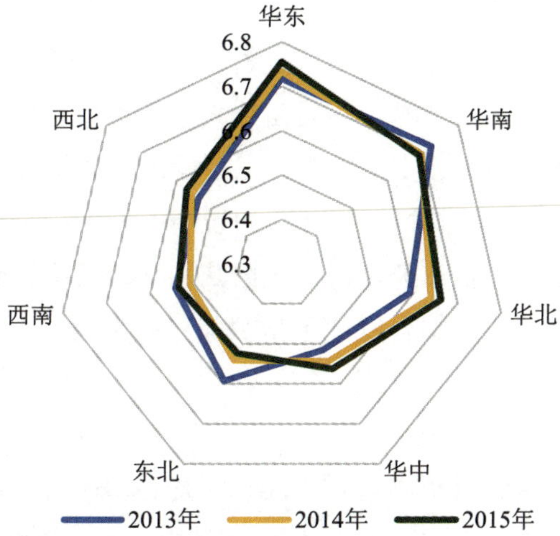

图 6-11　2013—2015 年七大区域经济增长质量指数情况

从绿色生活水平指数来看，各区域均有很大变化（图 6-12）。2015 年绿色生活水平指数由高到低区域排名依次是东北地区、华北地区、西北地区、华东地区、华中地区、西南地区和华南地区。

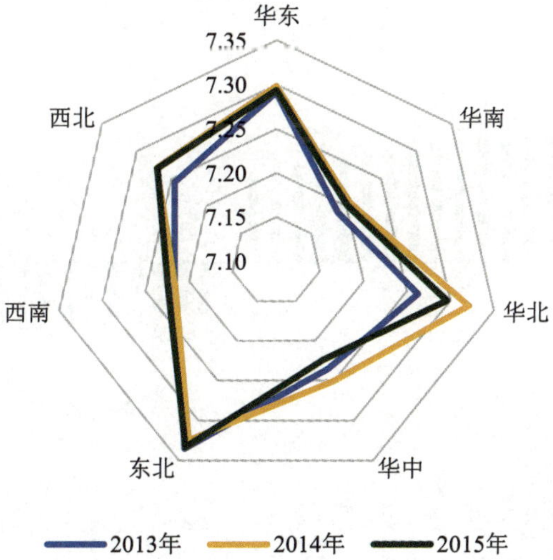

图 6-12　2013—2015 年七大区域绿色生活水平指数情况

二、城市间差异

由于各城市特征存在很大差别，城市间的绿色发展水平和态势也会呈现出较大的差异。根据各城市绿色发展及其一级指数的基期水平和变动态势，可以将 248 个城市划分为 4 个类别：一是绿色发展指数大于其均值且累计增长率大于零，即城市类别Ⅰ，根据其特征将其称为领先型城市；二是绿色发展指数大于其均值且累计增长率小于零，即城市类别Ⅱ，根据其特征将其称为退步型城市；三是绿色发展指数小于其均值且累计增长率大于零，即城市类别Ⅲ，根据其特征将其称为发展型城市；四是绿色发展指数小于其均值且累计增长率小于零，即城市类别Ⅳ，根据其特征将其称为滞后型城市。据此，我们可以比较分析各类城市在绿色综合发展指数及其一级指数间的差别。

（一）绿色发展综合指数

从绿色发展综合指数累计增长率来看，2013—2015 年，在 248 个城市中，前 20 名城市依次为嘉兴市、邢台市、深圳市、中山市、绍兴市、嘉峪关市、漯河市、张家界市、池州市、西安市、乌海市、河源市、广安市、保定市、秦皇岛市、邯郸市、呼和浩特市、榆林市、鄂尔多斯市、玉溪市，其累计增长率均为正值，说明其绿色发展整体上在向好发展；后 20 名城市依次为运城市、宜宾市、宿州市、宝鸡市、荆门市、周口市、汉中市、濮阳市、吉林市、清远市、淮北市、莆田市、葫芦岛市、新乡市、商洛市、酒泉市、锦州市、鸡西市、眉山市、沈阳市，其累计增长率均为负值，说明其整体的绿色发展并未呈现向好趋势（图 6-13）。

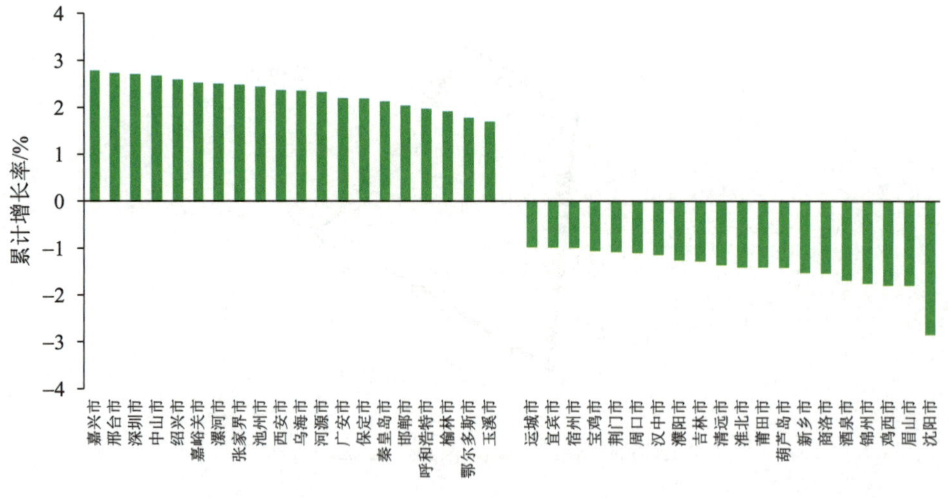

图 6-13　2013—2015 年绿色发展综合指数累计增长率排在前 20 名和后 20 名的城市

具体而言，2013—2015 年，141 个城市为Ⅰ类城市，无论从基期绿色发展综合指数还是从其累计增长率来看，均大于 248 个城市的平均水平，说明绿色发展水平一直处于较好水平且保持向好趋势；14 个城市为Ⅱ类城市，这些城市基期的绿色发展水平较好，但是其累计增长率小于零，说明这些城市的绿色发展并未呈现向好趋势；16 个城市为Ⅲ类城市，这些城市基期的绿色发展水平相对较差，但是其累计增长率大于零，绿色发展呈现良好势头；76 个城市为Ⅳ类城市，这些城市基期的绿色发展水平相对较差，但是其累计增长率小于零，这些城市的绿色发展趋势相对较差。各类城市名称见附录三。

为了观察各类城市的地域分布，将以绿色发展综合指数为标准的城市分类情况做成地理分布图，具体情况如图 6-14 所示。可以看出，绿色发展领先型城市主要分布在东南和西南地区，个别城市分布在西北和华北地区。而绿色发展退步型城市和发展型城市数量较少，零星分布在全国各个地区。Ⅳ类滞后型的绿色发展城市主要分布在中部地区，以及华东地区的部分城市，其整体绿色发展水平相对滞后。

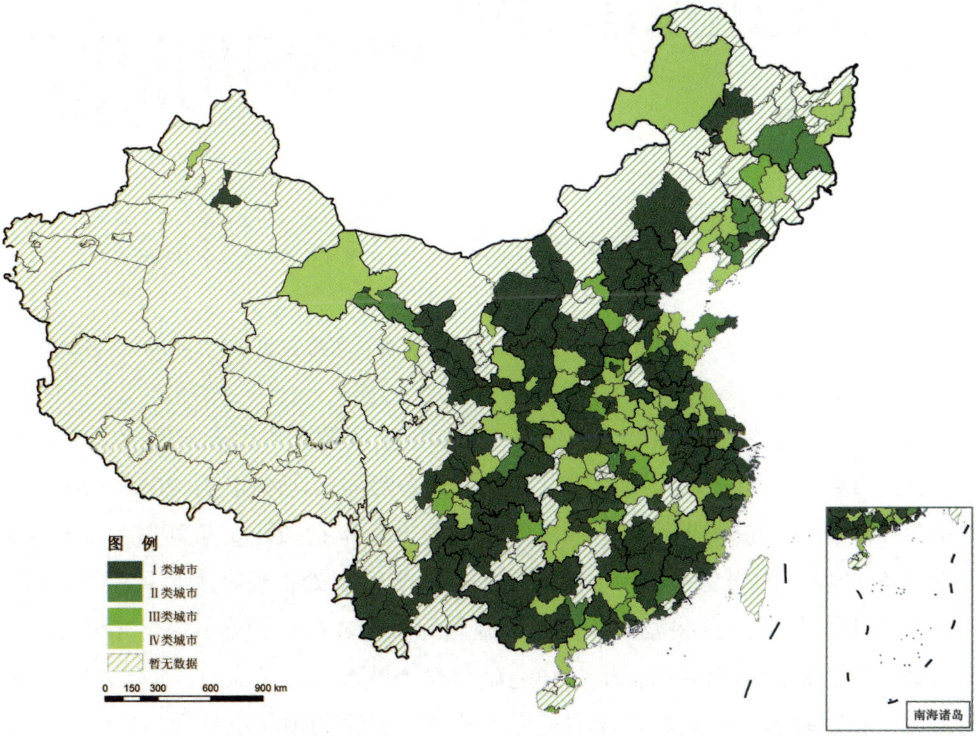

图 6-14　绿色发展综合指数的四类城市地理分布情况

（二）资源利用提升速率

从资源利用提升速率指数累计增长率来看，2013—2015 年，在 248 个城市中，前 20

名城市依次为中山市、漯河市、榆林市、乌海市、广安市、绍兴市、河源市、佛山市、鄂尔多斯市、嘉峪关市、普洱市、雅安市、铜陵市、肇庆市、益阳市、临沂市、北京市、昭通市、阳泉市、池州市，其累计增长率均为正值，说明相对于其他城市，这些城市的资源利用整体上在向好发展；后 20 名城市依次为咸宁市、大庆市、衢州市、盐城市、鹰潭市、濮阳市、攀枝花市、铜仁市、新乡市、阜新市、莆田市、滨州市、梅州市、吉林市、开封市、酒泉市、清远市、鸡西市、沈阳市、石家庄市，其累计增长率均为负值，说明相对于其他城市，这些城市的资源利用并未呈现向好趋势（图 6-15）。

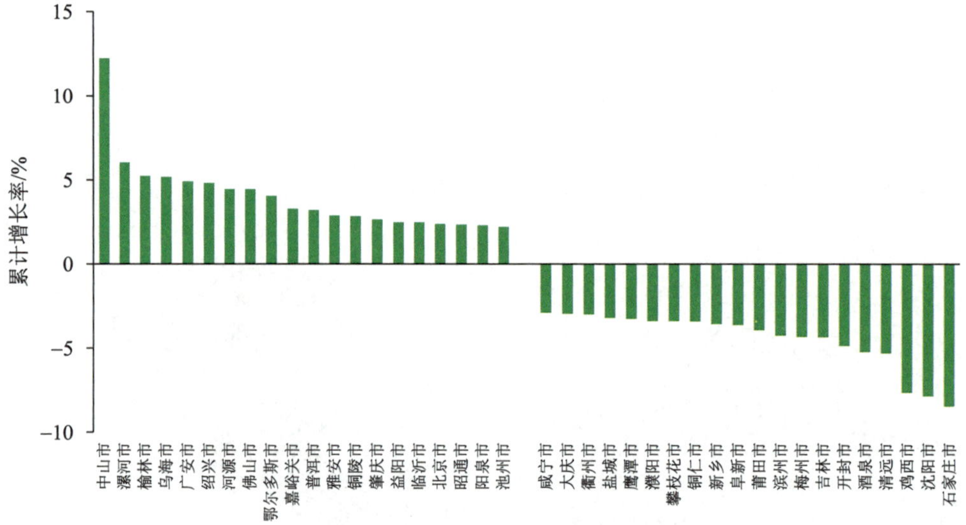

图 6-15　2013—2015 年资源利用提升速率指数累计增长率排在前 20 名和后 20 名的城市

与城市绿色发展综合指数的分类方法一致，根据资源利用提升速率指数及其累计增长率，我们可以将不同城市的资源利用状态划分为四类。具体而言，2013—2015 年，85 个城市为Ⅰ类城市，说明无论从基期资源利用提升速率指数还是从其累计增长率来看，均大于 248 个城市的平均水平，说明资源利用水平一直处于较好水平且保持向好趋势；22 个城市为Ⅱ类城市，这些城市基期的资源利用水平较高，但是其累计增长率小于零，说明这些城市的资源利用并未呈现向好趋势；19 个城市为Ⅲ类城市，这些城市基期的资源利用水平相对较差，但是其累计增长率大于零，资源利用状况呈现良好势头；122 个城市为Ⅳ类城市，这些城市基期的资源利用水平相对较差，但是其累计增长率小于零，这些城市的资源利用趋势相对较差。各类城市名称见附录三。

将以资源利用提升速率指数为标准的城市分类情况做成地理分布图，具体情况如图 6-16 所示。可以看出，四类城市的空间分布比较分散，集聚特征并不明显。具体而言，领先型城市的数量占样本城市的 33.9%；退步型城市的数量相对较多，占样本的 48.8%；

尽管发展型城市的分布也较分散，但是从空间布局上来看，以华北地区居多；滞后型城市在各区域均有分布。通过空间分布格局能够发现，我国资源利用仍然存在较大的提升潜力。

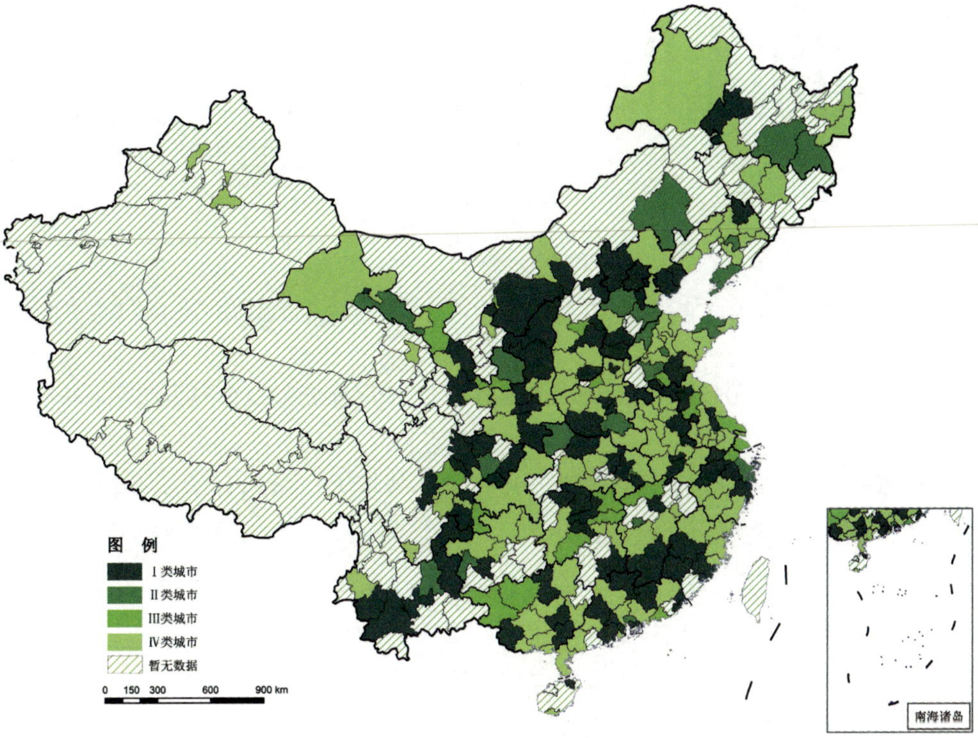

图 6-16 资源利用提升速率指数的四类城市地理分布情况

（三）环境治理提升速率

从各城市环境治理提升速率的增长率来看，2013—2015 年累计增长率在一定程度上反映了各省（区、市）在“十二五”期间环境治理力度的增减。累计增长率排在前 20 名的城市依次是张家界市、随州市、铜仁市、渭南市、玉溪市、内江市、池州市、株洲市、临汾市、天水市、保山市、梅州市、汕头市、金昌市、云浮市、保定市、百色市、武威市、阜新市、鸡西市，其中张家界的环境治理累计增长率最大；排在后 20 名的城市依次是中山市、济南市、商洛市、珠海市、铜川市、铁岭市、九江市、阜阳市、湛江市、烟台市、白银市、昆明市、亳州市、淮北市、宝鸡市、韶关市、庆阳市、聊城市、达州市、宜宾市，其中宜宾市的环境治理累计增长率最小（图 6-17）。排在前 20 名的城市的累计增长率均为正向，排在后 20 名的城市的累计增长率均为负向。

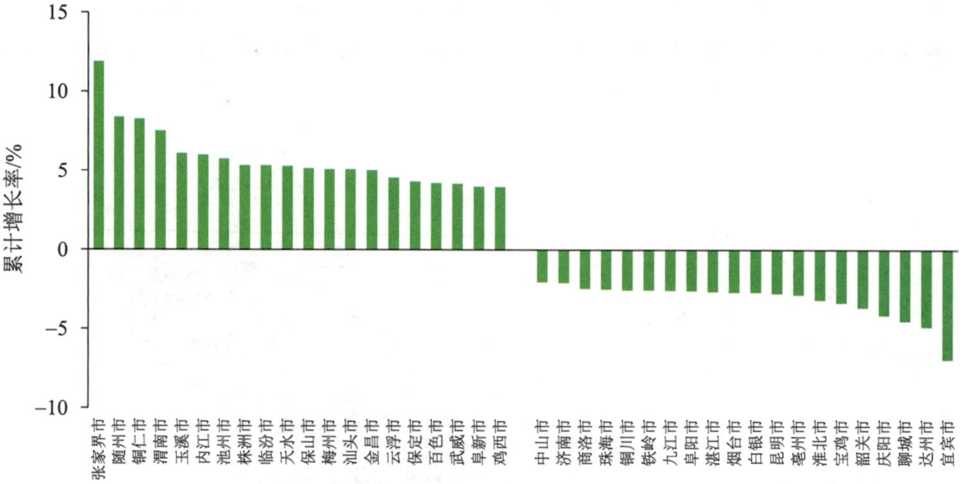

图 6-17 2013—2015 年环境治理提升速率累计增长率排在前 20 名和后 20 名的城市

总体来看，Ⅰ类城市的环境治理提升速率基数较大，且累计增长率较大（大于累计增长率平均值），说明这类城市的环境治理力度较大，且力度在不断加强，代表性的城市有乌海市、平凉市、雅安市、晋中市、芜湖市；Ⅱ类城市的环境治理提升速率基数较大，但其累计增长率小于增长率均值，说明这类城市的环境治理力度较大，但其治理力度不够持续有力，代表性的城市有嘉峪关市、马鞍山市、遂宁市、双鸭山市；Ⅲ类城市的环境治理提升速率基数较小，但其累计增长率大于增长率均值，说明这类城市基期的环境治理力度虽然小，但其治理力度却在不断加强，代表性的城市有大同市、商丘市、威海市、河源市、阳泉市；Ⅳ类城市的环境治理基数提升速率较小，且其累计增长率也小于增长率均值，说明这类城市基期的环境治理力度较小，且其治理力度也不够持续有力，代表性的城市有洛阳市、新余市、安庆市、许昌市。各类城市名称见附录三。

将以环境治理提升速率指数为标准的城市分类情况做成地理分布图，具体情况如图 6-18 所示。从空间布局来看，环境治理领先型城市主要分布在京津冀及其周边地区、东部沿海地区的一些城市以及成渝地区，这些地区也是我国环境污染治理的重点区域；环境质量提升速率退步型城市和发展型城市数量较少；滞后型城市则主要分布于长江中游地区和山东半岛，其他地区也有零星分布。

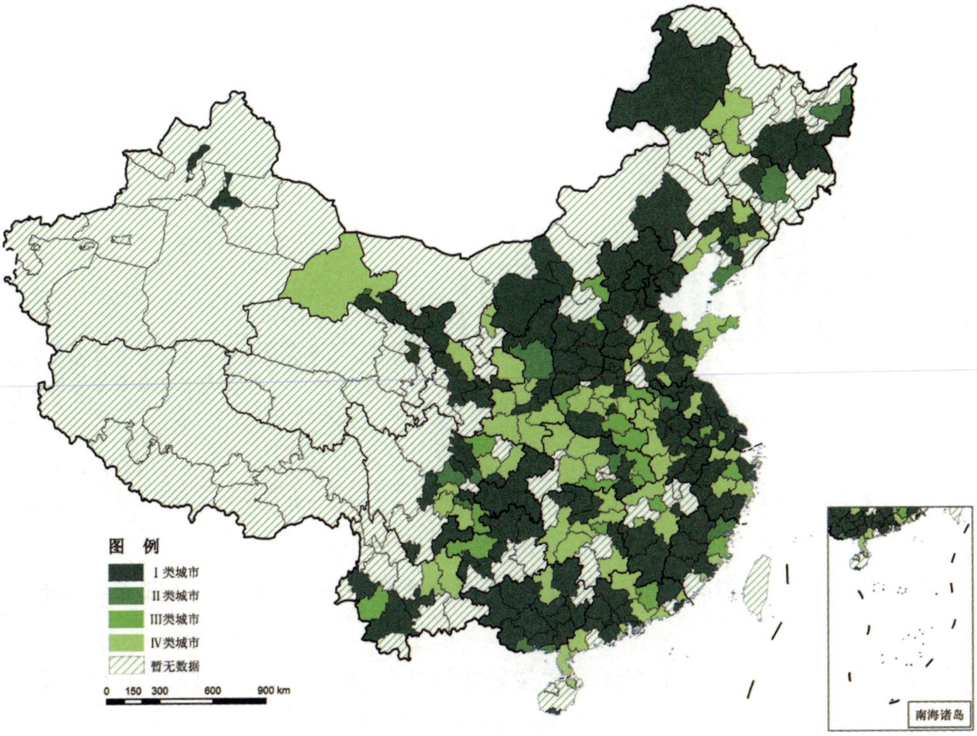

图 6-18 环境治理提升速率指数的四类城市地理分布情况

（四）生态环境质量

从各城市环境质量累计增长率来看，2013—2015 年累计增长率在一定程度上反映了各省（区、市）在“十二五”期间环境质量的好转情况。嘉兴市、石家庄市、邢台市、西安市、承德市、呼和浩特市、泰安市、保定市、长治市、深圳市、张家口市、常州市、绍兴市、邯郸市、蚌埠市、昆明市、沧州市、秦皇岛市、长春市、金华市的累计增长率处于前 20 名，昭通市、大连市、扬州市、商洛市、邵阳市、汉中市、宜宾市、大同市、南充市、内江市、阳泉市、汕头市、锦州市、德阳市、新乡市、鹤壁市、沈阳市、临汾市、宿州市、眉山市的累计增长率处于后 20 名。排在前 20 名城市的累计增长率均为正向；排在后 20 名城市的累计增长率均为负向，个别城市空气质量的下降幅度相对较大（图 6-19）。

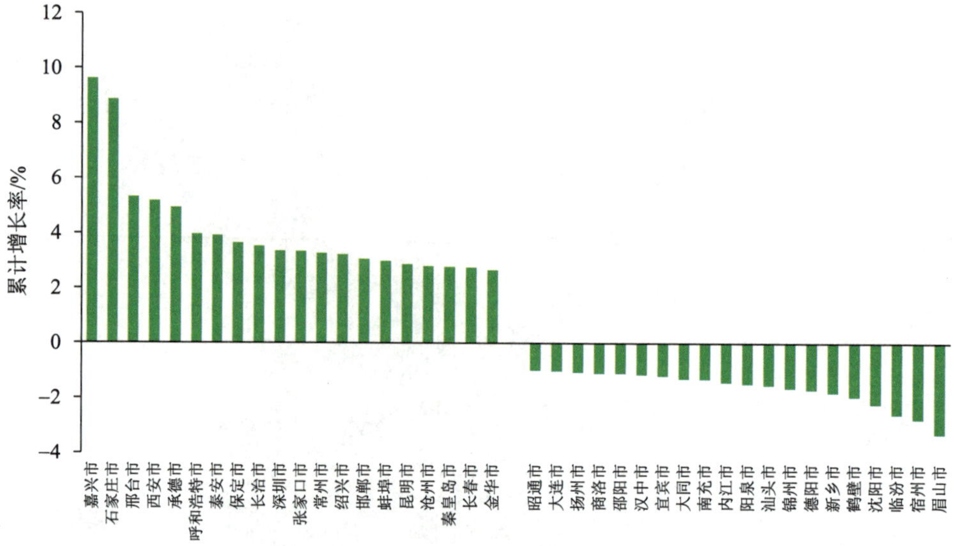

图 6-19　2013—2015 年生态环境质量指数累计增长率排在前 20 名和后 20 名的城市

总体来看，Ⅰ类城市的生态环境质量基数较大，且累计增长率较大（大于累计增长率平均值），说明这类城市的环境质量本底较好，且在不断改善，代表性的城市有东莞市、宿迁市、百色市、深圳市、崇左市、黄冈市；Ⅱ类城市的生态环境质量本底较好，但其累计增长率小于增长率均值，说明这类城市基期的生态环境质量本底虽然较好，但其生态环境质量却在恶化，代表性的城市有舟山市、龙岩市、信阳市；Ⅲ类城市的生态环境质量基数较小，但其累计增长率大于增长率均值，说明这类城市基期的生态环境质量虽然较差，但却在不断改善，代表性的城市有连云港市、兰州市、潮州市、广州市、安阳市；Ⅳ类城市的生态环境质量基数较小，且其累计增长率也小于增长率均值，说明这类城市基期的生态环境质量本来就差，且在不断恶化，代表性的城市有鄂尔多斯市、云浮市、大庆市、河池市。各类城市名称见附录三。

进一步，我们以生态环境质量指数为标准将样本城市划分为四类绘制如下地理分布图，具体情况如图 6-20 所示。可以看出，生态环境质量领先型城市数量最多，约占样本城市的 72.2%，广泛分布于各个地区；环境质量退步型和发展型城市数量较少；部分城市的生态环境质量表现出滞后型特征，零星分布。

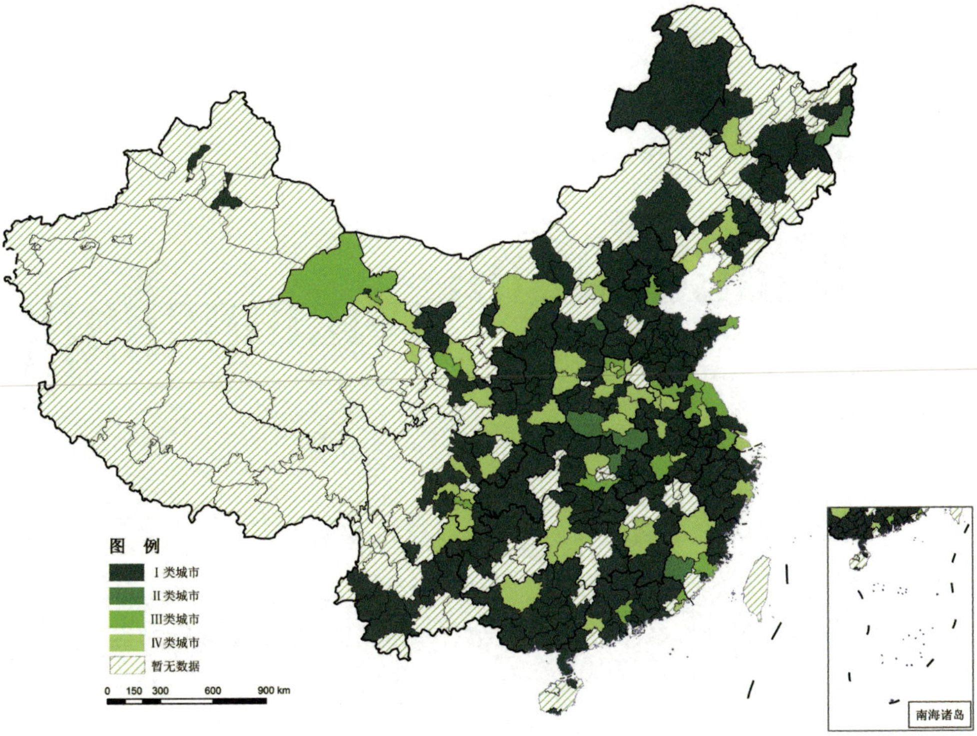

图 6-20 生态环境质量指数的四类城市地理分布情况

（五）经济增长质量

从经济增长质量指数累计增长率来看，2013—2015 年，在 248 个城市中，前 20 名城市依次是嘉峪关市、洛阳市、新余市、乌海市、马鞍山市、大同市、平凉市、雅安市、晋中市、芜湖市、遂宁市、廊坊市、邯郸市、南阳市、安庆市、许昌市、平顶山市、太原市、金昌市、邢台市，其累计增长率均为正值，说明相对于其他城市，这些城市的增长质量整体上在向好发展（图 6-21）；后 20 名城市依次为三亚市、北海市、厦门市、北京市、大连市、葫芦岛市、大庆市、防城港市、苏州市、广州市、咸阳市、安康市、铁岭市、商洛市、中山市、曲靖市、克拉玛依市、阜新市、牡丹江市、东莞市，其累计增长率均为负值，说明相对于其他城市，其增长质量整体向差发展。经济增长质量指数的累计增长率在第 160 名（酒泉市）开始由负向转为正向，增长质量势头发展较好的城市比例占 56.34%，说明半数以上的城市增长质量均呈现较好的发展势头。

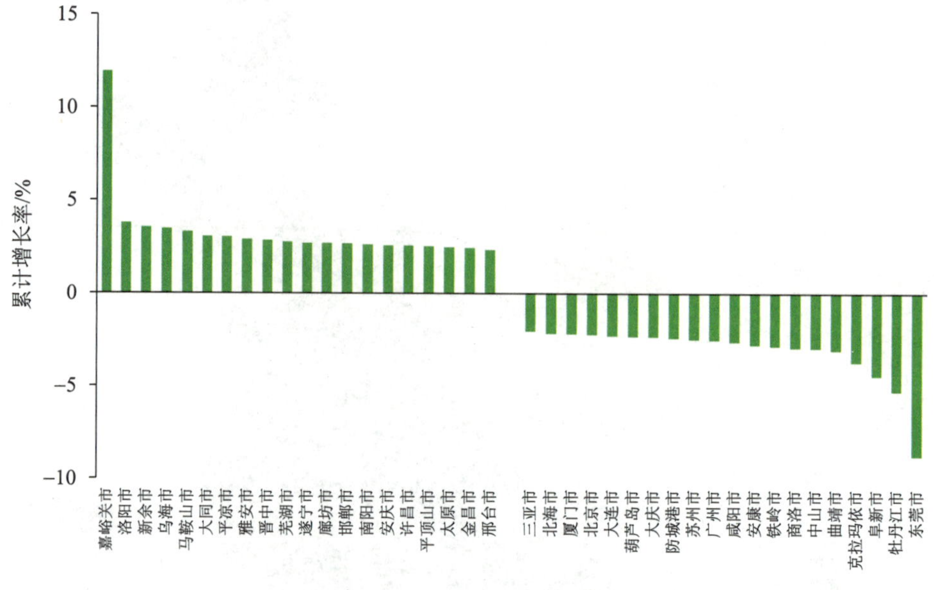

图 6-21　2013—2015 年经济增长质量指数累计增长率排在前 20 名和后 20 名的城市

具体而言，2013—2015 年，145 个城市为 I 类城市，说明无论从基期增长质量还是从累计增长率来看，均大于 248 个城市的平均水平，说明增长质量一直处于较好水平且保持向好趋势；II 类城市有 20 个，其基期增长质量情况较好，但累计增长率低于平均水平，说明其对增值质量的重视程度不足；III类城市有 13 个，其中包括了河南、河北、山东、广西的部分城市，其基期增长质量情况较差，但累计增长率高于平均水平，说明这部分城市已开始加强增长质量的工作力度，增长质量向好发展；IV类城市有 70 个，这部分城市基期增长质量及累计增长率均低于平均水平，增长质量有待重视和加强。各类城市名称见附录三。

根据上述分类，将四类城市描绘在图 6-22 中。可以看出，经济增长质量指数呈现出明显的集聚特征；增长质量领先型城市主要分布在华东地区和成渝地区，这些地区都是我国经济相对发达的地区；经济增长质量滞后型城市主要分布在东北地区，以及西南地区的部分城市；而经济增长质量退步型城市数量较少。

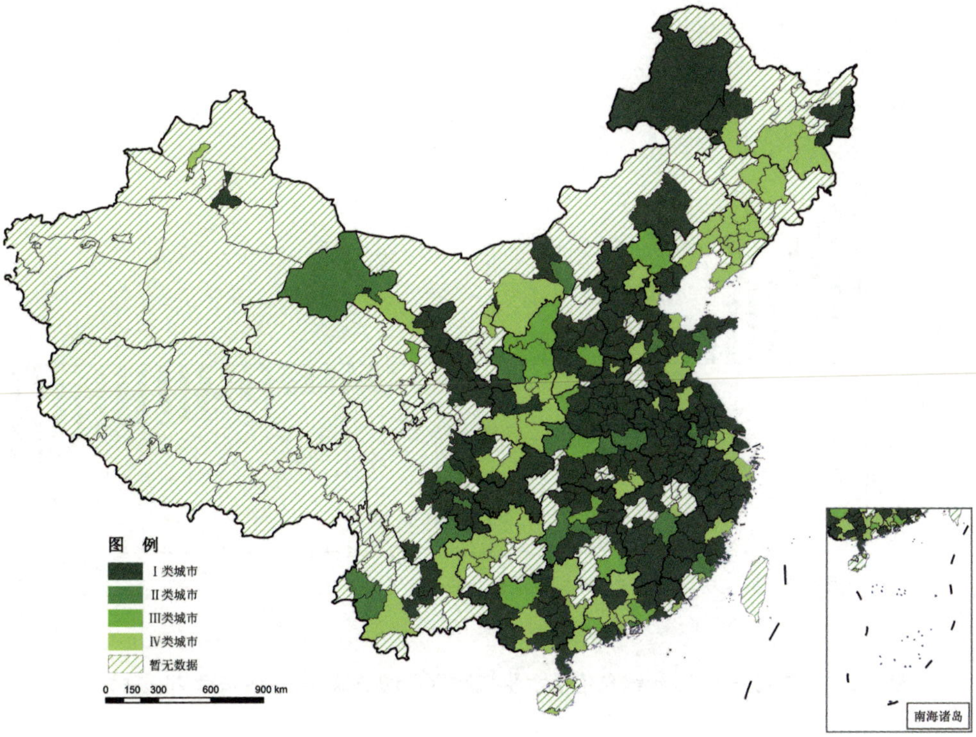

图 6-22 经济增长质量指数的四类城市地理分布情况

（六）绿色生活水平

从绿色生活水平指数累计增长率来看，2013—2015 年，在 248 个城市中，前 20 名城市依次是东莞市、深圳市、鄂尔多斯市、本溪市、黄山市、云浮市、舟山市、武汉市、庆阳市、连云港市、上海市、大庆市、安顺市、银川市、呼和浩特市、兰州市、铜仁市、南通市、长春市、马鞍山市，其累计增长率均为正值，说明其绿色生活整体上在向好发展；后 20 名城市依次为吉安市、日照市、阜阳市、梅州市、南阳市、牡丹江市、柳州市、怀化市、莆田市、三亚市、清远市、韶关市、汕尾市、宜昌市、台州市、淮安市、宣城市、滁州市、中山市、呼伦贝尔市，其累计增长率均为负值，说明其绿色生活整体向差发展（图 6-23）。绿色生活水平指数的累计增长率在第 116 位邢台市开始由正向转为负向，绿色生活势头发展较好的城市比例占 40.49%，说明绿色生活的重视程度正在全国范围内加强。

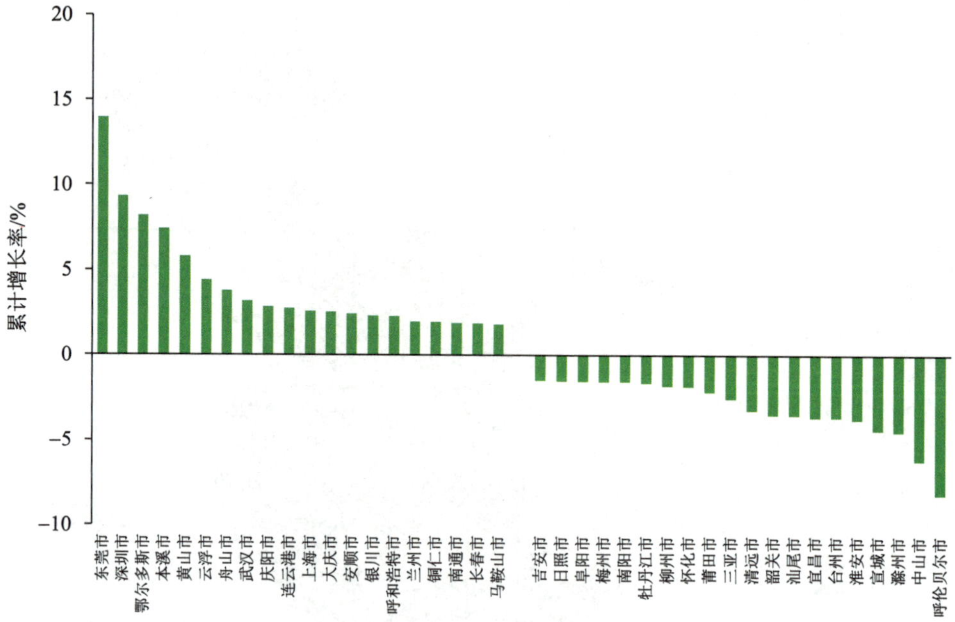

图 6-23　2013—2015 年绿色生活水平指数累计增长率前 20 名和后 20 名的城市

根据绿色生活水平指数均值和累计增长率，将样本城市分为Ⅰ类城市、Ⅱ类城市、Ⅲ类城市和Ⅳ类城市。具体而言，2013—2015 年，101 个城市为Ⅰ类城市，说明无论从基期绿色生活还是从累计增长率来看，均大于 248 个城市的平均水平，说明增长质量一直处于较好水平且保持向好趋势；Ⅱ类城市有 10 个，其基期绿色生活情况较好，但累计增长率低于平均水平，说明其对绿色生活的重视程度不足；Ⅲ类城市有 14 个，其基期绿色生活情况较差，但累计增长率高于平均水平，说明这部分城市已开始加强绿色生活的工作力度，绿色生活向好发展；Ⅳ类城市有 123 个，占比 43.31%，这部分城市基期绿色生活及累计增长率均低于平均水平。各类城市名称见附录三。

将上述四类城市描绘在图 6-24 中，可以看出，绿色生活水平领先型城市的数量较多，主要分布在京津、长三角地区以及华南的部分城市；绿色生活水平退步型和发展型城市的数量较少；城市的绿色生活滞后型城市的数量比较多，占样本城市数量的 49.2%，主要分布的区域有长江中游地区、山东半岛和西北地区。

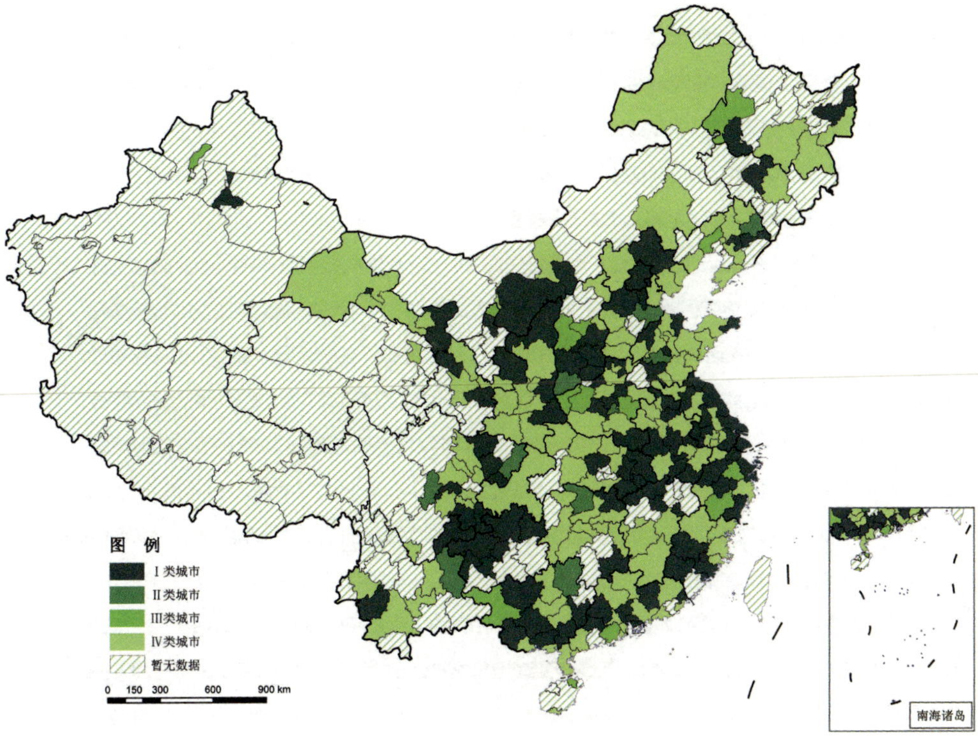

图 6-24　绿色生活水平指数的四类城市地理分布情况

三、结构分析

图 6-25 是排名靠前、靠后和中间 10 名城市绿色发展综合指数的各一级指数构成，通过比较各城市间的差别，可以归纳出如下特点：第一，评分较高的城市都具备较高的生态环境质量指数。从图中可以看出，排名不同城市的生态环境质量指数存在很大的差别，排名越靠前，生态环境质量指数越高。这说明当前生态环境质量改善是助推绿色发展的主要动力。第二，排名靠前和靠后城市的资源利用提升速率指数不存在明显差别。在图 6-25 中，不同排名城市间的资源利用提升速率指数不存在显著的差别，这说明资源利用尚未成为推动绿色发展的重点领域。

同样，从图 6-25 也可以观察到，资源利用提升速率、环境治理提升速率和生态环境质量是影响绿色发展综合指数的主要构成。为了进一步考察绿色发展的深层来源，我们进一步考察不同城市资源利用提升速率、环境治理提升速率和生态环境质量的结构。

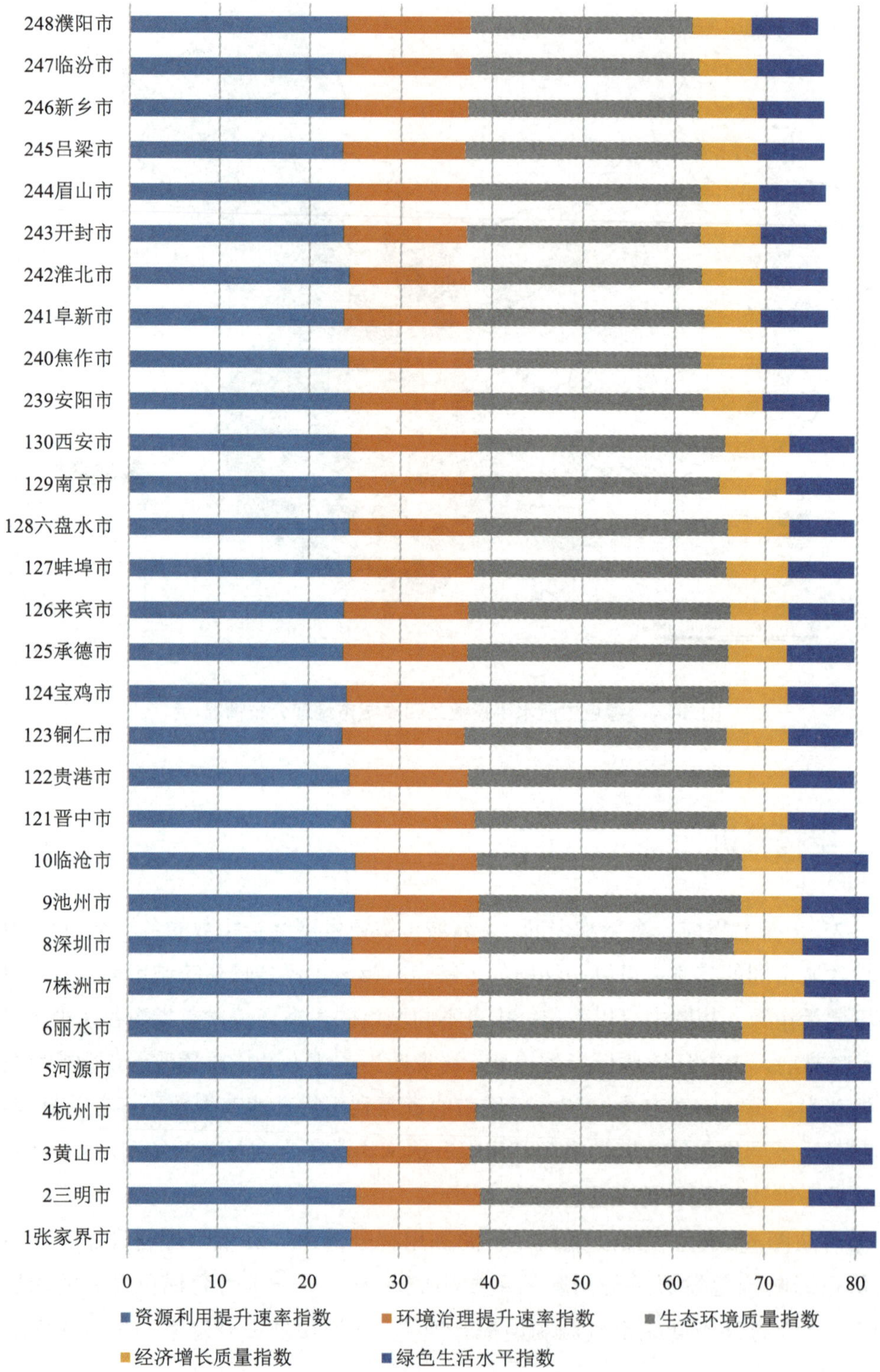

图 6-25　2015 年城市绿色发展综合指数结构分析

根据城市资源利用提升速率的指标类型，将其划分为用能、用水、用地和固体废物4个类别。通过比较可以发现，排名靠前、靠后和中间位次城市的用能方面不存在明显的差别（图 6-26）。相对于其他城市，排名靠前的城市在资源利用方面的优势主要体现在用地和用水方面，中间位次城市的资源利用优势主要体现在用水方面，用地的优势不明显。这也能够说明各城市的能源利用依然存在较大的提升空间。

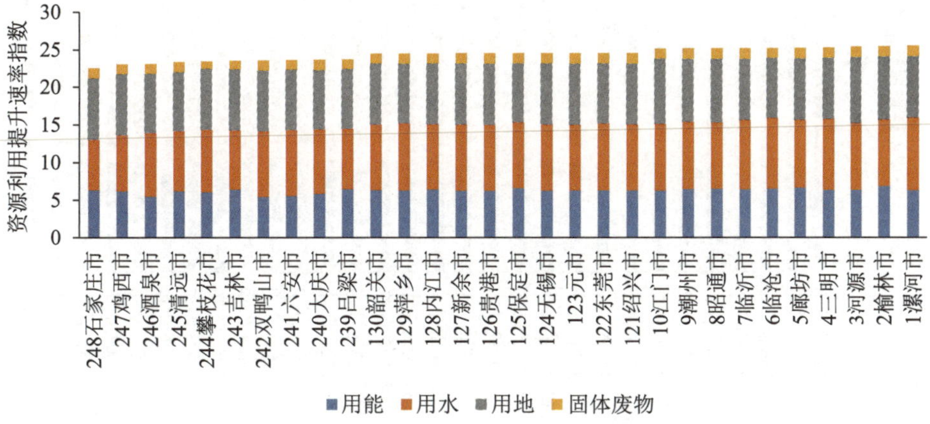

图 6-26　2015 年城市资源利用提升速率指数构成分析

根据环境治理提升速率的重点领域也可以将相关的指标划分为水污染物排放、大气污染物排放和环境基础设施3个方面。排名靠前的城市在水污染物排放方面具有明显的优势，排名靠后的城市在环境基础设施方面劣势比较明显，各城市在大气污染物排放方面的差别不大（图 6-27）。

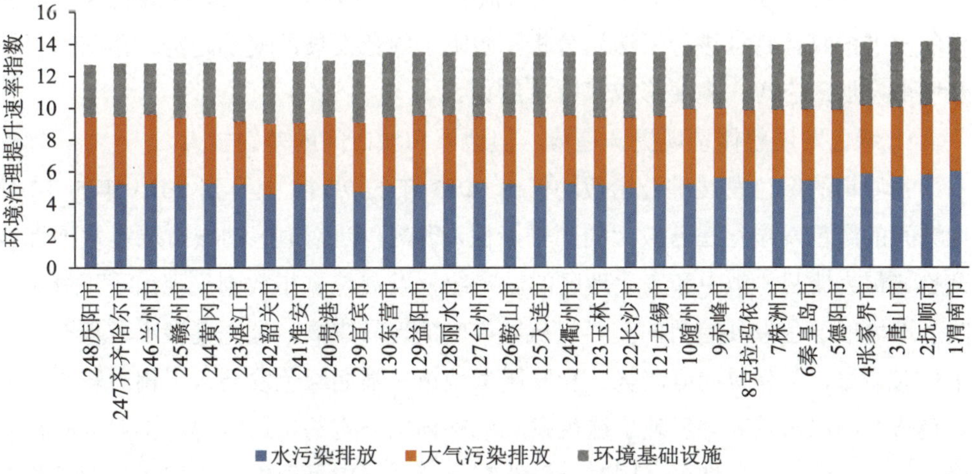

图 6-27　2015 年城市环境治理提升速率指数构成分析

在生态环境质量方面，城市指标涵盖了大气、水和耕地污染。从图 6-28 可以看出，排名靠后城市水环境质量显著劣于其他城市，另外，城市排名越靠前，城市大气环境质量越好。但是相对于大气污染方面，各城市间水污染情况的差别较大。

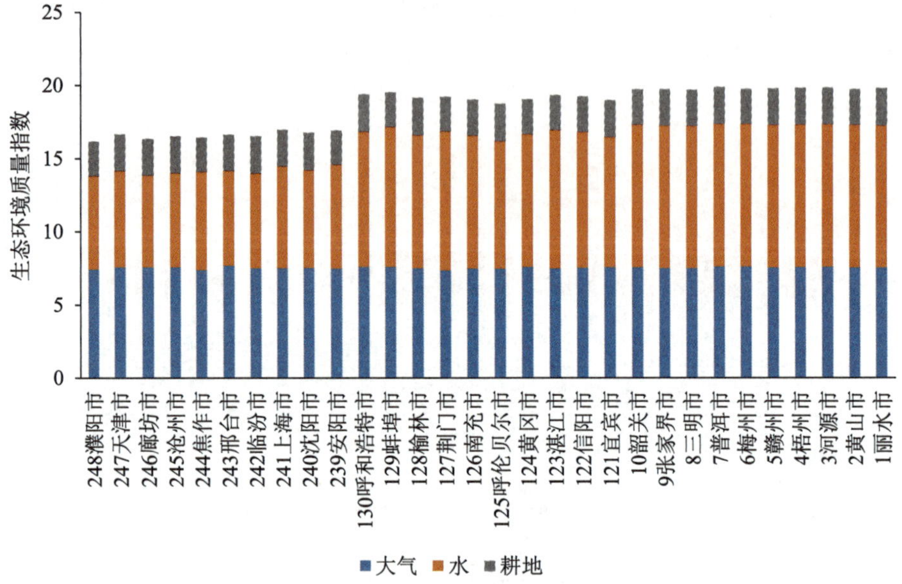

图 6-28　2015 年城市生态环境质量指数构成分析

四、主要结论

本章从绿色发展的区域差异、城市间差异以及绿色发展的具体结构 3 个层面对我国绿色发展的整体特征进行了深层分析，明确了绿色发展的变动趋势、存在的短板领域以及城市发展形态等，主要形成了以下结论。

1. 绿色发展整体呈现提升趋势，但地域和城市间的差别较大

各城市的绿色发展综合指数均值由 2013 年的 79.16 上升到 2015 年的 79.43，但是地域间的绿色发展存在着较大的不平衡性，华南和西南地区的城市绿色发展综合指数上升趋势最为明显，华中和东北地区的城市绿色发展综合指数则呈现出了下降趋势，这反映了地域间绿色发展趋势的差异。从城市间的比较来看，领先型城市（基期绿色发展水平相对较好，且保持向好趋势）和发展型城市（基期绿色发展水平相对较差，但呈现向好趋势）的比重较高，反映了绿色发展的整体向好态势，这些城市主要分布在东南、西南、华北和辽东半岛地区。同时，仍然有一部分城市呈现出退步型（基期绿色发展水平相对较好，但并未呈现向好趋势）和滞后型（基期绿色发展水平相对较差，且未呈现向

好趋势）特征，反映了城市间的绿色发展分化趋势。

2. 绿色发展各维度不均衡性突出，环境治理是助推绿色发展的主要动力

第一，绿色发展各一级指数的变化趋势存在较大的差别，其中，各区域的环境治理提升速率指数均呈现出大幅的上升趋势，而各区域在生态环境保护、经济增长质量、绿色生活水平等方面的进展并不明显，环境治理是推动绿色发展向好的核心层面。另外，一些区域在资源利用方面反而出现了退步的趋势，如东北、西北和华北地区。第二，通过城市间比较，在环境治理提升速率、生态环境质量及经济质量增长方面，领先型城市（基期绿色发展水平相对较好，且保持向好趋势）和发展型城市（基期绿色发展水平相对较差，但呈现向好趋势）数量在样本中分别占 62.50%、78.63%及 63.71%。而其他维度中，退步型和滞后型城市的比重相对更高，反映出绿色发展各维度进展的不平衡性。第三，在各城市绿色发展综合指数的构成上，相对于排名靠后城市，排名靠前城市的优势主要表现在生态环境质量层面，其他方面的差别不大，反映出了绿色发展在这些层面的进展并不明显。

3. 各城市资源利用提升速率的差别较大，领先型城市在用水和用地方面的优势明显，但是在用能方面依然存在较大的提升空间

资源利用提升速率的相关指标主要体现为对能源、水资源和土地资源要素的利用上，为此，进一步观察各城市在资源利用相关指标上的差别。通过比较来看，资源利用趋势较好的城市在水资源和土地资源利用方面的优势明显，但是各城市在能源利用方面的差别较大，说明各城市在能源利用方面依然存在较大的提升潜力，资源利用尚未成为推动绿色发展的重点领域。

4. 在环境治理提升速率和生态环境质量方面，大气环境质量改善的贡献较大，水环境质量改善和环境基础设施建设是滞后型城市的主要短板

环境治理提升速率和生态环境质量是构成绿色发展综合指数的核心层面，其中环境治理包括水、大气污染物总量控制和环境基础设施 3 个方面，环境质量也涵盖了大气、水和耕地污染 3 个方面。相比较来看，排名靠前城市的优势主要体现在水污染物减排和大气环境质量上，排名靠后城市的短板主要体现为环境基础设施不完善以及水环境污染严重两个方面。

第七章
城市绿色发展特征簇分析

城市绿色发展与城市特征具有本质的联系，不同城市由于其自身禀赋和发展水平的不同，在绿色发展的各个维度上必然存在较大的差异。此外，绿色发展作为我国未来经济社会发展的基本导向，其必然是国家区域发展战略的重要构成。为此，本章从城市特征和区域发展战略层面来比较分析我国的绿色发展状况。

一、城市规模

人口规模是一个城市发展的基本特征。根据各城市人口总量将样本城市划分为四类：①小城市，城区常住人口 50 万以下；②中等城市，城区常住人口 50 万～100 万；③大城市，城区常住人口 100 万～500 万；④超大城市，城区常住人口 500 万以上[9]。在此基础上，比较分析不同规模城市绿色发展指数及其一级指数的差别和变动趋势。

从不同规模城市绿色发展指数比较来看，小城市的绿色发展水平高于其他城市，并且这种差别有扩大趋势（图 7-1）。在变动趋势上，小城市、中等城市和大城市的绿色发展水平呈现上升趋势，超大城市的绿色发展水平则呈现出先下降后上升的特点。此外，小城市的绿色发展年均提升速率要高于其他城市，规模较大城市的绿色发展面临的挑战也相对大一些。

从资源利用提升速率指数来看，不同规模城市的差别较为明显，超大城市的资源利用提升速率指数最高，其次是大城市、中等城市和小城市，资源利用提升速率指数与城市规模呈现正向相关的阶梯特征（图 7-2）。从资源利用提升速率指数的变动态势来看，大城市和中等城市呈现缓慢下降的特征，小城市则在波动中略有上升，超大城市则在波动中明显下降。

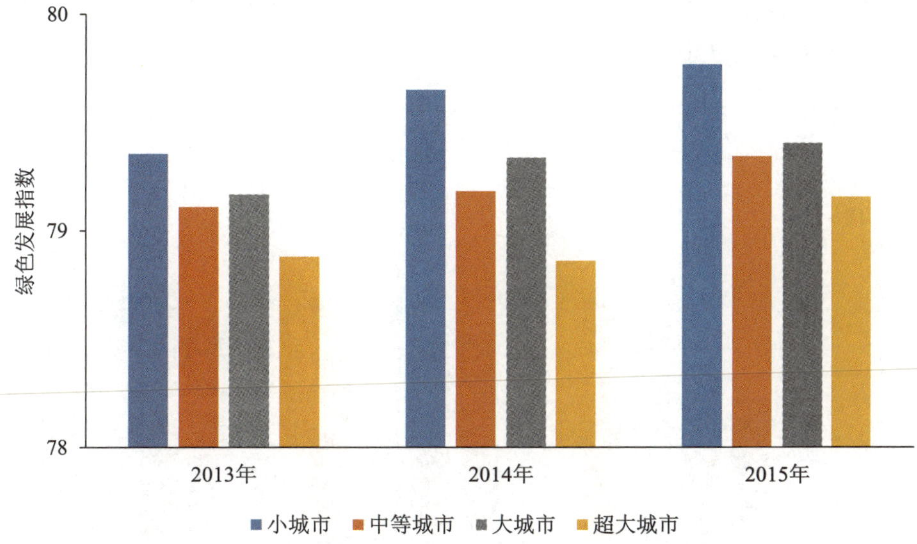

图 7-1　2013—2015 年不同规模城市绿色发展指数的对比

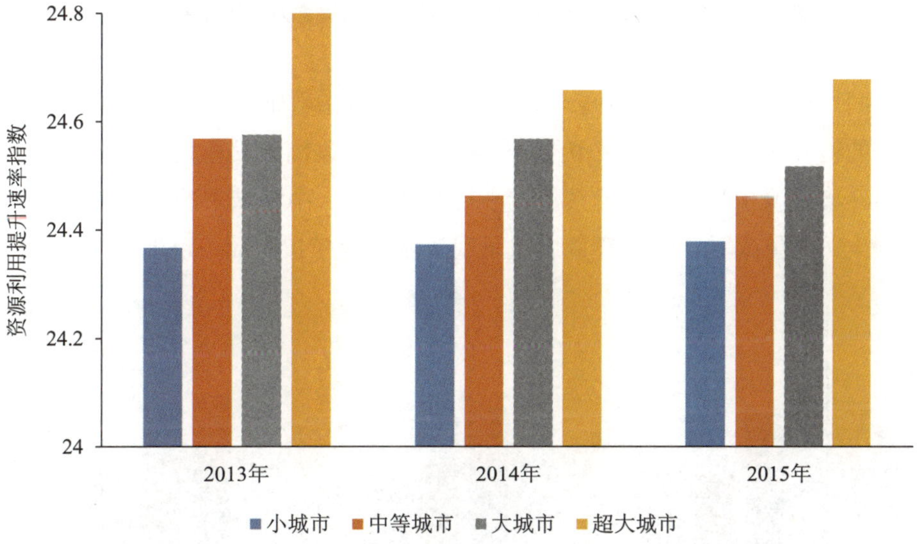

图 7-2　2013—2015 年不同规模城市资源利用提升速率指数的对比

图 7-3 是不同规模城市环境治理提升速率指数的比较。可以看出，各规模城市的环境治理提升速率指数呈现逐年上升的特征，说明环境治理力度逐年加大。从城市间的差别来看，超大城市的环境治理力度上升速率最快，环境治理提升速率指数从 2013 年的 13.45 上升到 2015 年的 13.67，上升了 1.65%。其次是小城市，环境治理提升速率指数从 2013 年的 13.27 上升到 2015 年的 13.42，上升了 1.23%。大城市和中等城市的环境治理

提升速率指数同样呈现逐年递增的特征，但是上升幅度相对低于超大城市和小城市，尤以大城市的上升速率最慢。

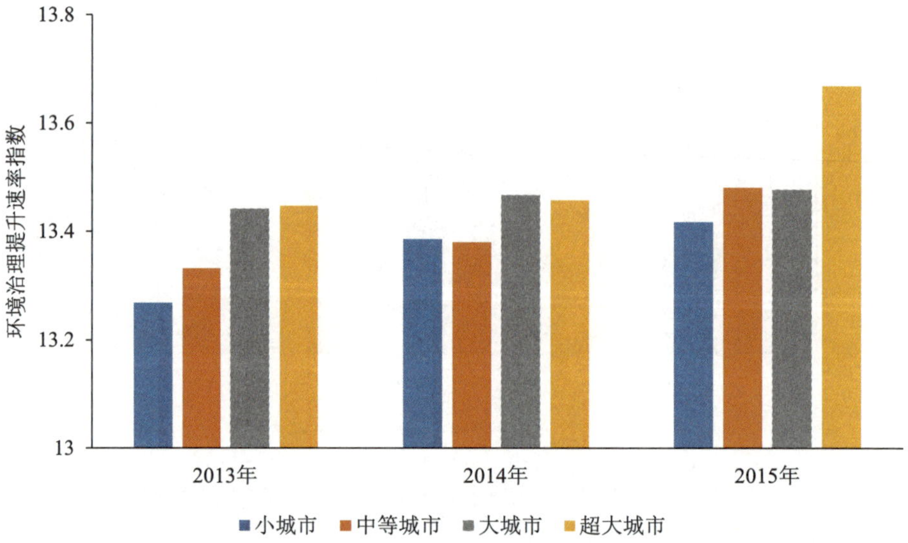

图 7-3　2013—2015 年不同规模城市环境治理提升速率指数的对比

从不同规模城市 2013—2015 年的生态环境质量指数来看，生态环境质量指数呈现逐年上升的特征（图 7-4）。小城市的环境质量指数明显高于其他规模较大的城市，而超大城市的环境质量指数明显低于其他较小规模的城市，中等城市和大城市的环境质量指数差别不大。总体来看，生态环境质量呈现随城市规模扩大而下降的特征。

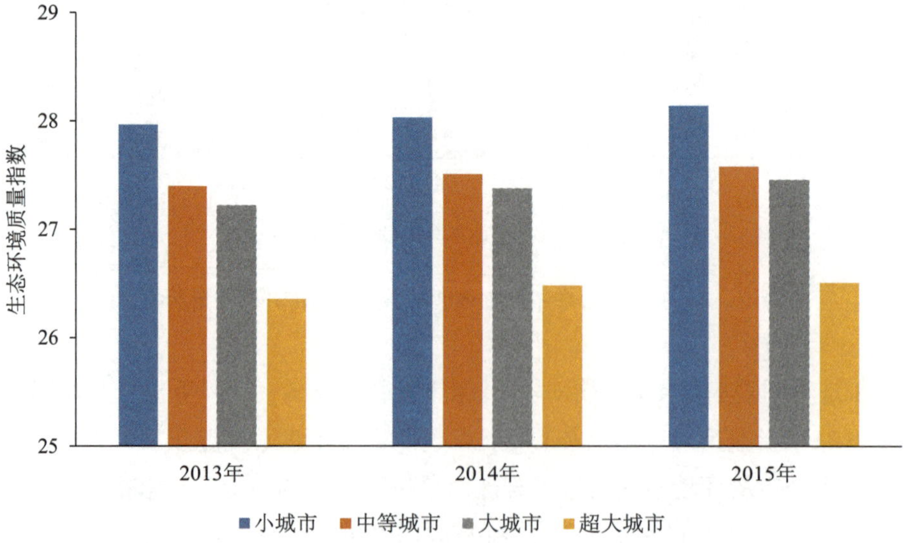

图 7-4　2013—2015 年不同规模城市生态环境质量指数的对比

从图 7-5 可以看出，不同规模城市的经济增长质量指数均保持稳定。基于不同规模城市经济增长质量指数的比较来看，超大城市的经济增长质量指数明显领先于其他规模城市，其次是大城市，而中等城市和小城市的经济增长质量指数相差不大。

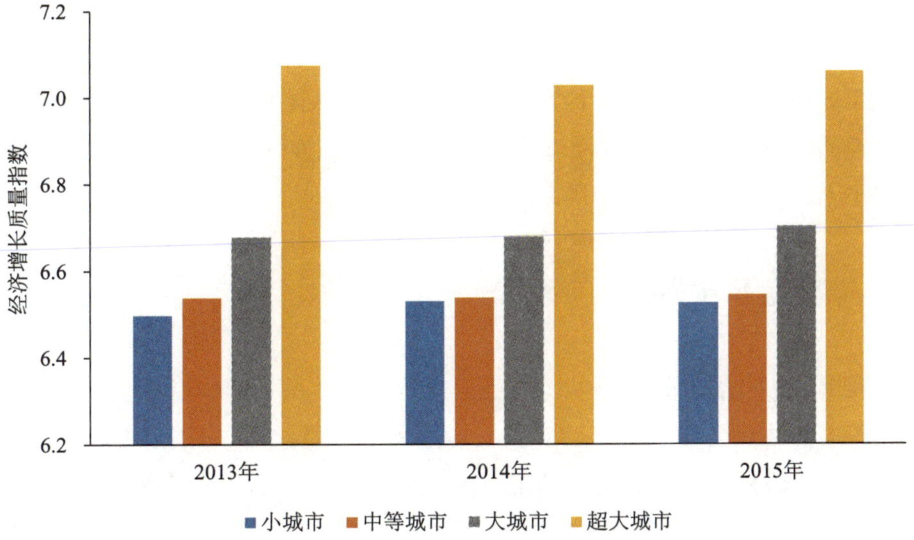

图 7-5　2013—2015 年不同规模城市经济增长质量指数的对比

从不同规模城市 2013—2015 年的绿色生活水平指数来看，超大城市的绿色生活水平指数呈现逐年上升的特征；小城市绿色生活水平呈现先上升后下降的特征，且 2015 年绿色生活水平指数要高于 2013 年；中等规模城市和大城市的绿色生活水平指数在波动中略有下降（图 7-6）。总体来看，小规模城市的绿色生活水平相对高于规模较大的城市。

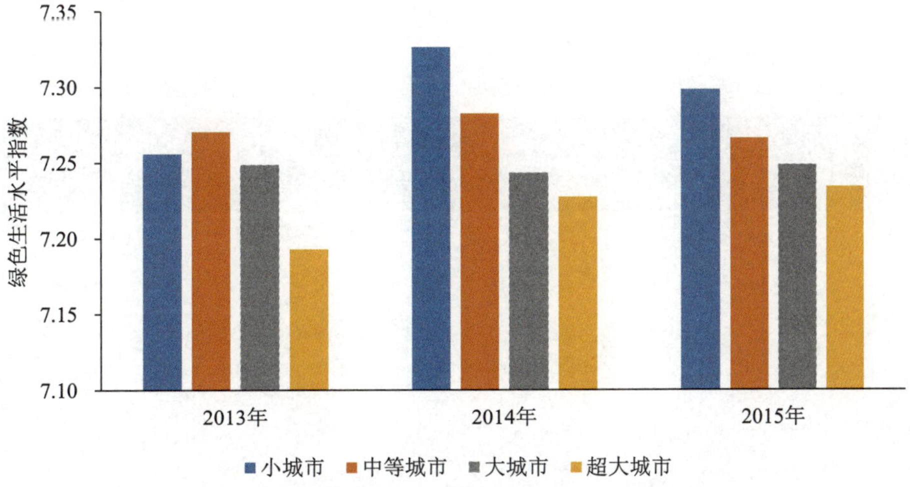

图 7-6　2013—2015 年不同规模城市绿色生活水平指数的对比

基于上述分析，本节的分析结论主要有：通过对不同规模城市的比较分析，可以初步得出城市规模越大，绿色发展面临的挑战越大的结论。不同规模城市绿色发展的优势和劣势比较清晰，大规模城市在资源利用提升速率、环境治理提升速率和经济增长质量层面的优势明显，但是大规模城市在生态环境质量、绿色生活水平方面的短板比较突出。在绿色发展变动趋势上，2013—2015 年，小城市的绿色发展取得了明显的进展，相比较而言大规模城市的绿色发展进展稍为缓慢。小城市的进展主要体现在环境治理提升速率和生态环境质量改善上，较大规模城市的进展缓慢则主要体现在资源利用提升速率和绿色生活水平上。

二、城市行政级别

对于我国城市发展的研究不能忽视我国行政等级体系下的城市级别，城市行政级别可能比传统上的地理区位、基础设施、投资激励等更可能影响一个城市的绿色发展水平。我国城市的政治级别一般可分为直辖市、副省级城市、非副省级省会城市和普通地级市。在此，本节针对研究样本中我国的 4 个直辖市、26 个省会城市以及 5 个计划单列市来进行比较分析。

表 7-1 分别是各直辖市、省会城市和计划单列市的绿色发展指数和排名情况。从 2013—2015 年绿色发展综合指数 3 年的平均值来看，排在前 10 名的城市是杭州市、哈尔滨市、海口市、广州市、长沙市、厦门市、南宁市、贵阳市、福州市、南昌市；排在后 10 名的城市为长春市、天津市、太原市、石家庄市、西宁市、上海市、郑州市、沈阳市、昆明市和西安市。连续 3 年排在前 10 名的城市有哈尔滨市、杭州市、广州市、海口市、厦门市和贵阳市 6 个城市。

表 7-1　2013—2015 年直辖市、省会城市和计划单列市的绿色发展指数及排名

城市	2013 年		2014 年		2015 年		2013—2015 年均值	
	指数值	排名	指数值	排名	指数值	排名	指数值	排名
北京市	79.45	17	78.80	25	80.36	12	79.54	20
上海市	77.67	31	78.21	29	78.02	28	77.97	30
天津市	77.06	33	77.16	35	77.22	33	77.15	34
重庆市	79.84	13	80.18	11	80.27	15	80.10	13
石家庄市	76.45	35	79.21	22	77.07	34	77.58	32
郑州市	78.13	27	78.02	31	77.82	30	77.99	29
武汉市	79.15	22	79.30	21	80.39	11	79.61	18

城市	2013 年		2014 年		2015 年		2013—2015 年均值	
	指数值	排名	指数值	排名	指数值	排名	指数值	排名
长沙市	80.25	11	81.17	2	80.62	8	80.68	5
南京市	79.27	18	79.82	15	79.67	21	79.59	19
南昌市	79.24	19	81.32	1	80.41	10	80.33	10
沈阳市	79.49	16	77.36	33	77.23	32	78.03	28
长春市	76.51	34	77.72	32	77.03	35	77.08	35
哈尔滨市	81.15	1	80.56	9	81.13	3	80.95	2
西安市	77.81	30	78.36	28	79.66	22	78.61	26
太原市	77.10	32	77.25	34	77.92	29	77.42	33
济南市	79.05	23	79.69	16	79.34	24	79.36	23
成都市	80.05	12	80.08	12	80.24	16	80.12	12
西宁市	77.86	29	78.20	30	77.61	31	77.89	31
合肥市	78.64	26	78.61	27	79.24	25	78.83	25
海口市	80.39	8	81.04	5	80.69	5	80.71	3
广州市	80.44	6	81.06	4	80.62	7	80.71	4
贵阳市	80.38	9	80.48	10	80.61	9	80.49	8
杭州市	81.08	2	81.15	3	81.70	1	81.31	1
福州市	80.40	7	80.81	7	80.03	17	80.41	9
兰州市	78.84	24	79.10	23	79.04	26	78.99	24
昆明市	78.04	28	78.65	26	78.38	27	78.36	27
银川市	79.53	15	79.97	14	79.35	23	79.62	17
南宁市	80.27	10	80.96	6	80.69	6	80.64	7
呼和浩特市	78.76	25	79.07	24	80.32	13	79.38	22
乌鲁木齐市	79.67	14	79.44	19	79.87	20	79.66	16
大连市	80.66	3	79.47	18	79.90	18	80.01	15
青岛市	80.62	4	80.01	13	80.27	14	80.30	11
宁波市	79.24	20	79.39	20	79.87	19	79.50	21
厦门市	80.49	5	80.72	8	80.75	4	80.65	6
深圳市	79.23	21	79.50	17	81.38	2	80.04	14

为进一步分析城市绿色发展情况，本报告着重分析研究了副省级省会城市（10 个）、非副省级省会城市（20 个）和计划单列市（5 个）[①]的绿色发展状况，并将它们进行简单对比。

从绿色发展的综合指数来看，副省级省会城市呈现逐年上升的特征，非副省级省会城市绿色发展指数变化表现出先升后降的特征，计划单列市呈现出先降后增的变化特征（图 7-7）。在各类城市之间，计划单列市的绿色发展指数 3 年均高于其他两类城市。

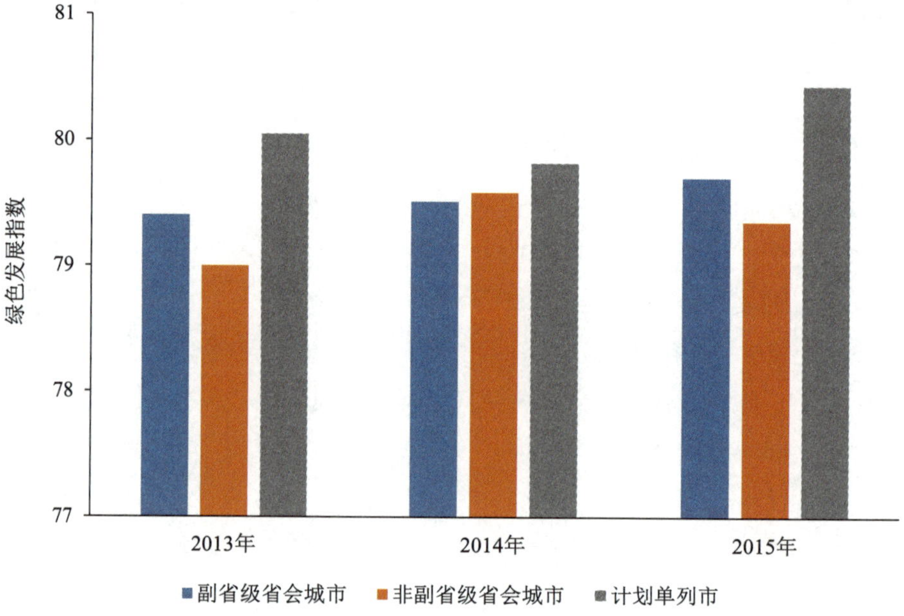

图 7-7　2013—2015 年各类城市绿色发展指数的对比

从资源利用提升速率指数来看，三类城市资源利用提升速率指数总体均呈现下降的特征，副省级省会城市资源利用提升速率指数除在 2015 年略低于计划单列市外，其他年份均要高于其他两类城市；非副省级省会城市和计划单列市呈现先升后降的变化特征，且非副省级省会城市和计划单列市 2015 年的指数值均要低于 2013 年的指数值（图 7-8）。

---

① 副省级省会城市包括：武汉市、南京市、沈阳市、长春市、哈尔滨市、西安市、济南市、成都市、广州市和杭州市；非副省级省会城市指除去副省级省会城市、拉萨以及香港地区、澳门地区；计划单列市有：大连市、青岛市、宁波市、厦门市和深圳市。

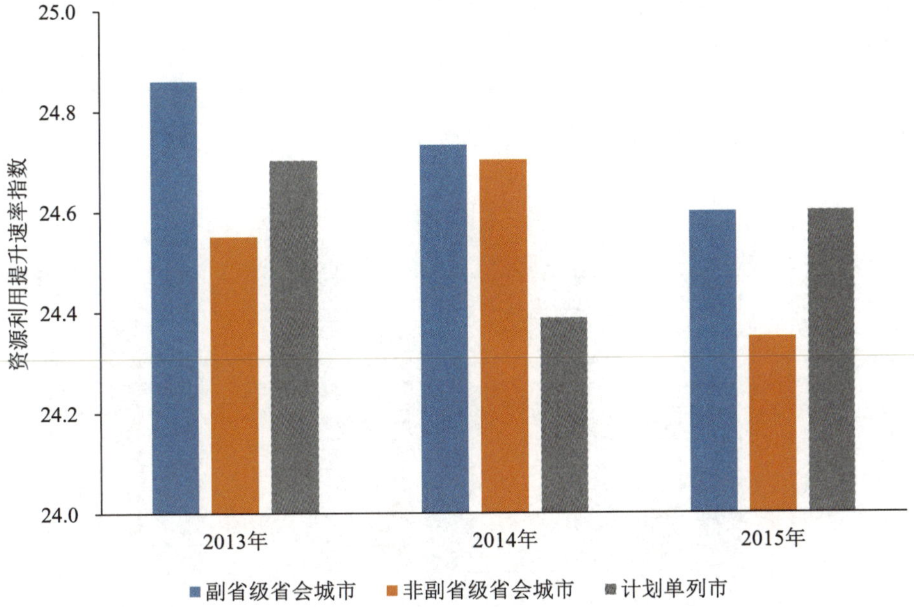

图 7-8　2013—2015 年各类城市资源利用提升速率指数的对比

从环境治理提升速率指数来看，2013—2015 年三类城市总体表现出上升特征（图 7-9）。其中，副省级省会城市环境治理提升速率指数值呈现逐年上升的特点；非副省级省会城市 2014 年指数值上升明显；计划单列市则呈现先降后升的特征，且非副省级省会城市和计划单列市 2015 年指数值均高于其 2013 年指数值。

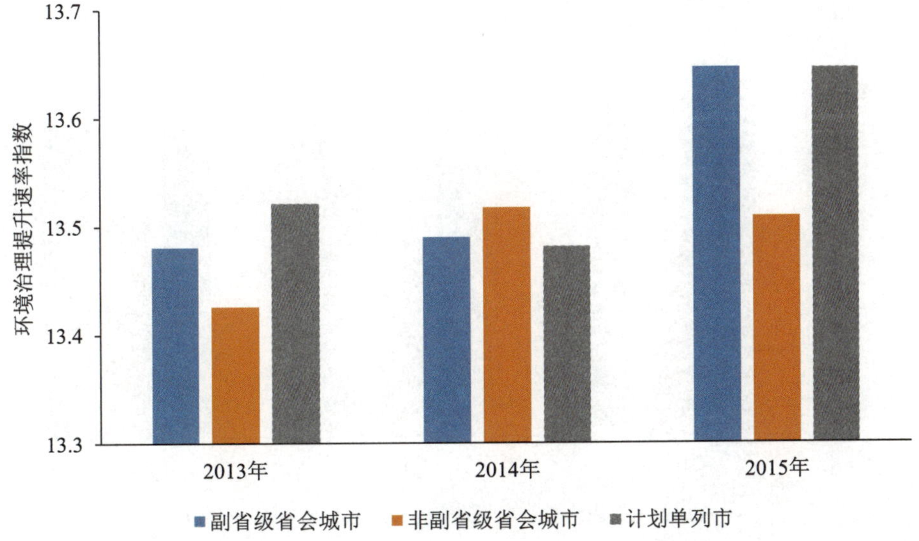

图 7-9　2013—2015 年各类城市环境治理提升速率指数的对比

从生态环境质量指数来看，三类城市生态环境质量指数值均表现出逐年上升的特征（图 7-10），反映了生态环境质量的逐渐改善。副省级省会城市的生态环境质量指数值是三类城市中最低的；非副省级省会城市的生态环境质量指数值居中；计划单列市的生态环境质量指数值最高，明显高于其他两类城市。

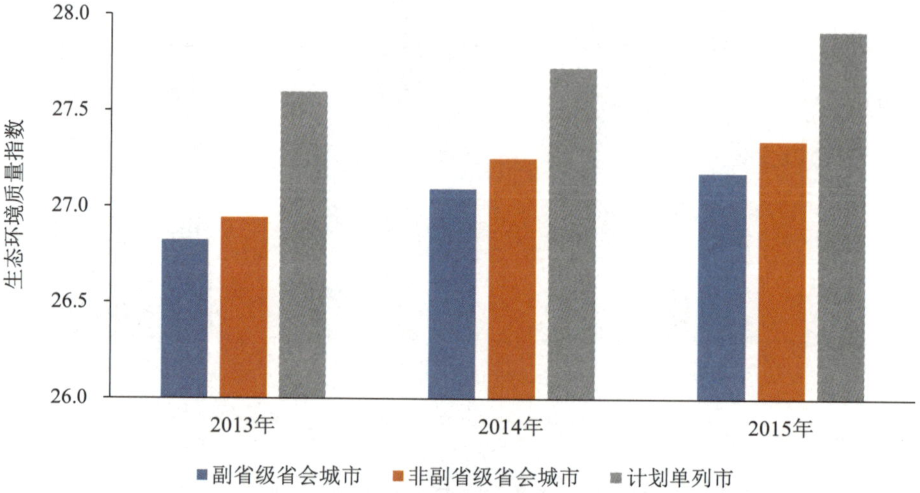

图 7-10　2013—2015 年各类城市生态环境质量指数的对比

通过三类城市经济增长质量指数值的比较来看，变动幅度值均在 0.1 个单位之内，反映经济增长质量的相对稳定（图 7-11）。计划单列市的经济增长质量指数值要相对高于另外两类城市，非副省级省会城市的经济增长质量指数值最低。

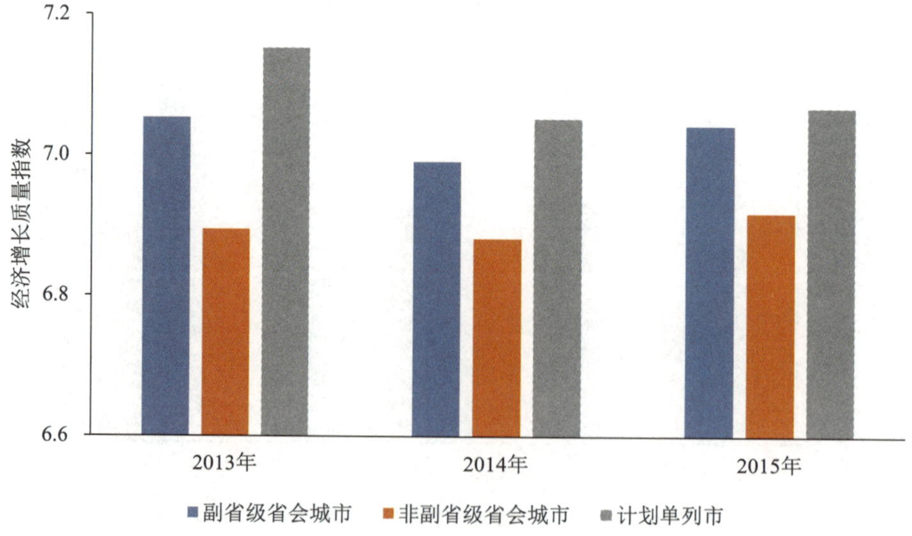

图 7-11　2013—2015 年各类城市经济增长质量指数的对比

从各类城市绿色生活水平指数对比来看，绿色生活指数值均呈现逐年上升的特征，反映绿色生活水平的提升。其中，副省级省会城市和非副省级省会城市绿色生活指数水平差距不大，且增长较为缓慢；计划单列市的绿色生活指数水平值略低于另外两类城市，但增长幅度最为明显（图 7-12）。

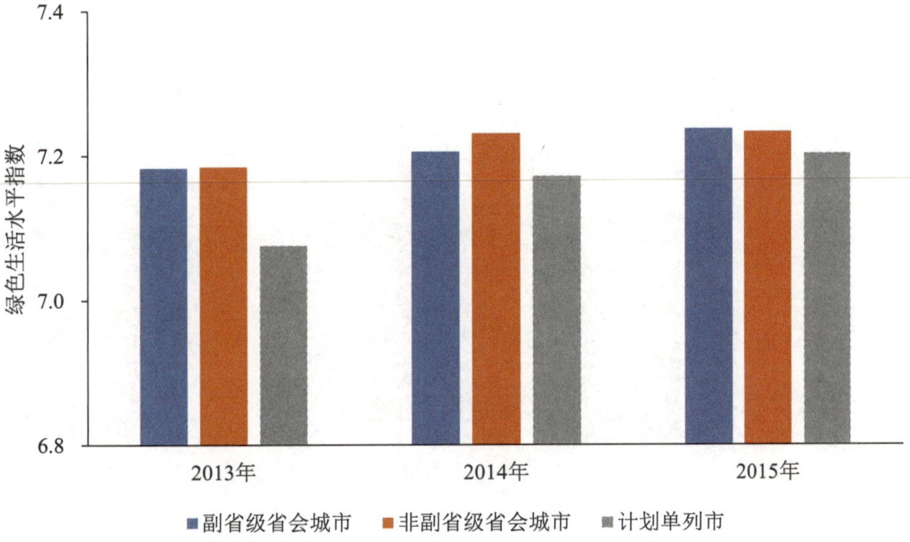

图 7-12　2013—2015 年各类城市绿色生活水平指数的对比

基于上述分析，本节的分析结论主要有：相对于其他行政级别的城市，省会城市和计划单列市的整体经济发展水平较高，且其绿色发展水平相对较高。2015 年，省会城市和计划单列市的绿色发展水平均值为 79.64，而所有样本城市的绿色发展水平均值为 79.43。在副省级省会城市、非副省级省会城市和计划单列市这三类城市中，计划单列市的绿色发展水平处于领先位置，其在生态环境质量和经济增长质量方面的优势比较明显；非副省级省会城市的绿色发展水平相对较低，其在资源利用提升速率、环境治理提升速率和经济增长质量方面都相对滞后。

三、经济发展水平

为考察城市经济发展水平与绿色发展水平之间的关系，按照人均 GDP 将城市划分为 4 万元以下、4 万～6 万元、6 万元以上三类，比较三类城市 2013—2015 年各类绿色发展水平指标的变动情况。

从各类城市绿色发展指数的变化趋势来看，人均 GDP 处于 4 万～6 万元的城市 2015 年的绿色发展指数较 2013 年略有下降，人均 GDP 大于 6 万元的城市和人均 GDP 不超过 4 万元的城市绿色发展指数均呈现逐年上升的特征（图 7-13）。人均 GDP 大于 6 万元的城市绿色发展综合指数值的上升幅度最大，其 2015 年指数值较 2013 年上升 0.46 个单位；人均 GDP 不超过 4 万元的城市绿色发展指数则上升 0.21 个单位；人均 GDP 处于 4 万～6 万元的城市则出现小幅度下降，其指数值下降 0.07 个单位。

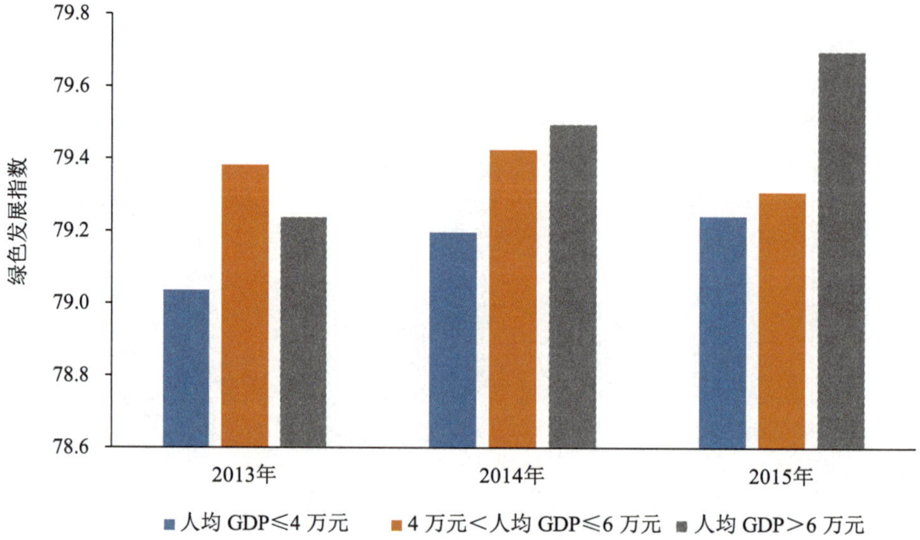

图 7-13　2013—2015 年各类城市绿色发展指数的对比

表 7-2 分别呈现了城市资源利用提升速率指数、环境治理提升速率指数、生态环境质量指数、经济增长质量指数以及绿色生活水平指数的变化趋势。

表 7-2　2013—2015 年不同经济发展水平城市绿色发展一级指数情况

年份	2013 年	2014 年	2015 年
资源利用提升速率			
人均 GDP≤4 万元	24.55	24.48	24.47
4 万元<人均 GDP≤6 万元	24.66	24.48	24.50
人均 GDP>6 万元	24.47	24.55	24.52
环境治理提升速率			
人均 GDP≤4 万元	13.29	13.37	13.40
4 万元<人均 GDP≤6 万元	13.40	13.51	13.44
人均 GDP>6 万元	13.53	13.51	13.57

年份	2013 年	2014 年	2015 年
生态环境质量			
人均 GDP≤4 万元	27.45	27.61	27.64
4 万元<人均 GDP≤6 万元	27.43	27.56	27.45
人均 GDP>6 万元	27.09	27.31	27.44
经济增长质量			
人均 GDP≤4 万元	6.48	6.48	6.48
4 万元<人均 GDP≤6 万元	6.61	6.62	6.64
人均 GDP>6 万元	6.93	6.86	6.89
绿色生活水平			
人均 GDP≤4 万元	7.26	7.26	7.25
4 万元<人均 GDP≤6 万元	7.27	7.26	7.28
人均 GDP>6 万元	7.23	7.27	7.28

注：根据样本数据计算。

在资源利用提升速率指数情况上，人均 GDP 在 6 万元以下的城市的资源利用提升速率指数总体呈现下降的特征，而人均 GDP 大于 6 万元的城市的资源利用提升速率指数则呈现逐年上升的特征。

在环境治理提升速率指数上，人均 GDP 大于 6 万元的城市环境治理提升速率指数明显大于另外两类城市。人均 GDP 不超过 4 万元的城市环境治理提升速率指数呈现逐年上升的特征，但其指数值要低于另外两类城市的指数值；人均 GDP 大于 6 万元的城市变动幅度最小，其 2015 年的指数值较 2013 年上升 0.04 个单位；人均 GDP 介于 4 万～6 万元的城市则呈现先升后降的特征，但其 2015 年指数值略高于 2013 年指数值。

在生态环境质量指数上，人均 GDP 不超过 4 万元的城市和人均 GDP 大于 6 万元的城市生态环境质量指数呈现逐年上升的特征；人均 GDP 介于 4 万～6 万元的城市则呈现先升后降的特征，但其 2015 年指数值要高于 2013 年的指数值。人均 GDP 不超过 4 万元的城市生态环境质量指数显著较高，人均 GDP 大于 6 万元的城市生态环境质量指数显著较低，呈现人均 GDP 越高其生态环境质量指数越低的特征。

在经济增长质量指数上，人均 GDP 大于 6 万元的城市经济增长质量指数最高，人均 GDP 不超过 4 万元的城市经济增长质量指数值最低，呈现人均 GDP 水平越高的城市其经济增长质量指数也越高的特征。总体来讲，三类城市经济增长质量指数的变动幅度均不超过 0.05 个单位，反映其经济增长质量指数相对稳定的特性。

在绿色生活水平指数上，2013—2015 年各类城市绿色生活指数水平变动较小，均不超过0.05个单位。人均GDP大于6万元的城市出现绿色生活指数水平的小幅上升特征，人均GDP不超过4万元的城市其指数值则出现小幅度的下降。

通过上述分析可以发现，按人均GDP分类的各城市绿色发展指数及其相关的一级指数存在一定的差异。为此，根据各城市的人均GDP和绿色发展指数可以将各城市划分为四类：一是人均GDP水平较高，且绿色发展指数也较高，称为引领型绿色发展；二是人均GDP水平较低，但绿色发展指数较高，称为基础薄弱型绿色发展；三是人均GDP水平较高，但绿色发展指数较低，称为短板型绿色发展；四是人均GDP水平较低，且绿色发展指数较低，称为滞后型绿色发展。本报告以2015年数据为例，以人均GDP和绿色发展指数的均值为判断依据，分析各类型城市的特征及其代表城市，详见表7-3。

表7-3 四种类型城市特征及代表性城市

类型	特征	代表城市
引领型绿色发展	人均GDP水平较高，绿色发展指数也较高	鄂尔多斯市、石嘴山市、克拉玛依市、铜陵市、鹰潭市、嘉峪关市、三明市、龙岩市、榆林市、北海市、衢州市、本溪市、攀枝花市、金华市、三亚市、防城港市、马鞍山市、威海市、新余市、舟山市、株洲市、湘潭市、苏州市、南昌市、泰州市、宁波市、乌鲁木齐市、杭州市、莆田市、绍兴市、徐州市、镇江市、福州市、大连市、襄阳市、日照市、烟台市、东莞市、中山市、常州市、厦门市、湖州市、深圳市、柳州市、台州市、青岛市、宜昌市、呼和浩特市、长沙市、贵阳市、泉州市、哈尔滨市、珠海市、惠州市、泰安市、成都市、西安市、南京市、北京市、广州市、武汉市
基础薄弱型绿色发展	人均GDP水平较低，绿色发展指数较高	宁德市、丽水市、河池市、普洱市、怀化市、临沧市、娄底市、云浮市、随州市、河源市、玉溪市、百色市、黄山市、崇左市、铜仁市、六盘水市、梧州市、牡丹江市、桂林市、晋中市、保山市、梅州市、张家界市、秦皇岛市、广元市、张家口市、黄石市、赣州市、肇庆市、商洛市、宣城市、安庆市、萍乡市、雅安市、汕尾市、安顺市、九江市、南平市、韶关市、吉安市、咸宁市、汉中市、承德市、郴州市、池州市、遵义市、邵阳市、十堰市、广安市、益阳市、钦州市、宿迁市、乐山市、南阳市、遂宁市、抚州市、江门市、枣庄市、宝鸡市、毕节市、来宾市、绵阳市、岳阳市、潮州市、海口市、洛阳市、贵港市、常德市、漯河市、南宁市、茂名市、临沂市、武威市、玉林市、安康市、泸州市、蚌埠市、重庆市
短板型绿色发展	人均GDP水平较高，绿色发展指数较低	呼伦贝尔市、延安市、三门峡市、滨州市、嘉兴市、东营市、乌海市、廊坊市、焦作市、辽阳市、吉林市、银川市、淄博市、太原市、鞍山市、无锡市、合肥市、大庆市、南通市、济南市、昆明市、长春市、抚顺市、包头市、佛山市、盐城市、鄂州市、扬州市、唐山市、潍坊市、淮安市、芜湖市、兰州市、郑州市、上海市、天津市、沈阳市

类型	特征	代表城市
滞后型绿色发展	人均 GDP 水平较低，绿色发展指数较低	双鸭山市、定西市、庆阳市、晋城市、白银市、黄冈市、金昌市、吕梁市、许昌市、酒泉市、铁岭市、阜新市、葫芦岛市、张掖市、铜川市、驻马店市、渭南市、平凉市、曲靖市、鹤壁市、鸡西市、运城市、长治市、连云港市、达州市、孝感市、德州市、濮阳市、咸阳市、阳泉市、周口市、锦州市、开封市、平顶山市、荆门市、昭通市、邢台市、眉山市、沧州市、滁州市、临汾市、德阳市、西宁市、温州市、荆州市、信阳市、商丘市、宜宾市、保定市、赤峰市、天水市、亳州市、南充市、新乡市、宿州市、齐齐哈尔市、清远市、自贡市、阜阳市、安阳市、大同市、聊城市、邯郸市、湛江市、济宁市、淮南市、淮北市、莱芜市、内江市、石家庄市、六安市、汕头市

为便于观察四种类型城市的空间分布，绘制了图 7-14。从地理空间上来看，引领型的绿色发展城市分布相对分散，主要分布在几个经济发达区域，包括长三角、海峡西岸、珠三角等地区。而短板型绿色发展城市主要聚集在引领型绿色发展城市周围，呈现出经济发展水平较高，但是绿色发展水平较低的特征。而基础薄弱型和滞后型绿色发展城市的比重较高，且分布的地理特征比较集中，基础薄弱型城市主要集中在南方的生态环境条件较好、经济发展水平相对滞后的地区，而滞后型绿色发展城市主要集中在华北地区和华中地区。

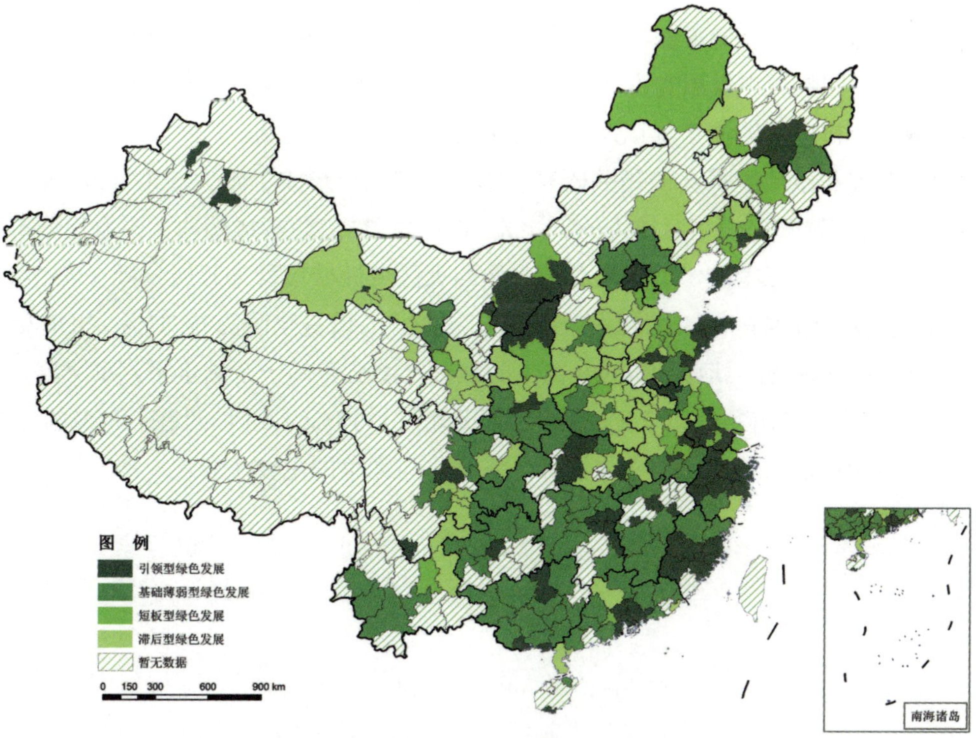

图 7-14 四种类型城市的地理分布图

基于上述分析，本节的分析结论主要有：第一，经济发展水平较高城市和经济发展水平相对较低城市的绿色发展水平呈现稳定的上升特征，但是经济发展水平中等的城市绿色发展水平进展并不明显，这反映了不同经济发展阶段城市绿色发展水平的差别。第二，高经济发展水平城市的短板领域主要体现在生态环境质量，而低经济发展水平城市的短板主要体现在环境治理提升速率和经济增长质量上，这反映了不同经济发展阶段城市在绿色发展各维度的不平衡。第三，引领型绿色发展城市的比重不高，基础薄弱和滞后型绿色发展城市的数量较多，且地理分布相对集中。

四、城市群

党的十九大报告明确提出，以城市群为主体构建大中小城市和小城镇协调发展的城镇格局。这种确定以城市群为主体形态的空间发展战略，标志着城市群时代的到来。所谓城市群为主体形态就是要以大城市为依托、以中小城市为重点，逐步形成辐射作用大的城市群，促进大中小城市和小城镇协调发展。通过科学规划城市群规模和布局，在充分发挥大城市的辐射功能的基础上，强化中小城市和小城镇的产业功能、服务功能和居住功能，促进产城融合，繁荣城镇。

作为经济社会发展的重要承载空间，城市群也是未来我国践行绿色发展理念、实现绿色发展的重要区域。一方面，各城市群的发展存在很大的差别；另一方面，在各城市群的内部，不同的城市发展也存在不一致。为此，我们基于本报告测算的各城市的绿色发展指数来分析不同的城市群以及不同城市间的绿色发展差别。

国家发展和改革委员会的相关研究表明，中国已经形成了十大城市群①。根据本报告的需求，我们选择规模相对较大的京津冀、长三角、珠三角和成渝四大国家型城市群，以及海峡西岸、长江中游、山东半岛和中原四大区域性城市群来开展分析（表 7-4、图 7-15）。这八大城市群的国土面积占全国的 18.53%，人口占全国的 64.81%，GDP 则占全国的 78.63%，以单位土地面积 GDP 衡量的经济密度显著高于全国水平。京津冀、长三角、珠三角三大城市群更是以 2.8%的国土面积集聚了 18%的人口，创造了 36%的 GDP，成为拉动我国经济快速增长和参与国际经济合作与竞争的主要平台。

① 京津冀、长三角、珠三角、辽中南、山东半岛、海峡西岸、中原、长江中游、关中、成渝城市群。

表 7-4　2016 年各城市群基本数据

城市群	城市数量	面积/万 km^2	常住人口/万人	GDP/万亿元	人均 GDP/（元/人）	地均 GDP/（万元/km^2）
京津冀	13	21.5	11 107	7.5	67 524	3 499
长三角	26	21.2	15 084	14.7	97 454	6 949
珠三角	9	5.5	5 882	6.8	115 598	12 346
成渝	16	24	9 782	4.8	49 066	2 007
海峡西岸	20	27.33	9 140	4.8	52 513	1 756
长江中游	28	34.5	12 509	7.1	56 759	2 049
山东半岛	17	15.79	9 895	6.7	67 706	4 243
中原	30	28.7	16 205	6.1	37 517	2 118
全国		963.4	138 271	74.4	53 980	772
城市群占比/%		18.53	64.81	78.63		

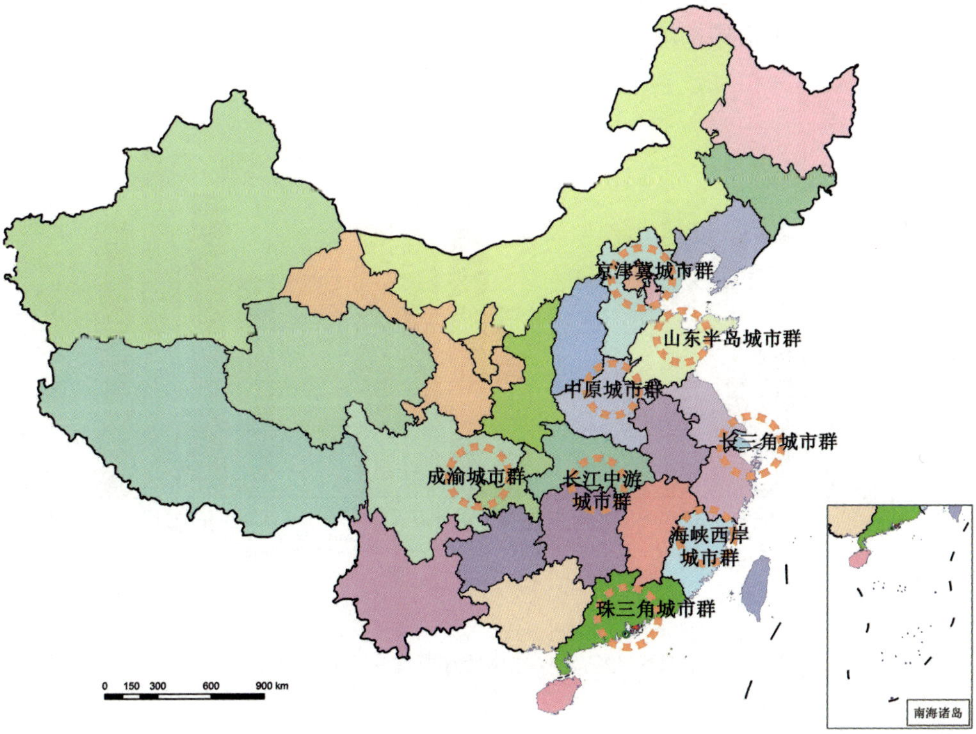

图 7-15　我国部分城市群地理分布

（一）四大全国性城市群

鉴于城市群的规模分布，本报告首先分析长三角、京津冀、珠三角和成渝四大国家级城市群的绿色发展状况；其中京津冀城市群包括北京、天津、保定、唐山、石家庄、廊坊、秦皇岛、张家口、承德、沧州、邯郸、邢台、衡水等13个城市①；长三角城市群包括上海、南京、苏州、无锡、常州、扬州、镇江、南通、盐城、泰州、杭州、宁波、绍兴、湖州、嘉兴、金华、台州、舟山、合肥、芜湖、马鞍山、铜陵、安庆、滁州、池州、宣城等26个城市[10]；珠三角城市群包括广州、深圳、佛山、中山、惠州、东莞、珠海、江门、肇庆等9个城市[11]；成渝城市群包括重庆、成都、自贡、泸州、德阳、绵阳、遂宁、内江、乐山、南充、眉山、宜宾、广安、达州、雅安等15个城市[12]②。

从主要城市群绿色发展综合指数对比我们可以看出，珠三角城市群的绿色发展综合指数相对较高，绿色发展水平较好；京津冀城市群的绿色发展指数最低，即绿色发展综合水平相对较差（图 7-16）。具体来看，京津冀城市群和长三角城市群的绿色发展指数呈现逐年上升的特征，且京津冀城市群的上升幅度最大，2015 年较 2013 年上升 1.19 个单位；珠三角城市群 2014 年绿色发展指数值略有下降，但其他年份的绿色发展指数值明显高于其他主要城市群；成渝城市群 2015 年绿色发展指数值略有下降。

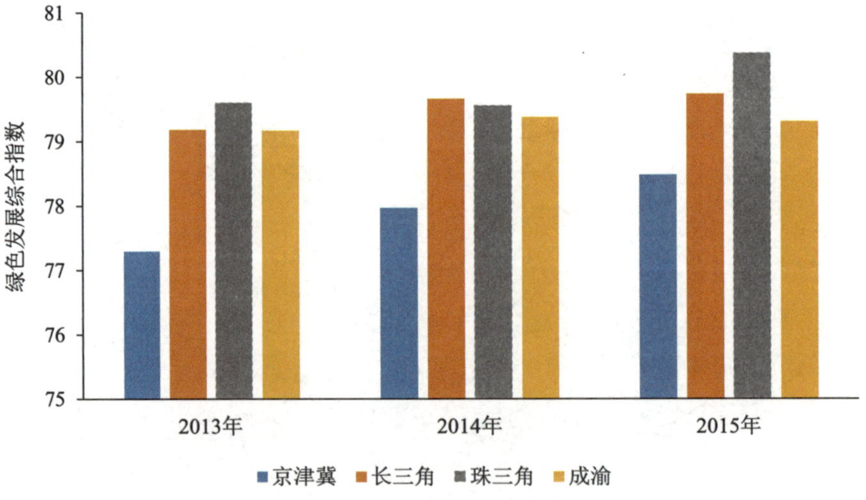

图 7-16　2013—2015 年主要城市群绿色发展综合指数对比

从 2013—2015 年主要城市群的资源利用提升速率指数来看，京津冀城市群、长三

① 本报告中衡水市数据暂缺。

② 本报告中资阳市数据暂缺。

角城市群和成渝城市群的资源利用提升速率指数均呈现先升后降的变化特征；珠三角城市群的资源利用提升速率呈现先略有下降再上升的特征；主要城市群 2015 年指数值均高于其 2013 年指数值，其中珠三角城市群的指数值上升幅度最大（图 7-17）。

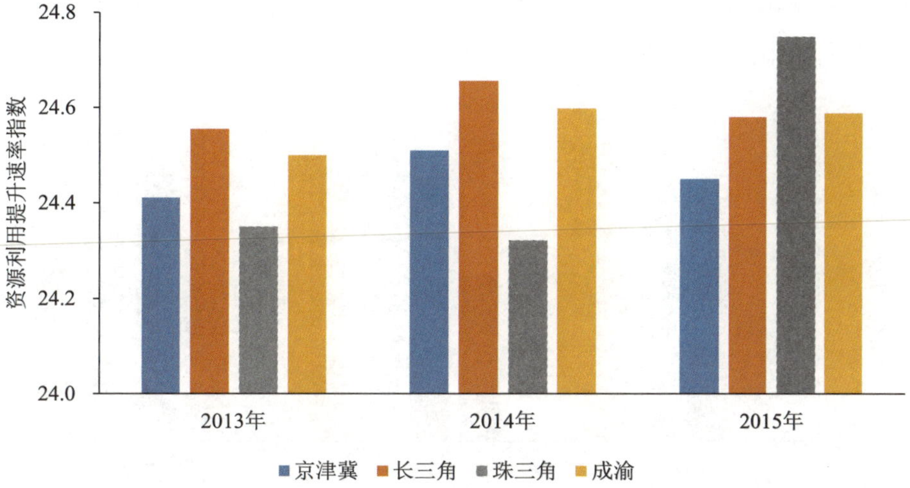

图 7-17　2013—2015 年主要城市群资源利用提升速率指数对比

从主要城市群的环境治理提升速率指数来看，2013—2015 年，京津冀城市群、长三角城市群和珠三角城市群的环境治理提升速率指数均呈现比较明显的上升特征，反映环境治理力度的增加（图 7-18）。京津冀城市群的环境治理提升速率指数上升幅度最大，尤其是 2015 年提升明显；长三角城市群和珠三角城市群的环境治理提升速率指数缓慢上升；成渝城市群环境治理提升速率指数进展缓慢。

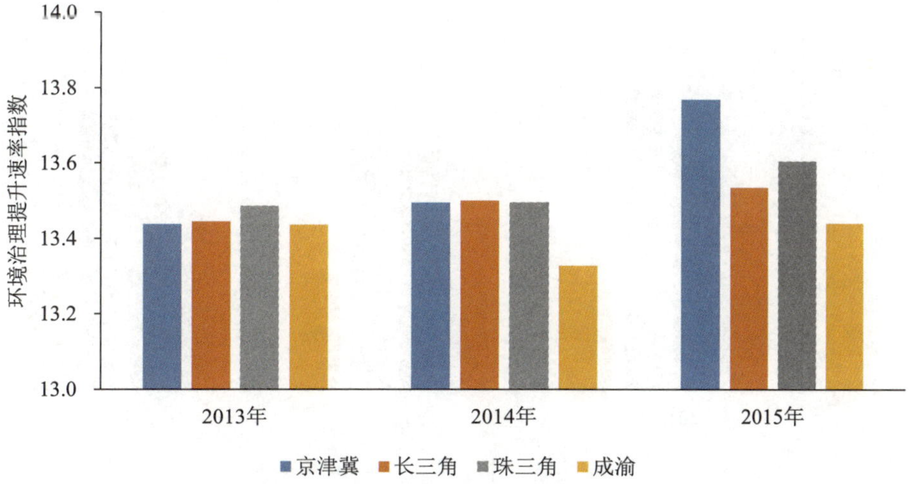

图 7-18　2013—2015 年主要城市群环境治理提升速率指数对比

从主要城市群的生态环境质量指数来看，京津冀城市群、长三角城市群和珠三角城市群的生态环境质量指数均呈现逐年上升的特征，反映生态环境质量的改善（图 7-19）。具体来看，京津冀城市群的生态环境质量指数最低；长三角城市群的生态环境质量指数相对较低；珠三角城市群和成渝城市群的生态环境质量指数相对较高；成渝城市群 2015 年生态环境质量指数值较 2013 年略有下降。

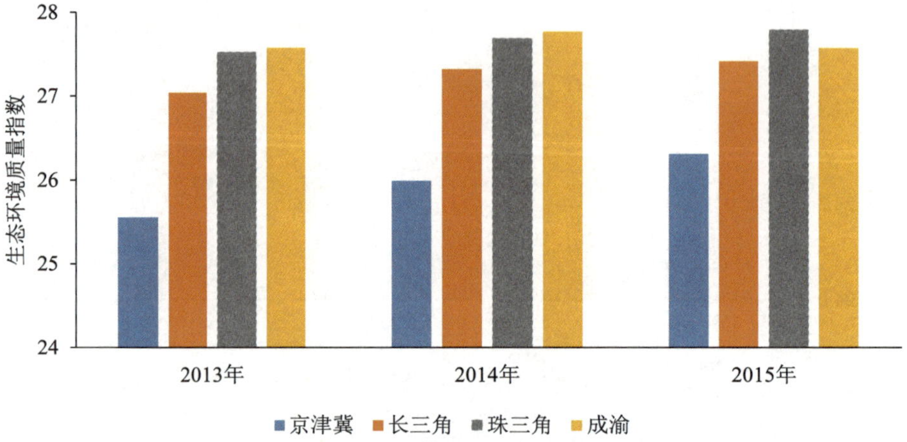

图 7-19　2013—2015 年主要城市群生态环境质量指数对比

从主要城市群的经济增长质量指数来看，京津冀城市群、长三角城市群和成渝城市群的经济增长质量指数均呈现逐年上升的特征（图 7-20）。珠三角城市群的经济增长质量指数最高，成渝城市群的经济增长质量指数最低；珠三角城市群的经济增长质量指数呈现先降后升的特征。

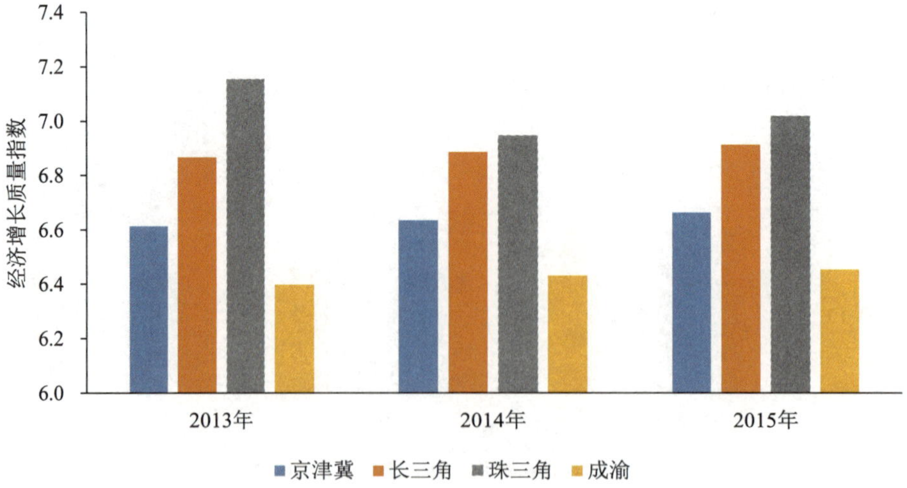

图 7-20　2013—2015 年主要城市群经济增长质量指数对比

从主要城市群的绿色生活水平指数来看，2013—2015 年，京津冀、长三角和成渝城市群的绿色生活水平指数较好，且保持相对稳定。珠三角城市群的绿色生活指数最低，绿色生活水平相对较低（图 7-21）。

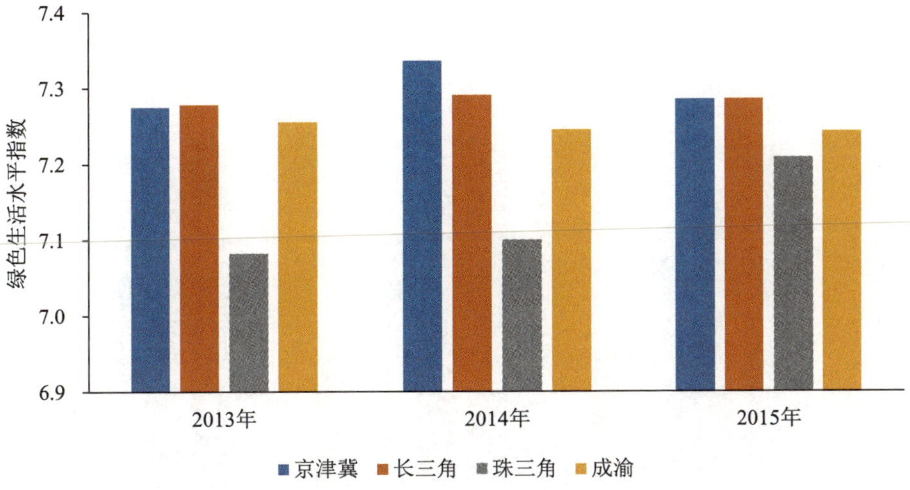

图 7-21　2013—2015 年主要城市群绿色生活水平指数对比

（二）其他城市群比较分析

中原城市群包括郑州、开封、洛阳、南阳、安阳、商丘、新乡、鹤壁、平顶山、许昌、焦作、周口、信阳、驻马店、濮阳、漯河、三门峡、长治、晋城、运城、聊城、宿州、淮北、阜阳、亳州、蚌埠、邢台、邯郸 28 个城市[13]①；山东半岛城市群包括济南、青岛、淄博、东营、烟台、潍坊、济宁、泰安、威海、日照、莱芜、滨州、德州、聊城、枣庄、临沂 16 城市[14]②；长江中游城市群包括武汉、黄石、黄冈、鄂州、孝感、咸宁、襄阳、宜昌、荆州、荆门、长沙、岳阳、益阳、常德、株洲、湘潭、娄底、南昌、九江、鹰潭、新余、萍乡、抚州、吉安 24 个城市[15]③；海峡西岸城市群包括福州、泉州、厦门、莆田、三明、南平、宁德、龙岩、温州、丽水、衢州、鹰潭、抚州、赣州、汕头、潮州、梅州 17 个城市[16]④。

从其他城市群绿色发展综合指数状况可以看出，海峡西岸城市群的绿色发展综合指数最高，绿色发展水平最好；长江中游城市群次之，绿色发展水平较好；山东半岛城市

① 本报告中济源市、菏泽市数据暂缺。

② 本报告中菏泽市数据暂缺。

③ 本报告中仙桃市、潜江市、天门市、景德镇市、宜春市、上饶市、衡阳市数据暂缺。

④ 本报告中漳州市、上饶市、揭阳市数据暂缺。

群的绿色发展水平较差；中原城市群的绿色发展水平最差（图 7-22）。从城市群绿色发展的变动来看，2013—2015 年，海峡西岸和山东半岛城市群的绿色发展水平均呈现先降后升的变动特征，且 2015 年指数值均要高于其 2013 年指数值；长江中游城市群绿色发展水平呈现逐年上升的特征，绿色发展水平逐年提高；中原城市群的绿色发展指数呈现先升后降的变动特征，但 2015 年指数值要高于基期水平值。

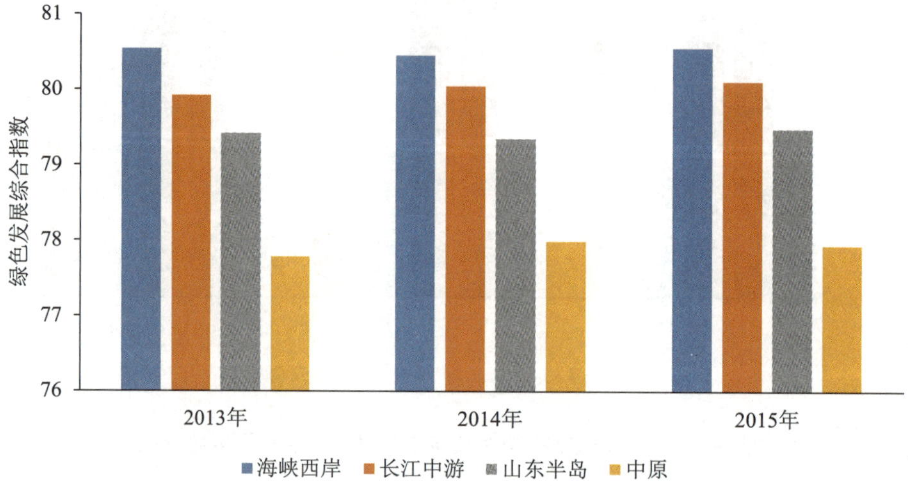

图 7-22　2013—2015 年其他城市群绿色发展综合指数状况

从其他城市群资源利用提升速率指数可以看出，各城市群资源利用提升速率波动较为明显（图 7-23）。分城市群来看，2013—2015 年，海峡西岸和中原城市群的资源利用提升速率呈现缓慢下降的变动特征；长江中游和山东半岛城市群资源利用提升速率指数呈现先降后升的变动特征。总体来讲，其他城市群的资源利用水平总体上进展不明显。

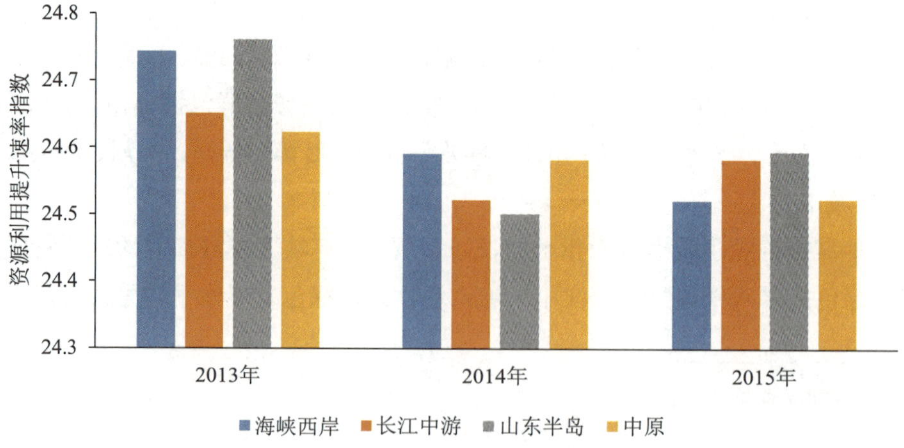

图 7-23　2013—2015 年其他城市群资源利用提升速率指数状况

从其他城市群环境治理提升速率指数我们可以看出，山东半岛城市群的环境治理提升速率指数最高；海峡西岸城市群的环境治理提升速率指数较小，但呈现逐年上升变动特征；长江中游城市群环境治理提升速率指数呈现先升后降的变动特征，但 2015 年指数值略高于 2013 年指数值；中原城市群环境治理提升速率指数变动不明显，较为稳定（图 7-24）。

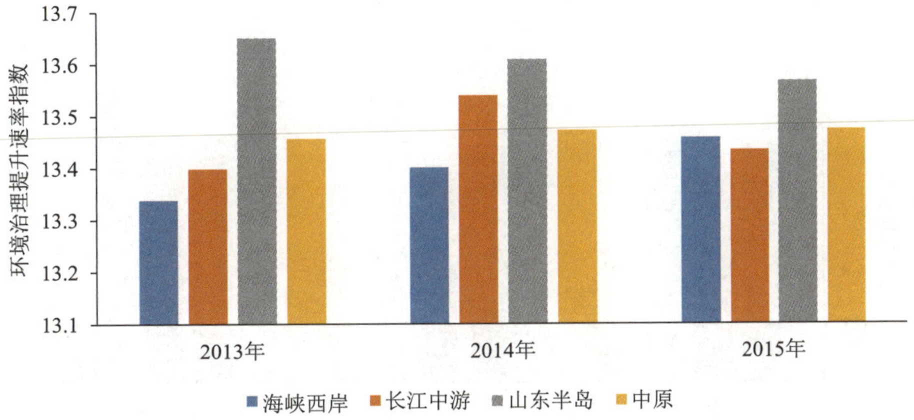

图 7-24　2013—2015 年其他城市群环境治理提升速率指数状况

从生态环境质量指数可以看出，海峡西岸城市群的生态环境质量指数最高，生态环境质量最优；长江中游城市群次之，环境质量较好；山东半岛城市群的环境质量较差；各城市群的生态环境质量指数均呈现逐年缓慢上升的特征（图 7-25）。总体来讲，我国其他城市群的生态环境质量呈现从南到北、从沿海向内陆降低的趋势，且各城市群生态环境质量呈现改善态势。

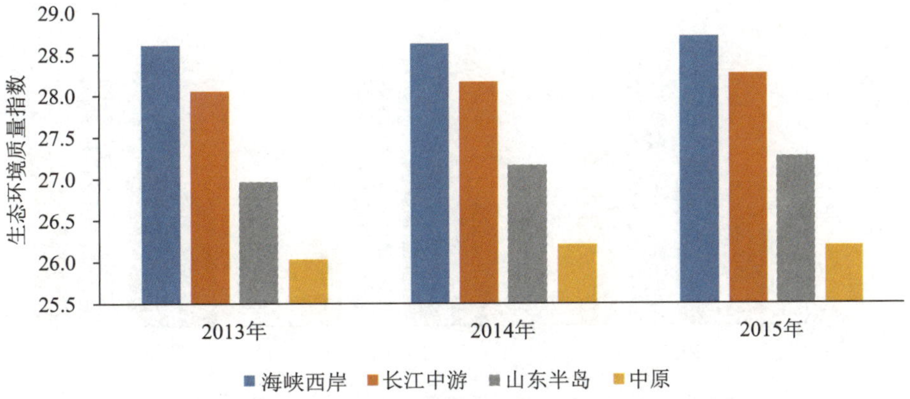

图 7-25　2013—2015 年其他城市群生态环境质量指数状况

从经济增长质量指数我们可以看出，山东半岛城市群的经济增长质量指数最高，经济增长质量最好；海峡西岸城市群次之，经济增长质量较好；中原城市群的经济增长质量指数最低，经济增长质量相对最差（图 7-26）。从变动趋势来看，长江中游和中原城市群的经济增长质量指数呈现逐年上升的特征；海峡西岸城市群呈现先降后升的变动特征；山东半岛城市群呈现先升后降的变动特征；各城市群经济增长质量指数的变动幅度均不超过 0.1 个单位，反映出经济增长质量较为稳定的特征。

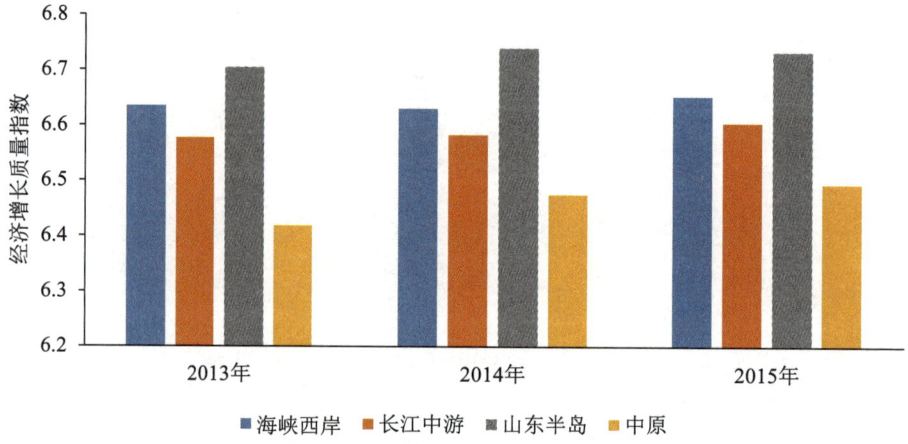

图 7-26　2013—2015 年其他城市群经济增长质量指数状况

从其他城市群绿色生活水平指数可以看出，山东半岛城市群的绿色生活水平指数最高，绿色生活水平最高；中原城市群次之，绿色生活较好；海峡西岸城市群的绿色生活水平指数最低（图 7-27）。总体来讲，2013—2015 年，各城市群绿色生活水平变化不大，呈现较为稳定的状态。

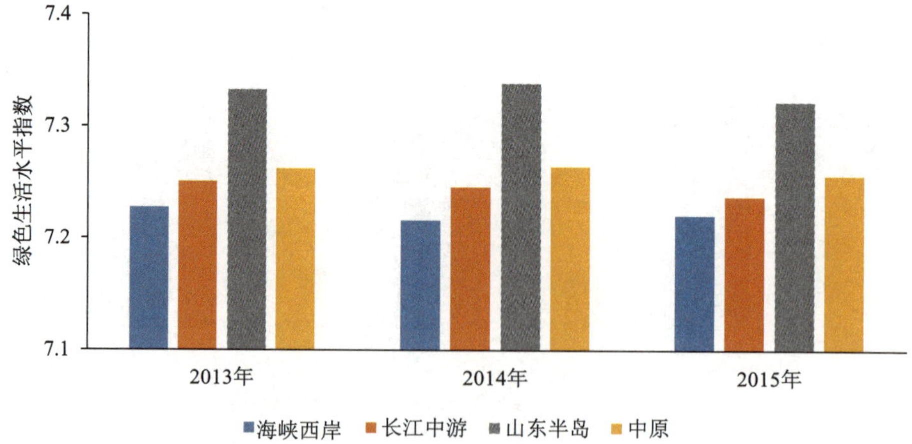

图 7-27　2013—2015 年其他城市群绿色生活水平指数状况

（三）城市群内部比较分析

1. 京津冀城市群

从表 7-5 可以看出，承德市、北京市、秦皇岛市的绿色发展排名较为靠前，绿色发展整体水平相对较好。保定市、唐山市、邯郸市的排名处于中间，绿色发展整体水平一般。邢台市、沧州市和廊坊市的绿色发展排名落后，绿色发展整体水平相对较差。

表 7-5　2013—2015 年京津冀各城市绿色发展指数排名

排名	2013 年	2014 年	2015 年
1	北京市	承德市	北京市
2	张家口市	石家庄市	秦皇岛市
3	承德市	秦皇岛市	张家口市
4	秦皇岛市	北京市	承德市
5	唐山市	唐山市	唐山市
6	邯郸市	张家口市	邯郸市
7	保定市	邯郸市	保定市
8	天津市	保定市	天津市
9	石家庄市	天津市	廊坊市
10	沧州市	邢台市	沧州市
11	廊坊市	沧州市	石家庄市
12	邢台市	廊坊市	邢台市

2015 年各个城市的分类指数进行排名，见表 7-6。可以看出，北京市在资源利用提升速率、经济增长质量和绿色生活水平指数排在前 3 名，天津市在经济增长质量排在前 3 名，两城市在其他领域的排名均不靠前，这也反映了这两大直辖市在绿色发展方面的巨大提升空间。在资源利用提升速率方面，廊坊市、北京市和邢台市的排名较为靠前，唐山市、承德市和石家庄市排名落后。在环境治理提升速率上，唐山市、秦皇岛市和石家庄市的排名较为靠前，张家口市、承德市和廊坊市的排名相对靠后。在生态环境质量上，承德市、张家口市和秦皇岛市的生态环境质量相对较好，而沧州市、廊坊市和天津市的生态环境质量相对较差，排名较为靠后。在经济增长质量上，除了北京市和天津市，石家庄市和廊坊市相对较好，保定市、邢台市和承德市相对较差。在绿色生活水平上，承德市、邯郸市和北京市的绿色生活水平指数相对较高，而沧州市、邢台市和天津市的绿色生活水平指数相对较低。

表 7-6　2015 年京津冀城市群各城市绿色发展一级指数排名

排名	资源利用提升速率	环境治理提升速率	生态环境质量	经济增长质量	绿色生活水平
1	廊坊市	唐山市	承德市	北京市	承德市
2	北京市	秦皇岛市	张家口市	天津市	邯郸市
3	邢台市	石家庄市	秦皇岛市	廊坊市	北京市
4	天津市	北京市	保定市	石家庄市	唐山市
5	沧州市	邯郸市	邯郸市	秦皇岛市	张家口市
6	秦皇岛市	保定市	北京市	唐山市	廊坊市
7	张家口市	天津市	石家庄市	沧州市	保定市
8	保定市	沧州市	唐山市	邯郸市	石家庄市
9	邯郸市	邢台市	邢台市	张家口市	秦皇岛市
10	唐山市	张家口市	沧州市	保定市	沧州市
11	承德市	承德市	廊坊市	邢台市	邢台市
12	石家庄市	廊坊市	天津市	承德市	天津市

2. 长三角城市群

从 2013—2015 年长三角城市群各个城市绿色发展指数排名来看，排名稳定在前 5 名的城市有杭州市、舟山市、湖州市 3 个城市，绿色发展水平较好；排名稳定在后 5 名的城市有上海市、滁州市和嘉兴市 3 个城市，绿色发展水平较差（表 7-7）。

表 7-7　2013—2015 年长三角各城市绿色发展指数排名

排名	2013 年	2014 年	2015 年
1	杭州市	杭州市	杭州市
2	舟山市	宣城市	池州市
3	台州市	湖州市	舟山市
4	湖州市	舟山市	湖州市
5	金华市	铜陵市	宣城市
6	宣城市	池州市	铜陵市
7	安庆市	安庆市	绍兴市
8	苏州市	台州市	台州市
9	铜陵市	绍兴市	金华市
10	镇江市	镇江市	镇江市

排名	2013 年	2014 年	2015 年
11	池州市	金华市	泰州市
12	南京市	南京市	宁波市
13	宁波市	苏州市	安庆市
14	泰州市	南通市	马鞍山市
15	扬州市	泰州市	南京市
16	常州市	宁波市	常州市
17	南通市	马鞍山市	苏州市
18	无锡市	常州市	南通市
19	马鞍山市	盐城市	合肥市
20	合肥市	无锡市	无锡市
21	盐城市	扬州市	芜湖市
22	芜湖市	芜湖市	扬州市
23	绍兴市	合肥市	盐城市
24	滁州市	上海市	滁州市
25	上海市	嘉兴市	嘉兴市
26	嘉兴市	滁州市	上海市

从表 7-8 可以看出，首先，对上海市、杭州市、南京市、苏州市这 4 个大规模城市而言，其经济增长质量指数位居前 4 名，上海市和杭州市的环境治理提升速率指数排名靠前，杭州市的生态环境质量最好，南京市的绿色生活水平排名靠前，在资源利用提升速率指数的优势均不明显。其次，池州市、铜陵市、滁州市、舟山市和泰州市在资源利用提升速率方面的排名较为靠前，合肥市、宁波市和宣城市在环境治理提升速率方面的排名较为靠前，宣城市、池州市、湖州市和舟山市在生态环境质量方面的排名较为靠前，舟山市、铜陵市马鞍山市和滁州市在绿色生活方面的排名较为靠前。而盐城市、宣城市、金华市、南通市和常州市在资源利用提升速率方面的排名较为靠后，舟山市、南京市、安庆市、金华市和湖州市在环境治理提升速率方面的排名较为靠后，上海市、嘉兴市、滁州市、无锡市和合肥市在生态环境质量方面的排名较为靠后，滁州市、安庆市、池州市、宣城市和马鞍山市在经济增长质量方面的排名较为靠后，宁波市、宿州市、杭州市、常州市和金华市在绿色生活方面的排名较为靠后。

表 7-8　2015 年长三角各城市分类指数排名

排名	资源利用提升速率	环境治理提升速率	生态环境质量	经济增长质量	绿色生活水平
1	池州市	合肥市	杭州市	杭州市	舟山市
2	铜陵市	上海市	宣城市	上海市	南京市
3	滁州市	杭州市	池州市	南京市	铜陵市
4	舟山市	宁波市	湖州市	苏州市	马鞍山市
5	泰州市	宣城市	舟山市	常州市	滁州市
6	台州市	池州市	金华市	无锡市	池州市
7	湖州市	绍兴市	安庆市	镇江市	安庆市
8	上海市	马鞍山市	绍兴市	芜湖市	镇江市
9	马鞍山市	南通市	台州市	宁波市	湖州市
10	嘉兴市	嘉兴市	铜陵市	绍兴市	嘉兴市
11	杭州市	常州市	镇江市	舟山市	合肥市
12	镇江市	苏州市	泰州市	合肥市	盐城市
13	南京市	无锡市	宁波市	南通市	芜湖市
14	宁波市	台州市	马鞍山市	扬州市	南通市
15	苏州市	盐城市	常州市	金华市	上海市
16	扬州市	芜湖市	南通市	泰州市	泰州市
17	绍兴市	扬州市	盐城市	台州市	无锡市
18	无锡市	铜陵市	南京市	盐城市	扬州市
19	芜湖市	镇江市	苏州市	嘉兴市	宣城市
20	合肥市	滁州市	芜湖市	湖州市	绍兴市
21	安庆市	泰州市	扬州市	铜陵市	台州市
22	常州市	湖州市	合肥市	马鞍山市	金华市
23	南通市	金华市	无锡市	宣城市	常州市
24	金华市	安庆市	滁州市	池州市	杭州市
25	宣城市	南京市	嘉兴市	安庆市	苏州市
26	盐城市	舟山市	上海市	滁州市	宁波市

3. 珠三角城市群

从表 7-9 可以看出，广州市、江门市历年排名均在前 4 名，绿色发展水平较好；佛山市、中山市、东莞市的排名则均在后 4 名，绿色发展水平相对较差。深圳市的排名逐年提升，且在 2015 年排名第 1。

表 7-9　2013—2015 年珠三角城市群各个城市绿色发展指数排名

排名	2013 年	2014 年	2015 年
1	珠海市	广州市	深圳市
2	惠州市	惠州市	江门市
3	广州市	珠海市	肇庆市
4	江门市	江门市	广州市
5	肇庆市	深圳市	惠州市
6	东莞市	佛山市	珠海市
7	深圳市	肇庆市	中山市
8	佛山市	中山市	东莞市
9	中山市	东莞市	佛山市

从表 7-10 可以看出，深圳市和广州市在环境治理提升速率和经济增长质量方面的排名比较靠前。肇庆市和江门市在资源利用提升速率和生态环境质量领域的排名相对靠前，在经济增长质量领域的排名相对靠后。珠海市和东莞市在绿色生活方面的排名较为靠前，佛山市和中山市绿色生活方面的排名靠后。而惠州市和广州市在资源利用提升速率方面的排名靠后，肇庆市和珠海市在环境治理提升速率方面的排名靠后，东莞市和佛山市在生态环境质量方面的排名靠后。

表 7-10　2015 年珠三角各城市分类指数排名

排名	资源利用提升速率	环境治理提升速率	生态环境质量	经济增长质量	绿色生活水平
1	江门市	深圳市	肇庆市	深圳市	珠海市
2	中山市	广州市	惠州市	广州市	东莞市
3	肇庆市	江门市	江门市	珠海市	江门市
4	深圳市	佛山市	深圳市	东莞市	深圳市
5	珠海市	东莞市	广州市	中山市	广州市
6	佛山市	惠州市	中山市	佛山市	肇庆市
7	东莞市	中山市	珠海市	惠州市	惠州市
8	广州市	珠海市	佛山市	江门市	中山市
9	惠州市	肇庆市	东莞市	肇庆市	佛山市

4. 成渝城市群

从 2013—2015 年成渝城市群各个城市绿色发展指数排名来看，排名稳定在前 4 名的城市有成都市和绵阳市，绿色发展水平较好且排名较为稳定；排名稳定在后 4 名的城市有内江市、眉山市和自贡市，绿色发展水平相对较差（表 7-11）。宜宾市、南充市的排名逐年下降，广安市、泸州市、雅安市的排名逐年上升。

表 7-11　2013—2015 年成渝城市群各城市绿色发展指数排名

排名	2013 年	2014 年	2015 年
1	成都市	绵阳市	绵阳市
2	遂宁市	重庆市	广安市
3	绵阳市	成都市	重庆市
4	宜宾市	广安市	成都市
5	重庆市	乐山市	雅安市
6	南充市	遂宁市	遂宁市
7	达州市	南充市	泸州市
8	乐山市	雅安市	乐山市
9	德阳市	泸州市	达州市
10	雅安市	宜宾市	德阳市
11	泸州市	德阳市	南充市
12	广安市	内江市	宜宾市
13	自贡市	眉山市	内江市
14	眉山市	达州市	自贡市
15	内江市	自贡市	眉山市

表 7-12 给出 2015 年成渝城市群城市分类指数排名状况。重庆市和成都市是成渝城市群中的两个核心城市，其经济增长质量指数排名在前两位，在其他方面的排名则相对落后。在资源利用提升速率方面，达州市、宜宾市和泸州市的排名靠前，遂宁市、眉山市和雅安市的排名较为落后。在环境治理提升速率上，德阳市、绵阳市、广安市的排名靠前，环境治理力度较大，宜宾市、泸州市和乐山市排名落后，环境治理力度相对较小。在生态环境质量上，绵阳市、广安市和雅安市的排名靠前，环境质量较好，眉山市、自贡市和内江市的排名落后，环境质量较差。在经济增长质量上，成都市、重庆市和绵阳市排名靠前，经济增长质量较好，达州市、内江市和南充市排名落后，经济增长质量较

差。在绿色生活水平上，达州市、广安市、南充市的排名靠前，绿色生活水平较高，成都市、乐山市和绵阳市的排名落后，绿色生活水平不高。

表 7-12 2015 年成渝城市群各城市分类指数排名

排名	资源利用提升速率	环境治理提升速率	生态环境质量	经济增长质量	绿色生活水平
1	达州市	德阳市	绵阳市	成都市	达州市
2	宜宾市	绵阳市	广安市	重庆市	广安市
3	泸州市	广安市	雅安市	绵阳市	南充市
4	广安市	内江市	乐山市	自贡市	自贡市
5	成都市	重庆市	遂宁市	德阳市	泸州市
6	自贡市	成都市	重庆市	广安市	眉山市
7	南充市	自贡市	泸州市	遂宁市	遂宁市
8	重庆市	遂宁市	成都市	泸州市	内江市
9	德阳市	雅安市	达州市	乐山市	重庆市
10	绵阳市	南充市	宜宾市	雅安市	德阳市
11	内江市	眉山市	南充市	眉山市	雅安市
12	乐山市	达州市	德阳市	宜宾市	宜宾市
13	雅安市	乐山市	内江市	南充市	绵阳市
14	眉山市	泸州市	自贡市	内江市	乐山市
15	遂宁市	宜宾市	眉山市	达州市	成都市

（四）小结

城市群既是经济增长的核心区域，也是绿色发展的重要承载区。通过针对城市群的分析，本节可以总结出一些重要的结论。

第一，各城市群的绿色发展存在明显的梯度差距，这种差距甚至比经济增长差距更为突出。在四大全国性城市群中，珠三角的绿色发展水平处于明显的领先位置，而京津冀的绿色发展水平较为落后，与珠三角、长三角和成渝城市群的差距较大。对于海峡西岸、长江中游、山东半岛和中原城市群来说，更是呈现明显的阶梯性差异，并且这种差距持续存在。与经济增长差距相比，城市群的绿色发展差距较大，尤其是在四大区域性城市群表现得更为显著。

第二，各城市群的绿色发展趋势呈现分化特征，部分趋势向好，部分停滞不前。在绿色发展指数上，京津冀、长三角、珠三角和长江中游城市群的上升趋势明显，海峡西岸、成渝、山东半岛和中原城市群的绿色发展相对变动不大。在生态环境质量方面，各城市群的变化趋势与绿色发展综合指数基本一致。在经济增长质量方面，京津冀、长三角、长江中游和成渝城市群的优化趋势明显，而其他城市群的变化相对不大。

第三，区域性中心城市是各城市群经济增长质量提升的领先者，但是其对城市群绿色发展的引领作用有待增强。各城市群的发展都有 1～2 个引领型的中心城市，如京津冀城市群的北京、天津；长三角城市群的上海、杭州；珠三角城市群的广州、深圳；等等。在经济增长质量排名中，这些城市均处于所在城市群的前列。但是这些城市在其他领域的优势并不突出，在绿色发展的诸多方面有待提升。

五、长江经济带

长江经济带是一个经济联系比较紧密的区域，包括上海、江苏、浙江、安徽、江西、湖北、湖南、重庆、四川、贵州、云南等 11 省（市）[17]，地域面积约 205 万 km^2。2014 年总人口 5.84 亿人，占全国的 42.9%；地区生产总值 28.47 万亿元，占全国的 41.6%。总体来看，长江经济带以 21%的国土面积，集聚了 40%以上的人口和经济规模，人口与经济密度是全国平均水平的 2 倍。2014 年，长江经济带建设上升为国家战略，成为国家新的三大区域发展战略之一。基于此，本节以长江经济带为研究对象，分析该区域各城市绿色发展的空间格局变动，识别出具体的短板领域及相关城市。由于省（区、市）层面的计算结果到 2016 年，在此同时结合省（市）和城市的数据结果进行分析。

（一）空间格局

首先，从省级层面来看，2015 年浙江、云南、贵州、江苏的绿色发展水平较好，重庆、湖南、上海、湖北的绿色发展水平次之；四川、安徽和江西的绿色发展水平相对较差（图 7-28）。基于长江流域的角度可以发现，当前长江上游和下游省（区、市）的绿色发展水平较高，长江中游省（市）的绿色发展水平相对滞后。

其次，从城市层面来看，可以从更小的地理尺度窥探长江经济带绿色发展的空间格局（图 7-29）。虽然存在部分城市的数据缺失，但是依然可以看出，绿色发展水平相对滞后的城市主要集中在长三角、武汉城市圈周边和成渝城市群周边。此外，也可以发现长江支流上游地区由于自然禀赋较高，因此绿色发展水平也相对较高。

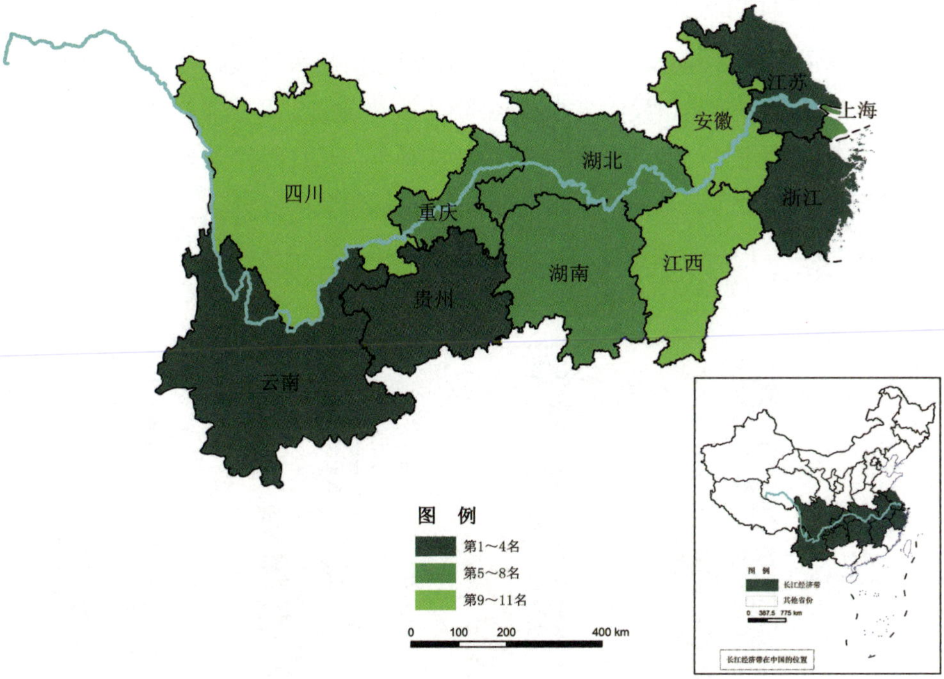

图 7-28　2015 年长江经济带省（市）绿色发展指数排名

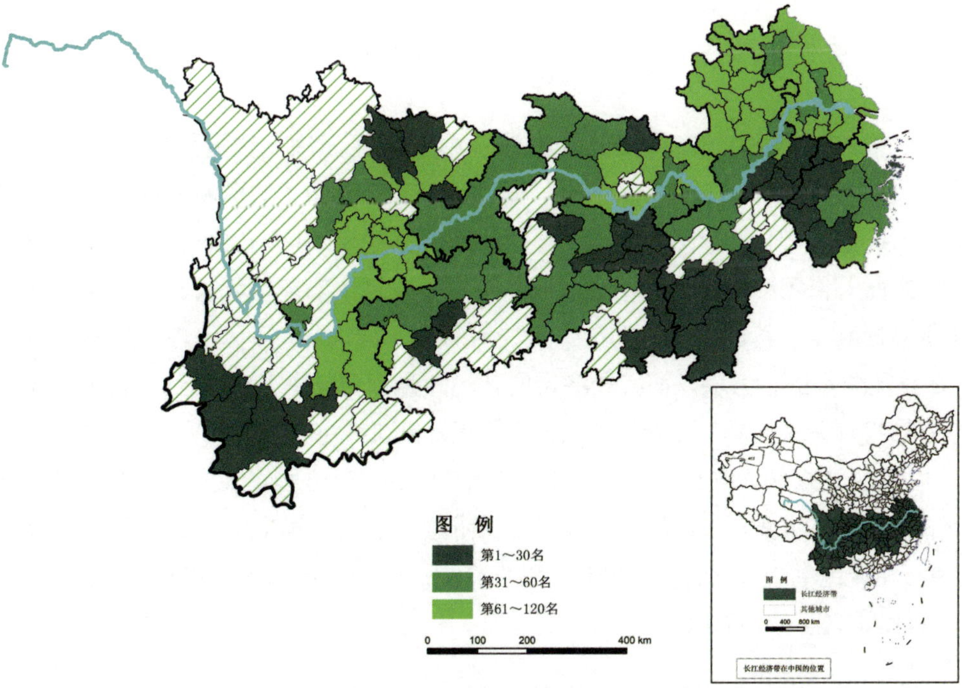

图 7-29　2015 年长江经济带城市绿色发展指数排名

（二）空间差异

进一步，基于省级绿色发展指数及其一级指数的相关情况，分析长江经济带绿色发展的空间差异变化。首先，我们将长江经济带 11 个省（市）与非长江经济带的省（区、市）绿色发展水平进行比较，见图 7-30。可以看出，长江经济带省（市）的绿色发展水平显著高于其他省（区、市），且呈现明显上升的趋势。

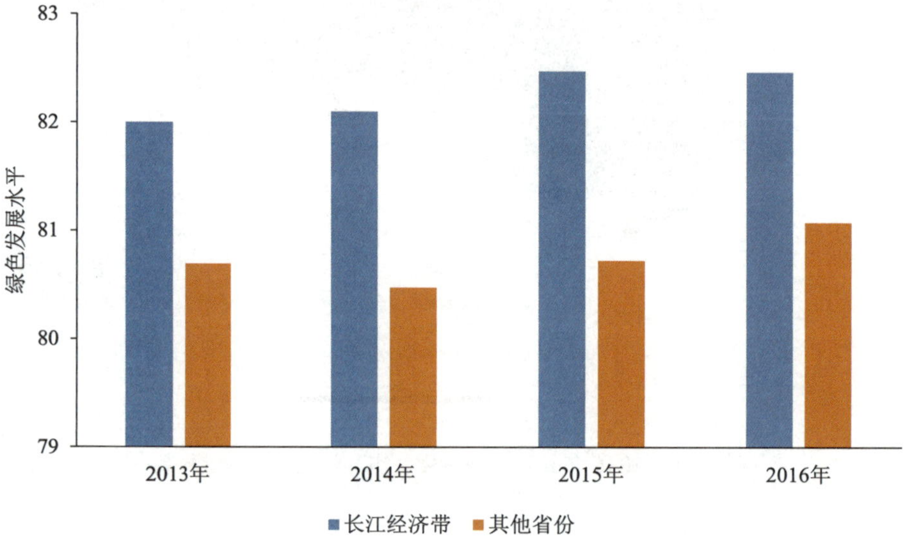

图 7-30　长江经济带省（市）绿色发展水平与其他省（区、市）的比较

通过将 2013 年和 2016 年长江经济带省（市）绿色发展一级指数与其他省（区、市）进行比较，从图 7-31 可以看出，首先，长江经济带省（市）的资源利用提升速率高于其他省（区、市），但是 2016 年的资源利用提升速率指数均低于 2013 年。在环境治理提升速率方面，长江经济带和其他省（区、市）均呈现上升趋势，长江经济带省（市）的提升速率指数高于其他省（区、市），但是其他省（区、市）环境治理的提升幅度更加明显。在环境质量改善方面，长江经济带的环境质量要好于其他省（区、市），且环境质量改善趋势相对更加明显。在生态保护水平方面，长江经济带省（市）略高于其他省（区、市），且生态保护水平均无明显变动，其他省（区、市）的生态保护水平指数略有下降。在经济增长质量方面，长江经济带省（市）明显高于其他省（区、市），且呈现逐渐优化的趋势。在绿色生活水平方面，长江经济带省（市）的绿色生活水平指数高于其他省（区、市），且均呈现上升的特征。

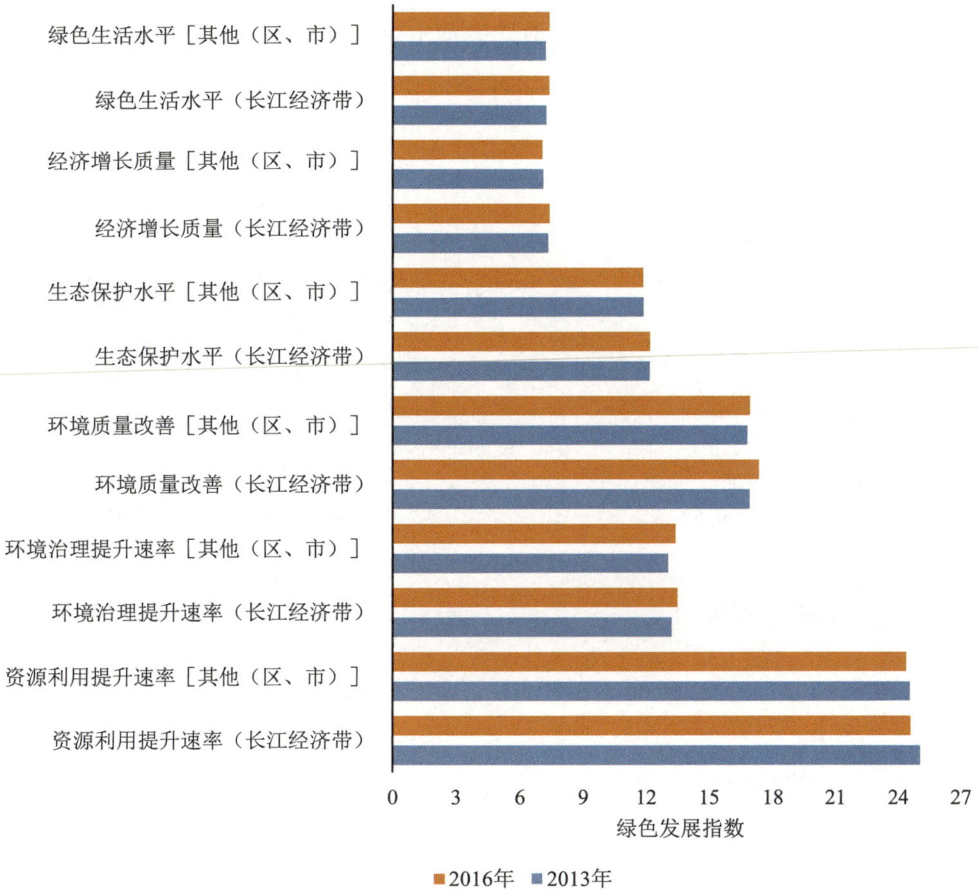

图 7-31　2013 年和 2016 年长江经济带省（市）绿色发展一级指数与其他省（区、市）的比较

为了观察长江经济带各省（市）绿色发展一级指数相关指标的变化态势和存在的内部差异，我们将 2013 年和 2016 年各个一级指标绘图，见图 7-32。在资源利用提升速率方面，除了上海、江苏、浙江、江西，其他省（市）的资源利用均呈现下降趋势，反映在流域上，即长江下游省（市）的资源利用呈现优化特征。在环境治理提升速率方面，大部分省（市）的环境治理提升速率呈现上升特征，其中上海市的上升幅度最大，江苏、安徽和四川的资源利用提升速率指数有所放缓。在环境质量改善上，与 2013 年相比，除湖南省，其他省（市）2016 年的环境质量均呈现出比较显著的改善特征，其中浙江、贵州和云南的改善趋势最为明显，上海的环境质量相对较差。在生态保护水平上，湖南、重庆、云南、四川的生态保护呈现优化趋势，但是各省（市）间的差异并不明显。在经济增长质量上，上海、江苏、浙江 3 省（市）的经济增长质量指数明显高于其他省（市），反映经济增长质量的优势，除贵州和云南的经济增长质量略有下降外，其他省（市）2016

年经济增长质量指数值均高于其 2013 年指数值。在绿色生活水平上，除了上海、湖北和重庆，其他省（市）的绿色生活水平指数均表现出提升的特征，其中湖南和四川的上升幅度较大。

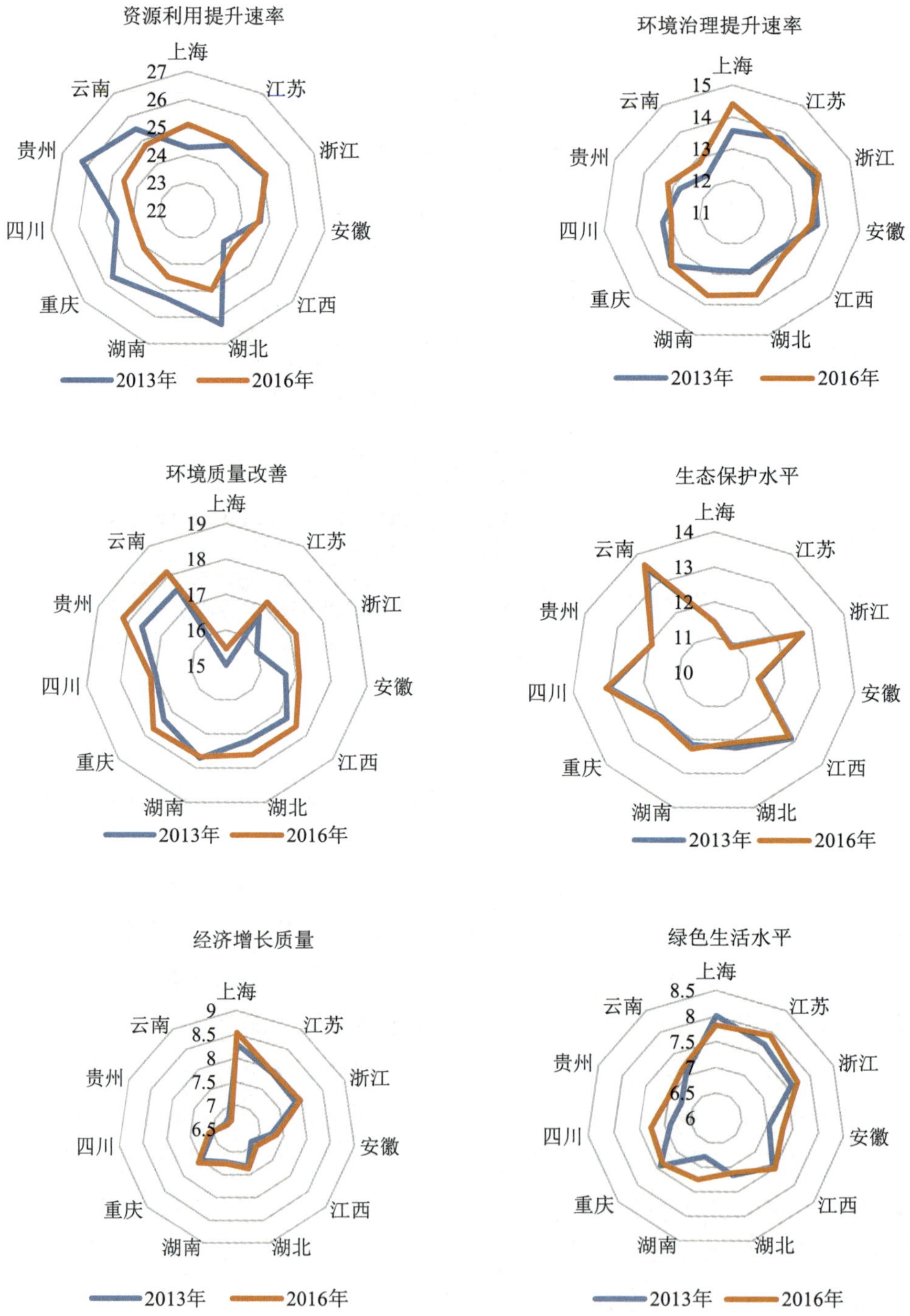

图 7-32　2013 年和 2016 年长江经济带各省（区、市）绿色发展一级指数的变化比较

（三）小结

通过上述针对长江经济带绿色发展的分析，可以总结出如下结论：整体而言，长江经济带省（市）的绿色发展水平相对好于其他地区。通过将长江经济带省（市）的绿色发展水平与其他省（区、市）的绿色发展水平进行对比发现，不管是在发展水平上还是在发展趋势上，长江经济带的绿色发展相对较好。另外，长江上游和下游绿色发展的进展相对好于中游地区。在长江经济带各个省（市）的比较中，浙江、江苏、云南、贵州的绿色发展较好，安徽、江西的绿色发展水平较低，长江中游省（市）的绿色发展提升空间较大。

六、"一带一路"沿线

"一带一路"全称是"丝绸之路经济带"和"21 世纪海上丝绸之路"，是我国新时期的对外开放国家倡议，涵盖范围广泛，涉及国内 18 个省域和沿线 65 个国家。国家发展和改革委员会、外交部、商务部于 2015 年 3 月联合发布《推动共建丝绸之路经济带和 21 世纪海上丝绸之路的愿景与行动》明确了国内 18 个省域，包括新疆、重庆、陕西、甘肃、宁夏、青海、内蒙古、黑龙江、吉林、辽宁、广西、云南、西藏、上海、福建、广东、浙江、海南[18]。其中，新疆、西藏、重庆、陕西、甘肃、宁夏、青海、内蒙古、黑龙江、吉林、辽宁为陆上丝绸之路沿线重点省（区、市），广西、云南、上海、福建、广东、浙江、海南为海上丝绸之路沿线重点省（区、市）。

将"一带一路"提议涉及的相关省（区、市）和城市的绿色发展水平绘制成图 7-33 和图 7-34，可以看出，国内 17 个省（区、市）（西藏数据暂无）之间的绿色发展水平差异较大。整体来看，海上丝绸之路沿线重点省（区、市）的绿色发展水平远高于陆上丝绸之路沿线省（区、市）。

进一步，我们将 2013—2016 年"海上丝绸之路"和"陆上丝绸之路"沿线省（区、市）的绿色发展水平与其他省（区、市）进行比较。从图 7-35 可以看出，相较于 2013 年，2016 年各省（区、市）的绿色发展指数均有所增长，其中"海上丝绸之路"重点省（区、市）的绿色发展上升幅度最大。此外，"海上丝绸之路"沿线省（区、市）的绿色发展水平大幅领先于其他省（区、市），"陆上丝绸之路"沿线省（区、市）的绿色发展水平相对较低。

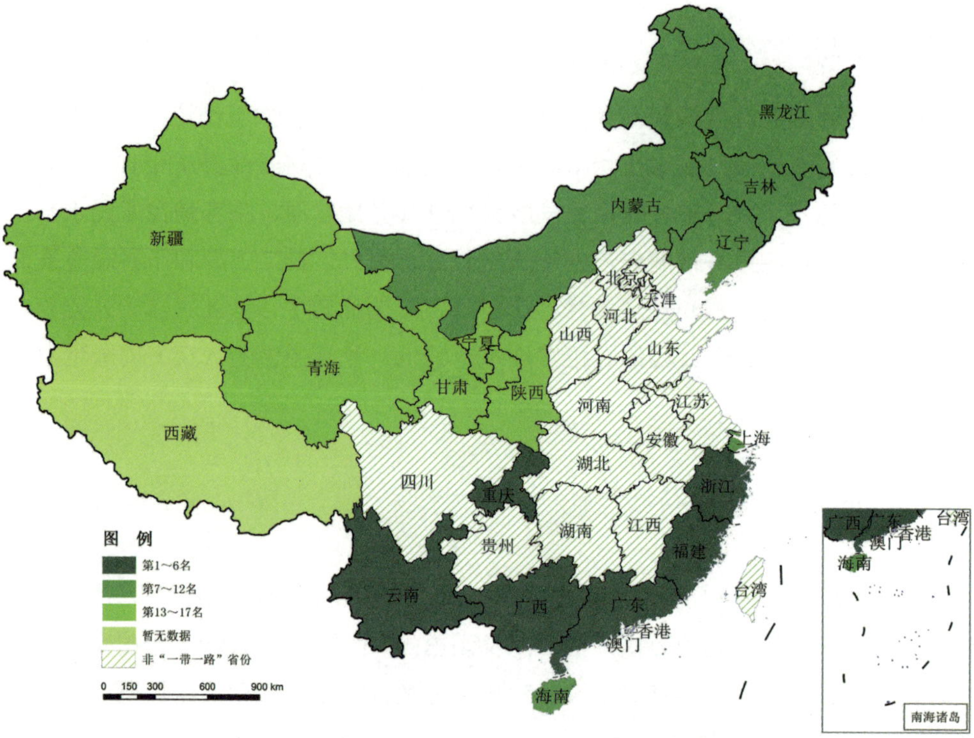

图 7-33　2015 年“一带一路”省（区、市）绿色发展情况地理分布

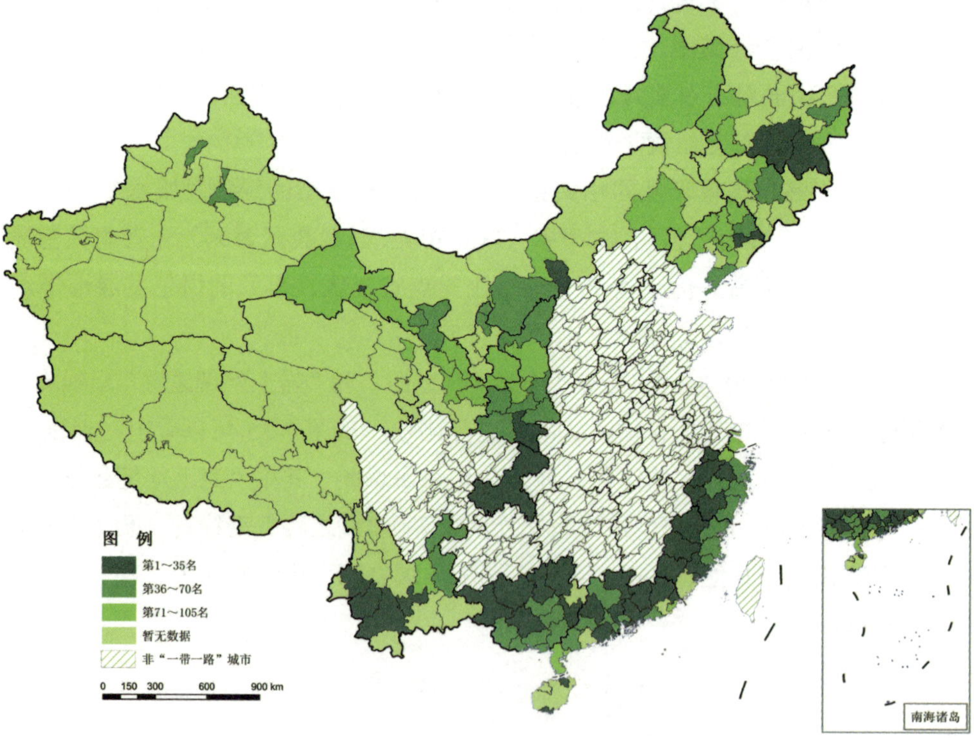

图 7-34　2015 年“一带一路”各地级市绿色发展情况地理分布

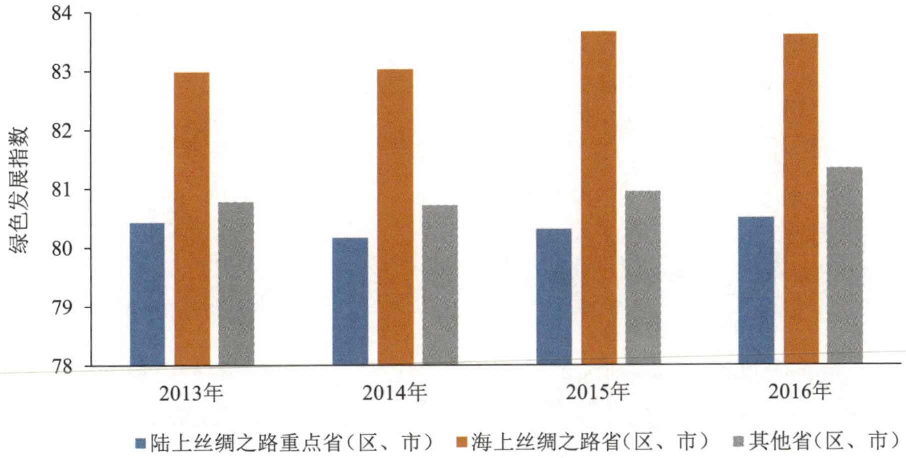

图 7-35 “一带一路”重点省（区、市）绿色发展水平与其他省（区、市）的比较

通过绘制图 7-36 来反映 17 个省（区、市）2013 年和 2016 年绿色发展一级指数的相关情况。在资源利用提升速率方面，各省（区、市）的资源利用提升速率指数变动较为明显，相较于 2013 年，2016 年青海、新疆、宁夏的资源利用提升速率指数上升明显，重庆、广东的指数值下降明显。此外，“海上丝绸之路”沿线重点省（区、市）资源利用提升速率指数要略高于“陆上丝绸之路”沿线重点省（区、市）。在环境治理提升速率方面，2016 年大多数省（区、市）的环境治理提升速率指数明显高于 2013 年，青海、新疆、上海等省（区、市）的环境治理提升趋势最为显著。相比较而言，“陆上丝绸之路”沿线重点省（区、市）环境治理指数的上升幅度要高于“海上丝绸之路”沿线重点省（区、市）。在环境质量改善方面，“海上丝绸之路”沿线重点省（区、市）环境质量改善指数除广东略有下降外其他省（区、市）均呈现上升特征，“陆上丝绸之路”沿线重点省（区、市）环境质量改善指数呈现部分省（区、市）上升与部分省（区、市）下降并存的特征，环境质量改善不明显的省（区、市）多集中于“陆上丝绸之路”沿线重点省（区、市）。在生态保护水平方面，海南、宁夏的生态保护水平指数下降较为明显，黑龙江生态保护水平指数上升明显，其他省（区、市）的生态保护水平指数变动不大，生态保护水平较为稳定。在经济增长质量方面，“海上丝绸之路”沿线重点省（区、市）的经济增长质量明显高于“陆上丝绸之路”沿线重点省（区、市），上海的经济增长质量上升明显，经济增长不断优化，辽宁、广西和新疆的经济增长质量指数下降相对明显。在绿色生活水平上，大多数省（区、市）的绿色生活指数值有所上升，即大多数省（区、市）的绿色生活水平有所提高，其中宁夏、内蒙古、陕西的绿色生活水平指数上升明显。

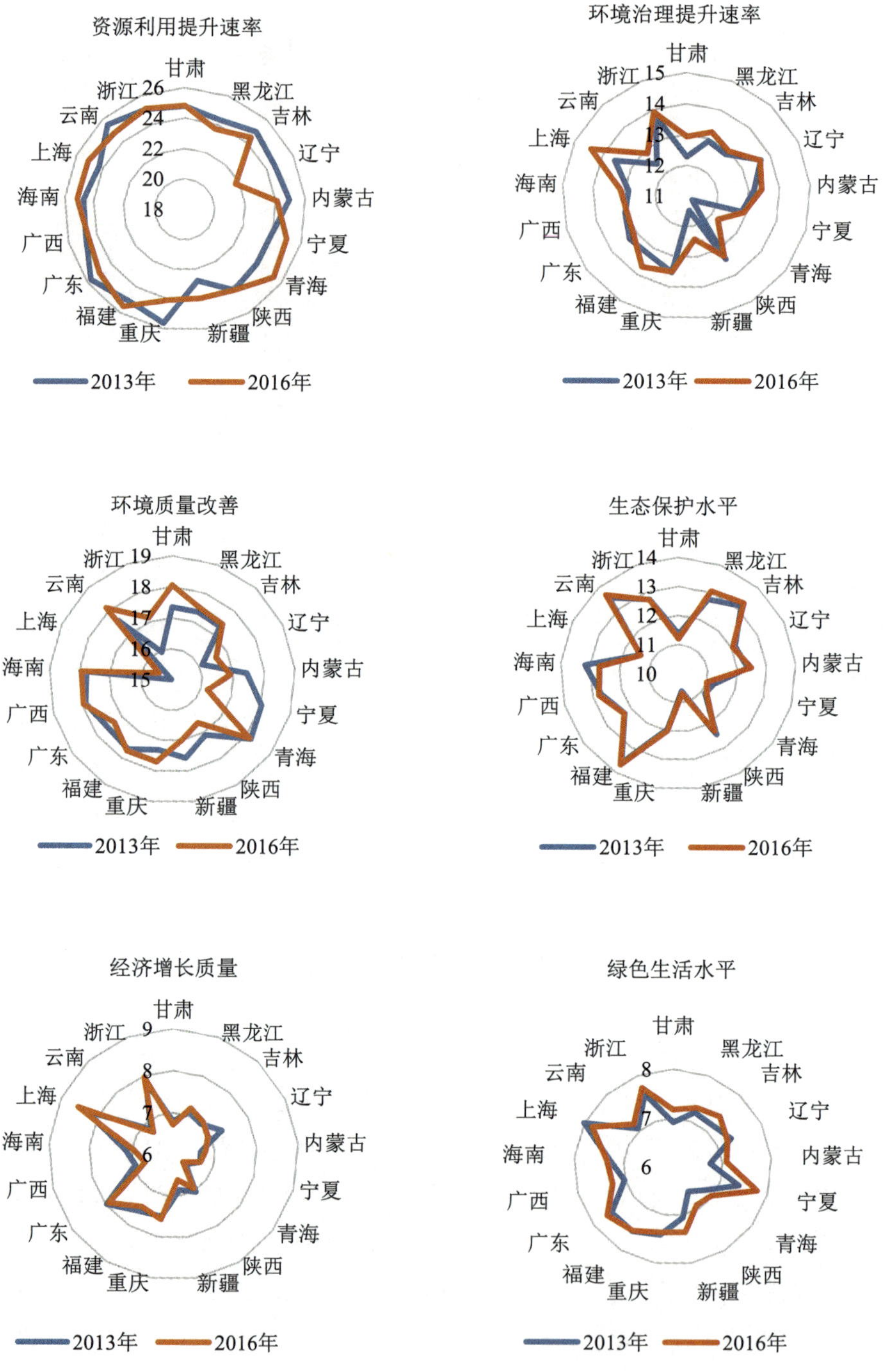

图 7-36　2013 年和 2016 年“一带一路”各省（区、市）绿色发展一级指数的变化比较

通过上述针对“一带一路”重点省（区、市）绿色发展的分析，可以总结出如下结论：其一，海上丝绸之路沿线省（区、市）的绿色发展水平优于陆上丝绸之路沿线省（区、市）。随着“一带一路”的推进，陆上丝绸之路沿线省（区、市）面临的生态风险和环境压力较大，经济发展与生态保护之间矛盾突出。其二，“一带一路”沿线重点省（区、市）绿色发展进程的不平衡性突出。从各省（区、市）绿色发展一级指数的变动可以看出，个别省（区、市）在环境治理提升、环境质量改善、生态保护水平方面的进展较大，但是大多省（区、市）的变动态势并不明显，推动绿色发展的挑战较大。

参考文献

[1] 郑红霞，王毅，黄宝荣. 绿色发展评价指标体系研究综述[J]. 工业技术经济，2013（2）：142-152.

[2] OECD. Green growth indicators[EB/OL]. https：//stats.oecd.org/viewhtml.aspx？datasetcode=GREEN_GROWTH&lang=en.

[3] UNEP. Green Economy Indicators-Brief Paper[R]. 2012.

[4] Yale Center for Environmental Law and Policy，International Earth Science Information Network（CIESIN），2018 Environmental Performance Index[EB/OL]. Yale University，2018. http：//epi. yale.edu.

[5] 中国科学院可持续发展战略研究组. 2006 中国可持续发展战略报告——建设资源节约型和环境友好型社会[M]. 北京：科学出版社，2006.

[6] 李晓西，刘一萌，宋涛. 人类绿色发展指数的测算[J]. 中国社会科学，2014（6）：69-95.

[7] 季铸，白洁，孙瑾，等. 中国 300 个省市绿色经济与绿色 GDP 指数（CCGEI2011）：绿色发展是中国未来的唯一选择[J].中国对外贸易，2012（2）：24-33.

[8] 国家发展和改革委员会. 关于印发《绿色发展指标体系》《生态文明建设考核目标体系》的通知[EB]. 2016-12-20.

[9] 中华人民共和国人民政府. 国务院关于调整城市规模划分标准的通知[EB/OL]. http：//www.gov.cn/zhengce/content/2014-11/20/content_9225.htm.

[10] 国家发展和改革委员会 住房和城乡建设部关于印发长江三角洲城市群发展规划的通知[EB/OL]. http：//www.ndrc.gov.cn/zcfb/zcfbghwb/201606/t20160603_806390.html.

[11] 中华人民共和国国务院新闻办公室. 珠江三角洲地区改革发展规划纲要（2008—2020）[EB/OL]. http：//www.scio.gov.cn/xwfbh/xwbfbh/wqfbh/2014/20140610/xgzc31037/Document/1372733/1372733.htm.

[12] 国家发展和改革委员会. 关于印发成渝城市群发展规划的通知[EB/OL]. http：//www.ndrc.gov.cn/zcfb/zcfbtz/201605/t20160504_800779.html.

[13] 国家发展和改革委员会. 关于印发中原城市群发展规划的通知[EB/OL]. http：//www.ndrc.gov.cn/gzdt/201701/t20170105_834454.html.

[14] 山东省人民政府. 山东省人民政府关于山东半岛城市群发展规划（2016—2030 年）的批复[EB/OL]. http：//www.shandong.gov.cn/art/2017/1/25/art_2267_18394.html.

[15] 国家发展和改革委员会.长江中游城市群发展规划[EB/OL]. http：//www.ndrc.gov.cn/zcfb/zcfbtz/201504/W020150416309838033133.pdf.

[16] 福建省人民政府. 关于印发海峡西岸城市群发展规划的通知[EB/OL]. http：//www.fujian.gov.cn/zc/ghxx/zxgh/201101/t20110118_1136245.htm.

[17] 中华人民共和国中央人民政府.国务院关于依托黄金水道推动长江经济带发展的指导意见[EB/OL]. http：//www.gov.cn/zhengce/content/2014-09/25/content_9092.htm.

[18] 国家发展和改革委员会. 推动共建丝绸之路经济带和 21 世纪海上丝绸之路的愿景与行动[EB/OL]. http：//www.ndrc.gov.cn/xwzx/xwfb/201503/t20150328_669089.html.

附录一
省际绿色发展指标计算方法和数据来源

一、资源利用提升速率（权数 29.3%）

（1）能源消费总量增长率

计算公式：

$$能源消费总量增长率=\frac{本年能源消耗总量-上年能源消耗总量}{上年能源消耗总量}\times 100\%$$

数据来源：中国统计年鉴、各省统计年鉴。

（2）单位 GDP 能源消耗降低

计算公式：

$$单位GDP能源消耗降低=\frac{本年单位GDP能耗-上年单位GDP能耗}{上年单位GDP能耗}\times 100\%$$

数据来源：中国统计年鉴、各省统计年鉴。

（3）单位 GDP 二氧化碳排放降低

计算公式：

$$单位GDP二氧化碳排放降低=\frac{本年单位GDP碳排放-上年单位GDP碳排放}{上年单位GDP碳排放}\times 100\%$$

其中，$二氧化碳排放量=\sum_{1}^{i}第i类能源消费量\times 碳排放系数$

数据来源：中国统计年鉴、各省统计年鉴、中国能源统计年鉴。

（4）非化石能源占一次能源消费比重

计算公式：

$$非化石能源占一次能源消费比重=\frac{能源消费总量-化石能源消费量}{能源消费总量}\times 100\%$$

其中，化石能源主要指煤炭、石油和天然气。

数据来源：中国统计年鉴、各省统计年鉴、中国能源统计年鉴。

（5）用水总量增长率

计算公式：

$$\text{用水总量增长率}=\frac{\text{本年用水总量}-\text{上年用水总量}}{\text{上年用水总量}}\times 100\%$$

其中，用水总量=农业用水总量+工业用水总量+生活用水总量+生态用水总量

数据来源：中国统计年鉴。

（6）万元 GDP 用水量下降

计算公式：

$$\text{万元 GDP 用水量下降}=\frac{\text{本年单位GDP用水量}-\text{上年单位GDP用水量}}{\text{上年单位GDP用水量}}\times 100\%$$

数据来源：中国统计年鉴。

（7）单位工业增加值用水量降低

计算公式：

$$\text{单位工业增加值用水量降低}=\frac{\text{本年单位工业增加值用水量}-\text{上年单位工业增加值用水量}}{\text{上年单位工业增加值用水量}}\times 100\%$$

数据来源：中国统计年鉴、各省统计年鉴。

（8）耕地面积增长率

计算公式：

$$\text{耕地面积增长率}=\frac{\text{本年耕地保有量}-\text{上年耕地保有量}}{\text{上年耕地保有量}}\times 100\%$$

数据来源：中国统计年鉴、各省统计年鉴。

（9）人均新增建设用地面积

计算公式：

$$\text{人均新增建设用地面积}=\frac{\text{本年城市建设用地面积}-\text{上年城市建设用地面积}}{\text{年末人口}}$$

数据来源：中国统计年鉴、各省统计年鉴。

（10）单位 GDP 建设用地面积降低

计算公式：

$$单位GDP建设用地面积降低 = \left(\frac{本年城市建设用地面积}{本年第二、第三产业增加值} - \frac{本年城市建设用地面积}{上年第二、第三产业增加值}\right) \div \frac{本年城市建设用地面积}{上年第二、第三产业增加值} \times 100\%$$

数据来源：中国统计年鉴、各省统计年鉴。

（11）一般工业固体废物综合利用率

计算公式：

$$一般工业固体废物综合利用率 = \frac{工业固体废物综合利用量}{工业固体废物产生量 + 工业固体废物往年贮存量} \times 100\%$$

数据来源：中国统计年鉴、中国环境年鉴。

二、环境治理提升速率（权数 16.5%）

（12）化学需氧量排放量降低率

计算公式：

$$化学需氧量排放量降低率 = \frac{本年排放量 - 上年排放量}{上年排放量} \times 100\%$$

数据来源：中国统计年鉴、中国环境年鉴。

（13）氨氮排放量降低率

计算公式：

$$氨氮排放量降低率 = \frac{本年排放量 - 上年排放量}{上年排放量} \times 100\%$$

数据来源：中国统计年鉴、中国环境年鉴。

（14）二氧化硫排放量降低率

计算公式：

$$二氧化硫排放量降低率 = \frac{本年排放量 - 上年排放量}{上年排放量} \times 100\%$$

数据来源：中国统计年鉴、中国环境年鉴。

（15）氮氧化物排放量降低率

计算公式：

$$\text{氮氧化物排放量降低率}=\frac{\text{本年排放量}-\text{上年排放量}}{\text{上年排放量}}\times 100\%$$

数据来源：中国统计年鉴、中国环境年鉴。

（16）危险废物处置利用率

计算公式：

$$\text{危险废物处置利用率}=\frac{\text{危险废物综合利用量}+\text{危险废物处置量}}{\text{危险废物产生量}+\text{危险废物往年住存量}}\times 100\%$$

数据来源：中国统计年鉴、中国环境年鉴。

（17）生活垃圾无害化处理率

计算公式：采用县城市政公用设施水平下的垃圾无害化处理率进行替代。

数据来源：中国统计年鉴。

（18）污水集中处理率

计算公式：采用县城市政公用设施水平下的污水处理厂集中处理率进行替代。

数据来源：中国统计年鉴。

（19）环境污染治理投资占 GDP 比重

计算公式：

$$\text{环境污染治理投资占GDP比重}=\frac{\text{环境污染治理投资}}{\text{GDP}}\times 100\%$$

数据来源：中国统计年鉴、中国环境年鉴。

三、环境质量改善（权数=19.3%）

（20）地级及以上城市空气优良天数比率

数据来源：各省环境状况统计公报。

（21）地级及以上城市可吸入颗粒物（PM_{10}）浓度下降

计算公式：

地级及以上城市可吸入颗粒物（PM_{10}）浓度下降

$$=\frac{\text{本年}PM_{10}\text{浓度}-\text{上年}PM_{10}\text{浓度}}{\text{上年}PM_{10}\text{浓度}}\times 100\%$$

数据来源：各省环境状况统计公报。

（22）地表水达到或好于Ⅲ类水体比例

数据来源：各省环境状况统计公报。

（23）地表水劣Ⅴ类水体比例

数据来源：各省环境状况统计公报。

（24）地级及以上城市集中式饮水水源水质达到或优于Ⅲ类比例

数据来源：各省环境状况统计公报。

（25）近岸海域水质优良（一、二类）比例

数据来源：各省环境状况统计公报。

（26）单位耕地面积化肥使用量

计算公式：

$$单位耕地面积化肥使用量=\frac{化肥施用量}{耕地面积}$$

数据来源：中国统计年鉴、各省的统计年鉴。

（27）单位耕地面积农药使用量

计算公式：

$$单位耕地面积农药使用量=\frac{农药施用量}{耕地面积}$$

数据来源：中国统计年鉴、各省的统计年鉴。

四、生态保护水平（权数 16.5%）

（28）森林覆盖率

计算公式：

$$森林覆盖率=\frac{森林面积}{土地面积}\times 100\%$$

数据来源：中国统计年鉴。

（29）单位土地面积森林蓄积量

$$单位土地面积森林蓄积量=\frac{森林蓄积量}{森林面积}$$

数据来源：中国统计年鉴。

（30）草原面积占行政区域面积的比重

计算公式：

$$草原面积占行政区域面积的比重=\frac{草原面积}{辖区行政面积}\times 100\%$$

数据来源：中国统计年鉴。

（31）湿地面积占行政区域面积的比重

计算公式：

$$\text{湿地面积占行政区域面积的比重}=\frac{\text{湿地面积}}{\text{辖区行政面积}}\times 100\%$$

数据来源：中国统计年鉴。

（32）陆域自然保护区面积比重

计算公式：

$$\text{陆域自然保护区面积比重}=\frac{\text{陆域自然保护区面积}}{\text{辖区行政面积}}\times 100\%$$

数据来源：中国统计年鉴。

（33）新增水土流失治理面积

数据来源：中国统计年鉴、各省水土保持公报。

五、经济增长质量（权数 9.2%）

（34）人均 GDP 增长率

数据来源：中国统计年鉴。

（35）居民人均可支配收入

数据来源：中国统计年鉴。

（36）第三产业增加值占 GDP 比重

计算公式：

$$\text{第三产业增加值占GDP比重}=\frac{\text{第三产业增加值}}{\text{GDP}}\times 100\%$$

数据来源：中国统计年鉴。

（37）六大高载能行业固定资产投资占工业固定资产投资比重

计算公式：

$$\text{六大高载能行业固定资产投资占工业固定资产投资比重}=\frac{\text{六大高载能行业固定资产投资}}{\text{工业固定资产投资}}\times 100\%$$

其中，六大高载能行业分别为煤炭开采和洗选业、化学原料及化学制品制造业、非金属矿物制品业、黑色金属冶炼及压延加工业、有色金属冶炼及压延加工业、电力、热力的生产和供应业。

数据来源：中国统计年鉴、各省统计年鉴。

（38）研究与实验发展经费支出占 GDP 比重

计算公式：

$$\text{研究与试验发展经费支出占GDP比重} = \frac{\text{R \& D支出}}{\text{GDP}} \times 100\%$$

数据来源：中国统计年鉴、科技统计年鉴。

六、绿色生活水平（权数 9.2%）

（39）人均日生活用水量

数据来源：中国统计年鉴、各省统计年鉴。

（40）人均生活用电量

数据来源：中国统计年鉴、各省统计年鉴。

（41）人均绿地面积

数据来源：中国统计年鉴、各省统计年鉴。

（42）绿色出行（城镇每万人口公共交通客运量）

计算公式：

$$\text{城镇每万人口公共交通客运量} = \frac{\text{城市公共交通客运量}}{\text{城市人口}}$$

数据来源：中国统计年鉴、各省统计年鉴。

（43）城市建成区绿化覆盖率

数据来源：中国统计年鉴、各省统计年鉴。

（44）农村自来水普及率

计算公式：采用建制镇和乡的用水普及率替代。

数据来源：中国统计年鉴、各省统计年鉴。

（45）农村卫生厕所普及率

数据来源：中国统计年鉴、各省统计年鉴。

附录二

城市绿色发展指标计算方法和数据来源

城市绿色发展指标的计算与省级绿色发展指标相一致。出于数据来源的考虑，有些指标进行了调整，计算方法如下。

（1）单位 GDP 电力消耗降低

计算公式：

$$单位GDP电力消耗降低=\frac{本年单位GDP电耗-上年单位GDP电耗}{上年单位GDP电耗}\times100\%$$

数据来源：中国城市统计年鉴。

（2）单位工业产值电力消耗降低

计算公式：

$$单位工业产值电力消耗降低=\frac{本年单位工业产值电耗-上年单位工业产值电耗}{上年单位工业产值电耗}\times100\%$$

数据来源：中国城市统计年鉴。

（3）湿地面积占行政区域面积比重

计算公式：

$$湿地面积占行政区域面积比重=\frac{湿地面积}{行政区域面积}\times100\%$$

数据来源：中国城市统计年鉴。

（4）科学技术支出占财政支出比重

计算公式：

$$科学技术支出占财政支出比重=\frac{科学技术支出}{一般公共财政支出}\times100\%$$

数据来源：中国城市统计年鉴。

附录三
城市绿色发展类别划分

附表 1　绿色发展的城市类别划分

城市类别Ⅰ			城市类别Ⅱ	城市类别Ⅲ	城市类别Ⅳ	
乌海市	呼和浩特市	襄阳市	梅州市	安阳市	临汾市	郑州市
平凉市	深圳市	铜陵市	抚顺市	石家庄市	来宾市	阜阳市
雅安市	宿迁市	枣庄市	哈尔滨市	云浮市	呼伦贝尔市	邵阳市
晋中市	南宁市	潮州市	鞍山市	长春市	盐城市	珠海市
芜湖市	临沂市	湖州市	张掖市	铜仁市	萍乡市	宜昌市
廊坊市	保山市	舟山市	梧州市	三亚市	攀枝花市	宝鸡市
邯郸市	普洱市	岳阳市	牡丹江市	广州市	衢州市	莆田市
南阳市	桂林市	泰安市	孝感市	大同市	清远市	惠州市
太原市	宁波市	德州市	辽阳市	黄冈市	淮南市	湛江市
金昌市	六盘水市	柳州市	烟台市	平顶山市	扬州市	眉山市
邢台市	昭通市	汕尾市	莱芜市	乐山市	新乡市	六安市
重庆市	遵义市	郴州市	鄂州市	长沙市	开封市	周口市
漯河市	贵阳市	昆明市	达州市	金华市	鸡西市	九江市
杭州市	天津市	娄底市	铁岭市	韶关市	南平市	日照市
西安市	渭南市	石嘴山市		济南市	滨州市	酒泉市
龙岩市	安顺市	本溪市		海口市	西宁市	青岛市
乌鲁木齐市	肇庆市	嘉兴市			潍坊市	庆阳市
泰州市	鄂尔多斯市	厦门市			运城市	抚州市
保定市	佛山市	咸阳市			鹰潭市	聊城市
绵阳市	北京市	安康市			咸宁市	十堰市
晋城市	东莞市	中山市			沈阳市	茂名市
秦皇岛市	嘉峪关市	曲靖市			苏州市	怀化市

城市类别Ⅰ			城市类别Ⅱ	城市类别Ⅲ	城市类别Ⅳ	
赤峰市	马鞍山市	泉州市			克拉玛依市	东营市
南通市	延安市	随州市			阜新市	南充市
百色市	成都市	鹤壁市			遂宁市	淮北市
包头市	商丘市	汕头市			双鸭山市	铜川市
徐州市	威海市	南京市			宿州市	银川市
焦作市	河源市	洛阳市			自贡市	汉中市
钦州市	阳泉市	新余市			吉林市	锦州市
江门市	泸州市	许昌市			宁德市	葫芦岛市
长治市	南昌市	白银市			北海市	大庆市
株洲市	三门峡市	齐齐哈尔市			大连市	商洛市
张家界市	镇江市	益阳市			防城港市	安庆市
蚌埠市	广元市	宣城市			驻马店市	宜宾市
兰州市	绍兴市	唐山市			荆州市	台州市
连云港市	黄石市	河池市			福州市	亳州市
温州市	临沧市	武威市			湘潭市	淮安市
沧州市	毕节市	黄山市			信阳市	荆门市
天水市	无锡市	张家口市				濮阳市
广安市	赣州市	贵港市				
合肥市	滁州市	承德市				
上海市	丽水市	吉安市				
玉林市	池州市	常州市				
榆林市	淄博市	内江市				
崇左市	三明市	定西市				
玉溪市	吕梁市	常德市				
德阳市	济宁市	武汉市				

附表 2　资源利用提升速率的城市类别划分

城市类别Ⅰ		城市类别Ⅱ	城市类别Ⅲ	城市类别Ⅳ		
深圳市	延安市	东莞市	上海市	本溪市	洛阳市	株洲市
鄂尔多斯市	唐山市	庆阳市	南通市	黄山市	商洛市	北海市
舟山市	达州市	德州市	河池市	云浮市	金华市	芜湖市
武汉市	徐州市	六盘水市	九江市	连云港市	临汾市	滨州市
安顺市	德阳市	保定市	嘉兴市	大庆市	吕梁市	宝鸡市
呼和浩特市	鹤壁市	南充市	武威市	银川市	遵义市	宁德市
马鞍山市	赣州市	莱芜市	太原市	兰州市	丽水市	乐山市
石嘴山市	湖州市	济宁市	岳阳市	铜仁市	黄冈市	常州市
郴州市	白银市	宁波市	泸州市	长春市	钦州市	湘潭市
潮州市	曲靖市	辽阳市	焦作市	乌鲁木齐市	克拉玛依市	攀枝花市
北京市	张家界市	鄂州市	百色市	南京市	抚顺市	福州市
三明市	益阳市	大连市	长沙市	贵阳市	桂林市	随州市
铜陵市	玉溪市	沧州市	枣庄市	双鸭山市	沈阳市	安庆市
许昌市	娄底市	张掖市	乌海市	镇江市	运城市	无锡市
池州市	阳泉市	驻马店市	成都市	广州市	铜川市	惠州市
江门市	西安市	昆明市	平凉市	南宁市	衢州市	天津市
杭州市	常德市	赤峰市	邵阳市	东营市	重庆市	防城港市
肇庆市	襄阳市	哈尔滨市	汕尾市	安阳市	泰安市	聊城市
南昌市	贵港市	新余市	淮安市	合肥市	新乡市	湛江市
嘉峪关市	佛山市	十堰市		威海市	石家庄市	包头市
龙岩市	绵阳市	烟台市		承德市	自贡市	吉林市
泉州市	邯郸市	牡丹江市		锦州市	济南市	荆州市
宿迁市	商丘市			毕节市	淄博市	萍乡市
崇左市	咸阳市			梧州市	茂名市	西宁市
黄石市	临沂市			咸宁市	淮南市	珠海市
河源市	雅安市			苏州市	郑州市	吉安市
晋城市	孝感市			鹰潭市	酒泉市	日照市
廊坊市	内江市			长治市	潍坊市	阜阳市
昭通市	定西市			六安市	保山市	梅州市
宜宾市	漯河市			宿州市	汉中市	怀化市

城市类别Ⅰ		城市类别Ⅱ	城市类别Ⅲ	城市类别Ⅳ		
临沧市	秦皇岛市			信阳市	濮阳市	莆田市
齐齐哈尔市	大同市			盐城市	青岛市	三亚市
榆林市	泰州市			扬州市	鞍山市	清远市
广安市	汕头市			三门峡市	阜新市	宜昌市
厦门市	铁岭市			天水市	葫芦岛市	宣城市
广元市	普洱市			开封市	遂宁市	呼伦贝尔市
晋中市	南阳市			温州市	鸡西市	金昌市
玉林市	柳州市			平顶山市	抚州市	亳州市
绍兴市	韶关市			眉山市	来宾市	南平市
海口市	台州市			荆门市	淮北市	周口市
邢台市	滁州市			渭南市	蚌埠市	
张家口市	中山市					
安康市						

附表 3　环境治理提升速率的城市类别划分

城市类别Ⅰ			城市类别Ⅱ	城市类别Ⅲ	城市类别Ⅳ	
乌海市	温州市	汕头市	嘉峪关市	大同市	洛阳市	金华市
平凉市	沧州市	南京市	马鞍山市	商丘市	新余市	昆明市
雅安市	天水市	运城市	遂宁市	威海市	安庆市	六安市
晋中市	广安市	呼和浩特市	双鸭山市	河源市	许昌市	周口市
芜湖市	合肥市	深圳市	宿州市	阳泉市	平顶山市	九江市
廊坊市	上海市	宿迁市	孝感市	泸州市	烟台市	日照市
邯郸市	玉林市	抚顺市	延安市	驻马店市	宜宾市	酒泉市
南阳市	榆林市	南宁市	自贡市	荆州市	莱芜市	韶关市
太原市	崇左市	临沂市	成都市	南昌市	白银市	济南市
金昌市	玉溪市	鹰潭市	吉林市	三门峡市	齐齐哈尔市	青岛市
邢台市	德阳市	哈尔滨市	辽阳市	镇江市	襄阳市	庆阳市
重庆市	吕梁市	保山市	宁德市	福州市	乐山市	抚州市
临汾市	石家庄市	普洱市	北海市	黄冈市	铜陵市	聊城市
漯河市	新乡市	桂林市	大连市	广元市	台州市	娄底市

城市类别Ⅰ			城市类别Ⅱ	城市类别Ⅲ	城市类别Ⅳ	
来宾市	济宁市	宁波市	防城港市	绍兴市	亳州市	十堰市
杭州市	开封市	长春市		湘潭市	淮安市	海口市
西安市	赣州市	鞍山市		黄石市	荆门市	茂名市
龙岩市	滁州市	六盘水市		临沧市	濮阳市	石嘴山市
呼伦贝尔市	丽水市	昭通市		信阳市	郑州市	怀化市
乌鲁木齐市	池州市	遵义市		毕节市	枣庄市	本溪市
安阳市	淄博市	张掖市		无锡市	阜阳市	东营市
泰州市	三明市	贵阳市			潮州市	嘉兴市
保定市	鸡西市	咸宁市			邵阳市	南充市
绵阳市	内江市	天津市			湖州市	鄂州市
晋城市	定西市	渭南市			舟山市	达州市
秦皇岛市	南平市	安顺市			岳阳市	淮北市
赤峰市	常德市	肇庆市			珠海市	铜川市
南通市	武汉市	沈阳市			宜昌市	银川市
百色市	益阳市	鄂尔多斯市			长沙市	汉中市
包头市	滨州市	铜仁市			宝鸡市	锦州市
徐州市	宣城市	佛山市			泰安市	厦门市
焦作市	唐山市	梧州市			德州市	葫芦岛市
钦州市	河池市	三亚市			柳州市	大庆市
盐城市	武威市	北京市			莆田市	咸阳市
江门市	云浮市	苏州市			惠州市	安康市
长治市	黄山市	广州市			汕尾市	铁岭市
梅州市	张家口市	克拉玛依市			湛江市	商洛市
萍乡市	西宁市	阜新市			眉山市	中山市
攀枝花市	贵港市	牡丹江市			郴州市	曲靖市
株洲市	潍坊市	东莞市				
衢州市	承德市	常州市				
张家界市	吉安市	泉州市				
蚌埠市	兰州市	随州市				
清远市	淮南市	鹤壁市				
扬州市	连云港市					

附表 4　生态环境质量的城市类别划分

城市类别 I				城市类别 II	城市类别III	城市类别IV
东莞市	宿迁市	百色市	枣庄市	舟山市	连云港市	鄂尔多斯市
深圳市	崇左市	黄冈市	乌海市	龙岩市	兰州市	云浮市
本溪市	黄石市	钦州市	遂宁市	信阳市	潮州市	上海市
黄山市	河源市	克拉玛依市	绵阳市	阳泉市	广州市	大庆市
武汉市	晋城市	邢台市	赤峰市	鸡西市	安阳市	河池市
庆阳市	廊坊市	抚顺市	抚州市	孝感市	威海市	三明市
安顺市	长治市	桂林市	来宾市	南阳市	苏州市	铜陵市
银川市	六安市	张家口市	金昌市		泉州市	锦州市
呼和浩特市	临沧市	铜川市	邯郸市		盐城市	宿州市
铜仁市	齐齐哈尔市	衢州市	亳州市		徐州市	昭通市
南通市	榆林市	安康市	株洲市		自贡市	宜宾市
长春市	广安市	长沙市	咸阳市		酒泉市	扬州市
马鞍山市	厦门市	重庆市	哈尔滨市		安庆市	南充市
石嘴山市	嘉兴市	延安市	临沂市		天津市	天水市
德州市	广元市	唐山市	北海市		荆州市	眉山市
郴州市	晋中市	泰安市	芜湖市		淮安市	荆门市
乌鲁木齐市	武威市	达州市	雅安市			周口市
南京市	玉林市	沧州市	成都市			商洛市
北京市	三门峡市	赣州市	平凉市			临汾市
贵阳市	莱芜市	湖州市	滨州市			沈阳市
六盘水市	太原市	曲靖市	宝鸡市			运城市
双鸭山市	济宁市	张家界市	定西市			新乡市
镇江市	宁波市	石家庄市	宁德市			德阳市
保定市	开封市	益阳市	乐山市			大连市
南宁市	温州市	玉溪市	常州市			鹤壁市
东营市	平顶山市	娄底市	漯河市			张掖市
许昌市	岳阳市	济南市	湘潭市			白银市
九江市	渭南市	淄博市	攀枝花市			淮南市
合肥市	蚌埠市	茂名市	秦皇岛市			郑州市
池州市	辽阳市	西安市	福州市			驻马店市

城市类别Ⅰ				城市类别Ⅱ	城市类别Ⅲ	城市类别Ⅳ
江门市	绍兴市	常德市	随州市			汉中市
杭州市	泸州市	潍坊市	无锡市			濮阳市
肇庆市	洛阳市	保山市	泰州市			葫芦岛市
南昌市	海口市	昆明市	惠州市			淮北市
承德市	鄂州市	青岛市	防城港市			南平市
嘉峪关市	金华市	鞍山市	十堰市			商丘市
毕节市	吕梁市	襄阳市	聊城市			内江市
梧州市	焦作市	贵港市	湛江市			大同市
咸宁市	遵义市	阜新市	铁岭市			邵阳市
鹰潭市	丽水市	佛山市	包头市			新余市
清远市	日照市	莆田市	普洱市			汕头市
韶关市	阜阳市	三亚市	吉林市			萍乡市
汕尾市	梅州市	滁州市	烟台市			西宁市
宜昌市	牡丹江市	中山市	珠海市			吉安市
宣城市	柳州市	呼伦贝尔市				怀化市
						台州市

附表 5　经济增长质量的城市类别划分

城市类别Ⅰ				城市类别Ⅱ	城市类别Ⅲ	城市类别Ⅳ	
黄山市	齐齐哈尔市	长沙市	亳州市	深圳市	云浮市	东莞市	克拉玛依市
舟山市	广安市	重庆市	南平市	庆阳市	河池市	鄂尔多斯市	抚顺市
武汉市	广元市	唐山市	商丘市	呼和浩特市	郴州市	本溪市	桂林市
连云港市	盐城市	泰安市	株洲市	南京市	承德市	大庆市	沈阳市
上海市	晋中市	徐州市	芜湖市	泉州市	长治市	安顺市	运城市
兰州市	武威市	新乡市	雅安市	昭通市	榆林市	银川市	铜川市
南通市	扬州市	德阳市	孝感市	信阳市	三门峡市	铜仁市	安康市
马鞍山市	玉林市	沧州市	内江市	临沧市	延安市	长春市	达州市
德州市	莱芜市	赣州市	平凉市	娄底市	益阳市	石嘴山市	大连市
乌鲁木齐市	太原市	湖州市	滨州市	自贡市	襄阳市	北京市	鹤壁市
潮州市	济宁市	白银市	宝鸡市	济南市	惠州市	贵阳市	张掖市

城市类别 I				城市类别 II	城市类别 III	城市类别 IV	
三明市	天水市	张家界市	定西市	酒泉市	西宁市	六盘水市	曲靖市
双鸭山市	开封市	石家庄市	乐山市	保山市	日照市	广州市	茂名市
镇江市	温州市	玉溪市	漯河市	青岛市		南宁市	汉中市
铜陵市	平顶山市	淄博市	湘潭市	抚州市		东营市	鞍山市
保定市	岳阳市	阳泉市	攀枝花市	成都市		肇庆市	阜新市
许昌市	眉山市	淮南市	秦皇岛市	常州市		锦州市	佛山市
安阳市	荆门市	西安市	大同市	随州市		毕节市	葫芦岛市
九江市	蚌埠市	常德市	福州市	十堰市		梧州市	淮北市
合肥市	周口市	郑州市	邵阳市	怀化市		咸宁市	咸阳市
池州市	绍兴市	驻马店市	安庆市			苏州市	哈尔滨市
江门市	泸州市	潍坊市	泰州市			鹰潭市	临沂市
杭州市	洛阳市	濮阳市	新余市			宿迁市	北海市
南昌市	金华市	昆明市	湛江市			黄石市	宁德市
威海市	临汾市	贵港市	包头市			厦门市	无锡市
嘉峪关市	吕梁市	枣庄市	荆州市			嘉兴市	天津市
龙岩市	焦作市	乌海市	萍乡市			南充市	防城港市
崇左市	丽水市	遂宁市	烟台市			宁波市	聊城市
河源市	百色市	绵阳市	珠海市			渭南市	汕头市
晋城市	黄冈市	赤峰市	吉安市			辽阳市	铁岭市
廊坊市	钦州市	鸡西市	阜阳市			商洛市	普洱市
六安市	邢台市	来宾市	梅州市			海口市	吉林市
宿州市	张家口市	金昌市	南阳市			鄂州市	牡丹江市
宜宾市	衢州市	邯郸市	柳州市			遵义市	三亚市
宣城市	宜昌市	汕尾市	莆田市			中山市	韶关市
滁州市	台州市	淮安市	清远市				
呼伦贝尔市							

附表 6　绿色生活水平的城市类别划分

城市类别Ⅰ			城市类别Ⅱ	城市类别Ⅲ	城市类别Ⅳ		
东莞市	肇庆市	济宁市	抚顺市	石嘴山市	邢台市	驻马店市	内江市
深圳市	南昌市	天水市	桂林市	江门市	沈阳市	潍坊市	成都市
鄂尔多斯市	威海市	宁波市	运城市	锦州市	张家口市	保山市	平凉市
本溪市	承德市	开封市	泰安市	齐齐哈尔市	铜川市	汉中市	滨州市
黄山市	嘉峪关市	温州市	达州市	三门峡市	衢州市	濮阳市	宝鸡市
云浮市	毕节市	平顶山市	沧州市	太原市	安康市	昆明市	定西市
舟山市	梧州市	岳阳市	曲靖市	周口市	长沙市	青岛市	宁德市
武汉市	龙岩市	眉山市	常德市	绍兴市	重庆市	鞍山市	乐山市
庆阳市	咸宁市	荆门市	雅安市	洛阳市	延安市	襄阳市	常州市
连云港市	苏州市	渭南市	漯河市	海口市	唐山市	贵港市	湘潭市
上海市	鹰潭市	蚌埠市		吕梁市	徐州市	阜新市	攀枝花市
大庆市	泉州市	辽阳市		丽水市	新乡市	佛山市	秦皇岛市
安顺市	宿迁市	泸州市		百色市	德阳市	枣庄市	大同市
银川市	崇左市	商洛市		克拉玛依市	大连市	乌海市	福州市
呼和浩特市	黄石市	鄂州市			鹤壁市	葫芦岛市	邵阳市
兰州市	河源市	金华市			赣州市	遂宁市	随州市
铜仁市	晋城市	临汾市			张掖市	绵阳市	安庆市
南通市	廊坊市	焦作市			湖州市	赤峰市	无锡市
长春市	长治市	遵义市			白银市	鸡西市	泰州市
马鞍山市	六安市	黄冈市			张家界市	抚州市	新余市
河池市	宿州市	钦州市			石家庄市	来宾市	惠州市
德州市	昭通市	广州市			益阳市	淮北市	天津市
郴州市	宜宾市	保定市			玉溪市	金昌市	防城港市
乌鲁木齐市	信阳市	南宁市			娄底市	邯郸市	十堰市
潮州市	临沧市	东营市			自贡市	亳州市	聊城市
南京市	榆林市	许昌市			济南市	南平市	汕头市
北京市	广安市	安阳市			淄博市	商丘市	湛江市
贵阳市	厦门市	九江市			阳泉市	株洲市	铁岭市
六盘水市	嘉兴市	合肥市			茂名市	咸阳市	包头市
三明市	广元市	池州市			淮南市	哈尔滨市	普洱市

城市类别 I			城市类别 II	城市类别III	城市类别IV		
双鸭山市	盐城市	杭州市			西安市	临沂市	吉林市
镇江市	晋中市	玉林市			郑州市	北海市	荆州市
铜陵市	武威市	南充市			酒泉市	芜湖市	萍乡市
扬州市	莱芜市				柳州市	孝感市	西宁市
					怀化市	韶关市	烟台市
					莆田市	汕尾市	珠海市
					三亚市	宜昌市	吉安市
					清远市	台州市	日照市
					中山市	淮安市	阜阳市
					呼伦贝尔市	宣城市	梅州市
					牡丹江市	滁州市	南阳市